Elektronische Koordination auf unvollkommenen Märkten

Europäische Hochschulschriften

Publications Universitaires Européennes

European University Studies

Reihe V

Volks- und Betriebswirtschaft

Série V Series V

Sciences économiques, gestion d'entreprise

Economics and Management

Bd./Vol. 3208

PETER LANG

Frankfurt am Main · Berlin · Bern · Bruxelles · New York · Oxford · Wien

Martin Bandulet

Elektronische Koordination auf unvollkommenen Märkten

Eine industrieökonomische Analyse

PETER LANG
Europäischer Verlag der Wissenschaften

Bibliografische Information Der Deutschen Bibliothek
Die Deutsche Bibliothek verzeichnet diese Publikation in der Deutschen Nationalbibliografie; detaillierte bibliografische Daten sind im Internet über <http://dnb.ddb.de> abrufbar.

Zugl.: Augsburg, Univ., Diss., 2004

D 384
ISSN 0531-7339
ISBN 3-631-54686-6

www.peterlang.de

Geleitwort

Der intensive Einsatz elektronischer Informations- und Kommunikationstechnologien in Industrie- und Dienstleistungsbranchen ist heute zur Selbstverständlichkeit geworden. Durch diese Technologien sinken die Kosten, die bei der Koordination wirtschaftlichen Handelns anfallen. Verstärkt wird dieser Effekt durch die Entstehung neuer Organisations- und Transaktionsformen, die sich die gesteigerte Effektivität der Informationsverarbeitung zunutze machen.

Auf unvollkommenen Märkten führt ein Rückgang der Koordinationskosten allerdings nicht zwangsläufig zu einer Verbesserung der Marktergebnisse. Wie in der vorliegenden Studie dargelegt wird, ergibt sich beispielsweise als Folge drastisch gesunkener Kosten der Informationsübermittlung auf elektronischen Märkten ein überhöhter Anreiz, Werbung und Suche zu betreiben. Strategisches Verhalten auf hochkonzentrierten Märkten kann bewirken, daß Unternehmen in ineffizienter Höhe in informationstechnische Neuerungen investieren mit dem Ziel, die eigene marktliche Stellung gegenüber den Konkurrenten zu festigen und gegebenenfalls den Markt abzuschotten. Im Zusammenspiel zwischen Hersteller und Käufer eines personalisierten Produktes üben sich Kunden tendentiell in Informationszurückhaltung, um dem Anbieter die Möglichkeit der Abschöpfung ihrer Zahlungsbereitschaft zu nehmen. Die Potentiale der personalisierten Produktion werden dann nicht ausgereizt.

Herr Bandulet identifiziert in seiner Arbeit treffsicher die mikrotheoretischen und spieltheoretischen Methoden, die solche, aus theoretischer Sicht interessante und für die Praxis hoch relevante, Marktsituationen einer genauen Analyse zugänglich machen. Mit sehr viel Gespür für wichtige Fragestellungen und stilisierte Fakten und mit ausgeprägtem Geschick für kreative und häufig auch innovative Modellierung gelingt es ihm, sehr wichtige Beiträge zum Verständnis elektronischer Koordination zu leisten. Dabei erarbeitet er neben den mikroökonomischen Effizienzfolgen Strategien und Geschäftsmodelle, die aus einzel- und gesamtwirtschaftlichem Blickwinkel die Vorzüge der neuen Technologien unter den gegebenen Rahmenbedingungen bestmöglich zur Geltung bringen.

Wesentliche Teile dieses Buches gehen auf das Projekt „Effizienz elektronisch koordinierter Märkte“ im Rahmen der DFG-Forschergruppe „Effiziente elektronische Koordination in der Dienstleistungswirtschaft“ zurück, dessen Bearbeiter Herr Bandulet in den Jahren 2001 bis 2005 war. Nach einer Fülle von Vorträgen auf nationalen und internationalen Tagungen ist es eine besondere Freude und ein Gewinn, die Projektergebnisse nun in einem Gesamtzusammenhang präsentiert zu bekommen.

Mit seinem Buch weist sich Herr Bandulet nicht nur als begabter und innovativer theoretischer Forscher aus, der unser Verständnis von wichtigen Aspekten der Informationsgesellschaft stärkt und weiterentwickelt. Seine Ergebnisse eignen sich auch dafür, übertriebener Euphorie in Wissenschaft und Praxis bezüglich elektronischer Koordination vorzubeugen. Sie sensibilisieren für auf den ersten Blick nicht sichtbare, aber dennoch wichtige Effekte und helfen uns, höchst relevante neuere Entwicklungen im Wirtschaftsleben einordnen und bewerten zu können.

Augsburg, im Februar 2006
Prof. Dr. Peter Welzel

Vorwort

Das vorliegende Buch entstand während meiner Tätigkeit als wissenschaftlicher Mitarbeiter am Lehrstuhl von Prof. Dr. Peter Welzel. Es wurde im Dezember 2004 an der Wirtschaftswissenschaftlichen Fakultät der Universität Augsburg als Dissertation angenommen.

Als ich im Oktober 2000 meine Arbeit daran aufnahm, wurden in der breiten Öffentlichkeit die allzu offensichtlichen Auswirkungen einer zunehmenden Verbreitung elektronischer Informations- und Koordinationstechnologien auf das Wirtschaftsleben eifrig diskutiert und unter dem Schlagwort der „Neuen Ökonomie" subsumiert. So manche dieser Thesen über eine die alten Gesetze sprengende Ökonomie fanden auch in wissenschaftlichen Zirkeln ihren Widerhall.

Umso glücklicher konnte ich mich in einem universitären Umfeld schätzen, das sich auch in den Zeiten der damaligen Euphorie die notwendige kritische Distanz zum Wirtschaftsgeschehen bewahrt und mich dazu ermuntert hat, meine Fragestellungen mit dem bewährten, sich gleichwohl rasant fortentwickelnden Instrumentarium der neueren Industrieökonomie zu untersuchen.

Mein Dank gilt hierbei zuerst Herrn Prof. Dr. Welzel, der mir die Gelegenheit zur Promotion an seinem Lehrstuhl verschafft und meine Arbeit betreut hat. Peter Welzel hat mir bei der Bearbeitung erhebliche Freiräume – und zwar thematische wie zeitliche – zugestanden und es mir ermöglicht, die Ergebnisse meiner Forschung auf deutschen und internationalen Konferenzen vorzustellen. Zugleich konnte ich jederzeit auf seine Unterstützung und Gesprächsbereitschaft zählen. Seine wertvollen Anregungen haben maßgeblich zum guten Gelingen dieser Arbeit beigetragen.

Ebenso danke ich Herrn Prof. Dr. Günter Bamberg für die Erstellung des Zweitgutachtens und Herrn Prof. Dr. Alfred Maußner für die Übernahme des Vorsitzes der mündlichen Prüfung.

Eine Reihe der in dieser Arbeit vorgestellten Ergebnisse basieren auf meiner gemeinsamen Forschung mit Herrn Prof. Dr. Karl Morasch. Ich danke ihm für eine stets angenehme, für mich lehrreiche Zusammenarbeit.

Den Lehrstuhlkollegen Frau Dipl.-Volksw. Lilia Filipova, Frau Antje Hilbrig, Herrn PD Dr. Günter Lang, Frau Dipl.-Volksw. Astrid Meck, Herrn Dipl. oec. Thilo Pausch, Herrn Prof. Dr. Fritz Rahmeyer, Herrn Dr. Andreas Wutz und Herrn Dipl. oec. Cem Ulukut danke ich für die freundschaftliche Zusammenarbeit in einem angenehmen und konstruktiven Arbeitsklima. Meinem langjährigen Kollegen Herrn Dipl. oec. Michael Higl danke ich darüberhinaus für die kritische Durchsicht von Teilen des Manuskripts und die damit verbundenen Hinweise und Anregungen.

Für die Schlußredaktion und die damit einhergegangenen Recherchearbeiten danke ich insbesondere der Lehrstuhlsekretärin Antje Hilbrig, den damaligen studentischen Hilfskräften Frau Dipl.-Volksw. Lilia Filipova, Frau Dipl.-Volksw. Annette Bigalke, Herrn Dipl.-Kfm. Johannes Grossmann und Frau Dipl.-Volksw. Sandra Kaufmann, meiner Schwester Caroline Bandulet, M. A., sowie – zu guter Letzt – meiner Arbeitskollegin Frau Dipl.-Volksw. Johanna Malutzki.

Mein Dank gilt zudem der Deutschen Forschungsgemeinschaft, die das Forschungsprojekt „Effiziente elektronische Koordination in der Dienstleistungswirtschaft" im Rahmen der interdisziplinär besetzten Forschergruppe Augsburg-Nürnberg gefördert hat. Mit diesen Fördergeldern wurde auch meine Mitarbeiterstelle am Lehrstuhl Welzel finanziert. Zudem habe ich bei den regelmäßigen Treffen der Forschergruppe und dem damit verbundenen interdisziplinären Gedankenaustausch wertvolle Anregungen für den Fortlauf meiner Dissertation erhalten.

Besonders danke ich meinen Eltern. Sie haben mich kritisches Denken gelehrt und meinen Wissensdurst geweckt. Meinen akademischen Werdegang haben sie jederzeit wohlwollend begleitet und in vielfältiger Weise gefördert. Ihnen widme ich diese Arbeit.

München, am 6. April 2006
Martin Bandulet

Inhaltsverzeichnis

Geleitwort v

Vorwort vii

1 Einleitung 1

1.1 Einführung in die Themenstellung . . . 1

1.2 Methodik . . . 3

1.3 Aufbau . . . 4

2 Elektronische Koordination, Tausch und Arbeitsteilung 7

2.1 Vorbemerkung . . . 7

2.2 Abriß der Theorie der Unternehmung . . . 8

2.2.1 Formulierung des Koordinationsproblems . . . 8

2.2.2 Koordinationskosten . . . 12

2.2.3 Lösung des Koordinationsproblems: Märkte, Unternehmen und Intermediäre . . . 14

2.2.4 Auswirkungen des organisatorischen Rahmens auf das strategische Verhalten von Unternehmen . . . 17

2.3 Elektronische Koordination . . . 20

2.3.1 Begriffsdefinition . . . 20

2.3.2 Erscheinungsformen elektronischer Koordination . . . 21

2.3.3 Grundlegende Eigenschaften elektronischer Koordination . . . 25

2.4 Auswirkungen elektronischer Koordination auf Tausch und Arbeitsteilung . . . 26

2.4.1 Einführendes Beispiel . . . 27

2.4.2 Implikationen für Produktion und Vertrieb von Informationsgütern . . . 28
2.4.3 Zunahme der Markttransparenz . . . 30
2.4.4 Elektronische Koordination und die Organisation von Unternehmen und Märkten . . . 33
2.5 Schlußfolgerung . . . 37

3 Werbung und Suche auf elektronischen Märkten **39**
3.1 Werbung auf elektronischen Märkten . . . 39
3.1.1 Bedeutung und Aufgabe der Werbung . . . 39
3.1.2 Werbung im Internet . . . 42
3.1.3 Modelltheoretische Darstellung von Werbung . . . 43
3.1.4 Portalwerbung auf elektronischen Märkten . . . 50
3.1.5 Ergebnisse der modelltheoretischen Analyse . . . 62
3.2 Suche auf elektronischen Märkten . . . 64
3.2.1 Einführung in die Suchtheorie . . . 65
3.2.2 Modelltheoretische Analyse im Überblick . . . 69
3.2.3 Suchkosten und Markteffizienz auf homogenen Produktmärkten 71
3.2.4 Suchkosten und Markteffizienz auf differenzierten Produktmärkten . . . 76
3.3 Fazit . . . 93

4 Kostensenkung und Produktdifferenzierung durch elektronische Koordination in Oligopolmärkten **95**
4.1 Kostensenkung im Oligopol . . . 96
4.1.1 Modellrahmen . . . 98
4.1.2 Wirkungen einer Kostensenkung im Oligopol . . . 104
4.1.3 Bewertung der Ergebnisse . . . 113
4.2 Transportkostensenkung durch elektronische Koordination . . . 119
4.2.1 Technologie und Transportkosten . . . 119
4.2.2 Darstellung des Grundmodells . . . 123
4.2.3 Exogene Transportkostensenkung durch elektronische Koordination . . . 128
4.2.4 Privater Anreiz zur Investition in Transportkostensenkung . . 134
4.2.5 Zusammenfassung der Ergebnisse . . . 151

4.3 Zusammenhang zwischen Transportkosten- und Produktdifferenzierungsentscheidung . . . 154
4.3.1 Wohlfahrtseffekte der Produktdifferenzierung . . . 155
4.3.2 Gesamtwirtschaftliche Analyse der marginalen Investitionsanreize . . . 161
4.3.3 Zusammenfassung der Resultate . . . 168

5 Elektronische Koordination und Strategiewechsel im Oligopol 171

5.1 Technologie und Strategie . . . 172
5.2 Darstellung des Grundmodells . . . 177
5.2.1 Modellannahmen und die Herleitung der strategischen Nachfragefunktion . . . 177
5.2.2 Die kollektive Reaktionsfunktion und das Nash-Gleichgewicht des gemischten Oligopols . . . 180
5.3 Strategische Auswirkungen des Technologiewechsels . . . 184
5.3.1 Preis- und Mengenstrategien im Vergleich . . . 185
5.3.2 Unternehmen im Technologiewechsel . . . 187
5.3.3 Folgen für die Investitionsbereitschaft . . . 191
5.4 Zusammenfassung . . . 193

6 Preisdifferenzierung und Personalisierung auf elektronischen Märkten 195

6.1 Preisdiskriminierung auf elektronischen Märkten . . . 196
6.1.1 Preisdiskriminierung ersten Grades . . . 197
6.1.2 Preisdiskriminierung zweiten Grades . . . 199
6.1.3 Preisdiskriminierung dritten Grades . . . 200
6.1.4 Bündelungsstrategien . . . 201
6.1.5 Preisdiskriminierung bei personalisierten Produkten . . . 202
6.2 Informationsoffenbarung der Konsumenten . . . 204
6.2.1 Personalisierung unter Mitwirkung des Konsumenten . . . 204
6.2.2 Strategische Informationsoffenbarung . . . 205
6.3 Informationsoffenbarung als Signal . . . 212
6.3.1 Modellaufbau . . . 212
6.3.2 Strategien, Wahrscheinlichkeitseinschätzungen und Auszahlungen . . . 214

6.3.3 Die Gleichgewichte des Signalspiels 216
6.3.4 Interpretation und Effizienz 223
6.4 Preisbindung und Screening 224
6.4.1 Anforderungen an das Gleichgewicht 224
6.4.2 Vollständige Information über den Spielertyp 226
6.4.3 Unvollständige Information über den Spielertyp 227
6.5 Ausblick 228

7 Schluß **231**

A Anmerkungen zu Kapitel 5 **235**
A.1 Beweis des Satzes 5.3 235
A.2 Ausgewählte Marktergebnisse des reinen und gemischten Oligopols in tabellarischer Darstellung 238

B Anmerkungen zu Kapitel 6 **241**
B.1 Pooling-Gleichgewichte 241
B.2 Trennungsgleichgewichte 241
B.3 Gemischte Strategien und das teilseparierende Gleichgewicht 242

Abbildungsverzeichnis

4.1 Kritische Marktanteile im engen Oligopol ($N = 5$) 115
4.2 Kritische Marktanteile im Dyopol 117
4.3 Kritische Marktanteile im weiten Oligopol ($N = 40$) 118
4.4 Aufbau des zweistufigen Modells 124
4.5 Transportkosten, Produktdifferenzierung, Gewinne und Wohlfahrt im Mengenwettbewerb 131
4.6 Transportkosten, Produktdifferenzierung, Gewinne und Wohlfahrt im Preiswettbewerb 133
4.7 Effizienz der Investitionsentscheidung in Abhängigkeit von b und t^* . 137
4.8 Effizienz bei Mengenwettbewerb und quadratischer Kostenfunktion . 143
4.9 Effizienz bei Mengenwettbewerb und Transportkostenuntergrenze . . 144
4.10 Effizienz bei Preiswettbewerb und quadratischer Kostenfunktion . . . 147
4.11 Auswirkung auf den Industriegewinn – Mengenwettbewerb ohne Transportkostenuntergrenze 148
4.12 Auswirkung auf den Industriegewinn – physische Produkte 149
4.13 Auswirkung der Investition in elektronische Koordination auf den Industriegewinn – digitale Produkte im Preiswettbewerb 150
4.14 Produkt- und Prozeßinnovation im Mengenwettbewerb 158
4.15 Produkt- und Prozeßinnovation im Preiswettbewerb 160
4.16 Investition in Produktinnovation und Transportkostensenkung – Marktergebnis vs. effiziente Lösung im Mengenwettbewerb 165
4.17 Investition in Produktinnovation und Transportkostensenkung – Marktergebnis vs. effiziente Lösung im Preiswettbewerb 167

5.1 Kollektive Reaktionsfunktionen im gemischten Oligopol 181
5.2 Residualnachfrage eines Mengen- und eines Preissetzers 186

5.3 Gewinnänderungen in reinen und gemischten Oligopolen 193

6.1 Zeitstruktur des Spiels 206
6.2 Stochastische Nachfrage bei $v_{max} = 1/2$ 208
6.3 Stochastische Nachfrage für $v_{max} = 1/2$, $v_{max} = 1$ und $v_{max} = 2$ . . . 210
6.4 Zeitstruktur des Bayesschen Spiels 214

Tabellenverzeichnis

3.1 Wohlfahrtsverluste durch Suchkosten 86

A.1 Marktergebnis im Mengenwettbewerb 238
A.2 Marktergebnis im Preiswettbewerb 238
A.3 Marktergebnis im gemischten Oligopol 239

Kapitel 1

Einleitung

1975 war die Geschäftswelt sehr langweilig:
viele große Firmen, fast Bürokratien, nach dreißig Berufsjahren
wird man dann Zweiter Hilfsvizepräsident eines Unternehmens.
(Paul Krugman, gegenüber der FAZ, 2000)

1.1 Einführung in die Themenstellung

Seit 1975 hat sich viel geändert: Schleichend zunächst, hielten digitale Informations- und Kommunikationstechnologien in den Unternehmen Einzug. Ab Mitte der 1980er Jahre zeichnete sich ab, daß der Wandel dieser Technologien eine ungeheure Breitenwirkung entfalten sollte, die die Organisation von Tausch und Arbeitsteilung weit mehr beeinflußte als nicht weniger stürmisch verlaufende Innovationen in anderen Bereichen der Technik.

Mit Einzug des Internets in die Privathaushalte gab man dieser Entwicklung einen Namen. Unter dem Begriff der Neuen Ökonomie subsumierte man eine Vielzahl von Erwartungen, die man mit dem beschriebenen technologischen Wandel in Verbindung brachte: Auf der Makroebene war dies die Hoffnung, durch flexiblere Organisationsformen den Konjunkturzyklus überwinden zu können, und auf Seiten der Mikroökonomie beflügelte die Vorstellung neuartiger Unternehmensmodelle und Wirtschaftsprozesse die Phantasien der Menschen und die Börsennotierungen der Neuemissionen. „Das Bild des Erfolgs hat sich geändert: Wir wissen von Milliardären, die in Garagen angefangen haben, und die Finanzmärkte sehen deshalb aus jeder Garage einen potenziellen Milliardär kommen“, beschrieb Paul Krugman im Sommer 2000 die damals vorherrschende Euphorie gegenüber der FAZ (2000).

Vier Jahre später ist zu konstatieren, daß sich viele dieser unternehmerischen Ansätze durchgesetzt und häufig von eingesessenen Unternehmen übernommen wurden. Der Einsatz elektronischer Informations- und Kommunikationstechnologien in der Produktion von Waren und Dienstleistungen ist heute zur Selbstverständlichkeit geworden. Auch auf den Konsumgütermärkten hat der technologische Wandel tiefe Spuren hinterlassen. Vergegenwärtigt wird dies beim alltäglich gewordenen Besuch von Informationsplattformen oder beim Kauf von Fahrkarten im Internet. Die Auswirkungen elektronischer Koordination auf die Produktion von hochwertigen Konsumgütern werden beispielsweise in der Automobilindustrie sichtbar, in der sich die Massenproduktion zu einer individualisierten Auftragsfertigung weiterentwickelt hat.

Angesichts dieses Siegeszuges elektronischer Koordination mag es seltsam anmuten, wenn hier die Frage nach der Effizienzwirkung dieser Koordinationsform aufgeworfen wird. In Anbetracht der gesteigerten Effektivität des elektronischen Datenaustausches, den sich die neuen Koordinationsformen zunutze machen, scheint die effizienzsteigernde Wirkung des Einsatzes moderner informationsverarbeitender Technologien eindeutig zu sein.

Zweifel an der Allgemeingültigkeit dieser Aussage werden bei einer mikroperspektivischen Betrachtung elektronischer Koordinationsprozesse geweckt. Dies liegt zum einen an den besonderen Eigenschaften des „Koordinationsgutes" Information (siehe S. 28f.), die einer effizienten Allokation dieses Gutes hinderlich und damit für das Koordinationsproblem ursächlich sind. Zum anderen sei hier auf die Prinzipien der Theorie des Zweitbesten hingewiesen, deren Kernaussage lautet, daß die Beseitigung oder Verringerung einer Form des Marktversagens – ein Beispiel im hier zu untersuchenden Kontext wäre die Reduktion hoher Informationskosten – nicht zwangsläufig eine Verbesserung des Marktergebnisses bewirkt (siehe Welzel, 1994).

Das Ziel dieser Arbeit besteht nun nicht darin, allgemeintheoretische Aussagen über die Effizienzfolgen elektronischer Koordination zu generieren – angesichts der Fülle von stilisierten Fakten, die in einer solchen allgemeingültigen Untersuchung berücksichtigt werden müßten, wäre dies ein hoffnungsloses Unterfangen –, sondern fallbasierte Effizienzresultate bezüglich einzelner, als wichtig erachteter Marktsituationen zu gewinnen. Für diese Situationen soll herausgefunden werden, ob – und unter welchen Voraussetzungen – elektronische Koordination die Effizienz des

Marktergebnisses verbessert, oder ob Marktversagen zu befürchten ist. Die untergeordneten Zielsetzungen ergeben sich nahezu zwangsläufig durch die zur Bearbeitung des Oberziels notwendigen Schritte. Im einzelnen sind dies

- die Herausarbeitung stilisierter Fakten, um das im Zuge elektronischer Koordination veränderte marktliche Umfeld sowie das (strategische) Verhalten der verschiedenen Akteure darzustellen,
- im Sinne der positiven Theorie das Marktergebnis unter den veränderten Rahmenbedingungen zu beschreiben,
- sowie darauf aufbauend normative Aussagen zu den einzel- und gesamtwirtschaftlichen Effekten elektronischer Koordination zu erzeugen. Hierbei sind sowohl die Markteffizienz als auch distributive Aspekte – also die Verteilung eventueller Wohlfahrtszugewinne zwischen den einzelnen Marktakteuern – zu berücksichtigen.

Darüberhinaus werden in Einzelfällen Gestaltungsempfehlungen für Unternehmen und die Wirtschaftspolitik herausgearbeitet.

Im Mittelpunkt der Betrachtungen stehen unvollkommene Konsumgütermärkte. Die Marktunvollkommenheit stellt bekanntlich eine notwendige Voraussetzung für Marktversagen und – damit einhergehend – des wissenschaftlichen Interesses dar. Auf die explizite Darstellung von Faktormärkten wird in dieser Arbeit verzichtet, um Zuordnungsschwierigkeiten bei der Analyse von Kausalzusammenhängen zu vermeiden.

1.2 Methodik

Zur Analyse der einzelnen Marktsituationen wird das Instrumentarium der Neueren Industrieökonomik herangezogen. Aufgrund der weiten Verbreitung und allgemeinen Akzeptanz dieser Methodik zur Analyse von unvollkommenen Märkten bedarf die Anwendung kaum weiterer Erklärung. Während in den traditionellen industrieökonomischen Ansätzen eine einseitige Kausalität von Marktstruktur, Marktverhalten und Marktergebnis propagiert wurde, zieht die Neuere Industrieökonomik demgegenüber eine Betrachtungsweise vor, die auf theoretischer Grundlage von einer wechselseitigen Interdependenz dieser Marktparameter ausgeht. Zur Analyse der strategischen Interaktion der einzelnen Marktakteure bedient sich die Neuere Industrieökonomik der Spieltheorie (siehe Bester, 2000, S. 4f.).

Hervorzuheben ist das – in der Regel – partialanalytische Vorgehen der Industrieökonomie. Dies ist mit Erfolg anwendbar, da bei geeigneter Marktabgrenzung die Rückkoppelungseffekte mit anderen Märkten gering sind: „Many economists believe that isolating economic phenomena for study is valid, arguing that the answers obtained will remain largely valid when placed in a wider context. Often this claim is true. Isolating certain economic phenomena and concentrating on others (i. e. partial versus general equilibrium) is no different in principle than isolating economic phenomena and ignoring the political.“ (Friedman, 1983, S. 52)

Innerhalb des partialanalytischen Ansatzes lassen sich dann zum einen das Marktergebnis und die Veränderungen darstellen, die aus dem Einsatz elektronischer Koordination und der Verbreitung moderner Informations- und Kommunikationstechnologien resultieren. Zum anderen lassen sich die Marktergebnisses mit Hilfe gängiger Wohlfahrtsmaße bewerten. In der partiellen Wohlfahrtsanalyse sind dies die Konsumentenrente und Produzentenrente (bzw. der Gewinn) sowie die gesamtwirtschaftliche Wohlfahrt als Aggregat dieser beiden Größen. Dieser soziale Überschuß als Wohlfahrtsmaß ergibt sich aus dem Postulat einer hypothetisch möglichen Kompensation, d. h. eine bestimmte Allokation wird gegenüber einer anderen vorgezogen, sobald eine Pareto-Verbesserung gegenüber der Ausgangssituation mit Hilfe einer Kompensation der schlechtergestellten Akteure gegenüber den bessergestellten prinzipiell hergestellt werden könnte (siehe Mas-Colell et al., 1995, S. 334).

1.3 Aufbau

Im Vordergrund von Partialmarktanalysen steht immer die Beobachtung relevanter Einzelaspekte. Gleichwohl soll in dieser Arbeit ein Spagat gewagt werden, indem durch das Herausgreifen exemplarischer Marktsituationen zugleich die Auswirkungen einer zunehmenden Durchdringung der Teilabläufe von Produktion, Vertrieb und Vermarktung mit modernen Informations- und Kommunikationstechnologien dargestellt und bewertet werden.

Diesem Ziel folgend, wird im zweiten Kapitel zunächst die Bedeutung von Information in der arbeitsteiligen Wirtschaft erörtert. Basierend auf diesen prinzipiellen Überlegungen, lassen sich dann die Auswirkungen des Fortschritts der Informations-

und Kommunikationstechnologien auf die Organisation von Arbeitsabläufen und Tausch sowie letztlich auf das strategische Verhalten von Unternehmen ableiten. Insbesondere ist zu beobachten, daß

- auf elektronischen Märkten die Transparenz steigt, da sowohl Konsumenten als auch Produzenten neue Wege finden, um mit der jeweils anderen Marktseite in Verbindung zu treten,

- die Transportkosten sinken, da Unternehmen elektronische Kommunikationssysteme wie das Internet zum Vertrieb ihrer Dienstleistungen sowie für den Leistungsaustausch begleitende Transaktionen einsetzen,

- Unternehmen Informationstechnologien einsetzen, um ihr Angebot zu differenzieren und – gegebenenfalls im Dialog mit dem Kunden – gemäß den Anforderungen der Nachfrager anzupassen,

- der Einsatz von elektronischen Informations- und Kommunikationstechnologien Folgen für die Koordination von Arbeitsteilung und Tausch innerhalb von Unternehmen sowie zwischen Unternehmen hat und daß diese Reorganisation wiederum Konsequenzen für das strategische Verhalten von Unternehmen auf (unvollkommenen) Märkten mit sich bringt.

In den Kapiteln 3 bis 6 werden diese Einzelaspekte und ihre Auswirkungen auf das Marktergebnis modelltheoretisch analysiert. Dabei wurde eine Gliederung gewählt, die sich am „Durchdringungsgrad" digitaler Informationstechnologien orientiert:

Kapitel 3 untersucht die Auswirkungen im Zuge elektronischer Koordination gesunkener Kosten der Informationsübermittlung auf die Versorgung mit Marktinformation und die Markteffizienz. Kapitel 4 und 5 analysieren die Verwendung dieser Technologien in Produktion und Vertrieb. In Kapitel 4 wird die Investitionsentscheidung eines Unternehmens betrachtet, dessen Ziel es ist, durch den Einsatz moderner Informations- und Kommunikationstechnologien Vertriebs- und Produktionskosten zu senken sowie neue oder differenzierte Produkte zu entwickeln. Kapitel 5 zieht demgegenüber Auswirkungen auf das strategische Verhalten von Unternehmen in Betracht.

In Kapitel 6 wird der Einsatz von Preisdifferenzierung und Personalisierung auf elektronischen Märkten betrachtet. Im Mittelpunkt steht die Interaktion zwischen der Preispolitik eines diskriminierenden Monopolisten und dem strategische Informationsverhalten von Konsumenten bei individualisierter Massenauftragsfertigung.

Abschließende Bemerkungen finden sich in Kapitel 7.

Auf die – zahlreich vorhandene – (Aufsatz-)Literatur, die als Anknüpfungspunkt für die eigene Forschungsarbeit diente, wird an geeigneter Stelle hingewiesen.

Kapitel 2

Elektronische Koordination, Tausch und Arbeitsteilung

2.1 Vorbemerkung

Im Verlauf dieser Arbeit wird die Auswirkung elektronischer Koordination auf das strategische Verhalten von Unternehmen untersucht. Der traditionelle mikroökonomische Ansatz der Industrieökonomie besagt, daß dieses Verhalten des Unternehmens zum einen von seiner Kostenfunktion (bzw. seiner Produktionsfunktion), zum anderen von der strategischen Entscheidungsvariablen abhängt, mit dem ein Unternehmen sein Ziel der Gewinnmaximierung beeinflussen kann. Ihm liegt die „black box"-Betrachtungsweise zu Grunde, die auf die Beschreibung unternehmensinterner Vorgänge verzichtet und lediglich die Interaktion eines Unternehmens mit dem Markt reflektiert (siehe Church und Ware, 2000, S. 50f.). Allerdings fließt die unternehmensinterne Organisation von Tausch und Arbeitsteilung mittelbar in diese Sichtweise mit ein, da die Art und Weise wie ein Unternehmen mit seiner Außenwelt in Beziehung tritt, vom internen Aufbau seiner Organisation abhängt. Diesen Zusammenhang darzustellen, ist das Ziel dieses Kapitels:

- Zunächst wird die zentrale Bedeutung erläutert, die asymmetrisch vorliegende Information für verschiedene Arten der Koordinationskosten sowie für die Wahl einer geeigneten Lösung des Koordinationsproblems hat. Auch die Abgrenzung eines Unternehmens nach außen wird hierdurch beeinflußt. Sodann wird verdeutlicht, daß das einem Unternehmen zur Verfügung stehende Strategienset vom inneren Aufbau seiner Organisation abhängt: Entscheidend ist dabei die interne Koordination des Leistungsprozesses, die Vertragsgestaltung zwischen dem Unternehmen und seinen Mitarbeitern sowie seinen Lieferanten, aber auch die Aufteilung von Leitungs- und Kontrollrechten auf einzelne Divisionen und Manager im Unternehmen.

- Nach einem Überblick über die Erscheinungsformen und wesentlichen Eigenschaften elektronischer Koordination wird dann erläutert, wie sich die Koordination von Tausch und Arbeitsteilung innerhalb von Unternehmen und über Unternehmensgrenzen hinweg im Zuge der Verbreitung neuer Informationstechnologien ändert. Die Neuorganisation rührt im wesentlichen aus einem Bedeutungswandel asymmetrischer Information und verändert die strategischen Möglichkeiten, die den Unternehmen zur Verfügung stehen.

Dabei sind zwei besondere Eigenschaften von Information für die kommenden Überlegungen von besonderer Bedeutung: Wie weiter hinten – im Hinblick auf digitale Güter – nochmals herausgestellt wird (vgl. S. 28 dieser Arbeit), ist reine Information ein öffentliches Gut, da sie auch bei mehrfachem Zugriff nicht abgenutzt, sondern in ihrer Beschaffenheit unverändert bleibt.[1] Zudem sind aufgrund ihrer Eigenschaft als Erfahrungsgut ihr Wert und ihr Wahrheitsgehalt nur schwer ermittelbar. Beide Charakteristika erschweren den Handel mit Information und sind daher für eine Unterversorgung des Marktes mit Information verantwortlich, die sich insbesondere in Informationsasymmetrien äußert.

2.2 Abriß der Theorie der Unternehmung

2.2.1 Formulierung des Koordinationsproblems

Spätestens seit dem Erscheinen des berühmten Aufsatzes von Coase (1937), „The Nature of the Firm", der als Fundament der modernen Transaktionskostentheorie angesehen werden kann, sowie des Essays von Hayek (1945) „The Use of Knowledge

[1] Diese Aussage gilt eigentlich nur eingeschränkt. Zwar ist „reine" Information ein öffentliches Gut, jedoch existieren rechtliche und technologische Möglichkeiten, Konsumenten von der Nutzung auszuschließen. Siehe in diesem Zusammenhang auch die Ausführungen von Shy (2001, S. 164ff.) und Welzel (1998).

in the Society", in dem klar wie nie zuvor die Rolle des Marktes als Informationsprozessor herausgestellt wurde, ist das Koordinationsproblem ein vieldiskutiertes Thema insbesondere der Industrieökonomie. In dem eben erwähnten Essay verdeutlicht Hayek (1945, S. 520) dessen zentrale Bedeutung:

> „The various ways in which the knowledge on which people base their plans is communicated to them is the crucial problem for any theory explaining the economic process. And the problem of what is the best way of utilizing knowledge initially dispersed among all the people is at least one of the main problems of economic policy—or of designing an economic system."

Die Ausprägungen, in denen diese Koordinationsprobleme in einer arbeitsteiligen Wirtschaft auftreten können, sind dabei so facettenreich, daß jede Systematisierung die Gefahr der Willkür in sich birgt. Eine Einteilung, die im Rahmen dieser Arbeit sinnvoll erscheint, lehnt sich an Morasch (1999) an:

- Ein Allokationsproblem liegt demnach vor, wenn ein Wirtschaftsgut verschiedenen rivalisierenden Verwendungen zugeführt werden soll. Bei Allokationsproblemen müssen also die Konsumpläne der Haushalte und die Produktionspläne der Unternehmen miteinander und untereinander koordiniert werden.

- Synchronisationsprobleme treten dagegen auf, wenn einzelne Abläufe und Arbeitsschritte aufeinander abgestimmt werden. Nach der hier verwendeten Definition fallen darunter auch Schnittstellen- und Zuweisungsprobleme.[2]

Häufig treten beide Ausprägungen des Koordinationsproblems gemeinsam auf. Ihre unterschiedliche Bedeutung für die Leistungsfähigkeit wird deutlich, wenn man sich für den jeweiligen Fall die gesamtwirtschaftliche Auswirkung einer verbesserten Koordination verdeutlicht: Eine effizientere Allokation kann als Wanderung hin

---

[2]Solche Koordinationsprobleme treten häufig in der Konstruktion und im Produktionsprozeß auf. Morasch (1999) nennt als Beispiel die Anpassung von Schraube und Mutter, aber auch das Ausweichen von Passanten (z. B. vor entgegenkommenden Fußgängern) fällt darunter. Der Einfachheit halber verwende ich den Begriff des Synchronisationsproblems hier synekdochisch. Eine alternative Einteilung findet sich bei Holler und Illing (1991, S. 1), die zwischen Koordinationsproblemen, etwa beim schon eben erwähnten Ausweichen vor Passanten, und Interessenskonflikten unterscheiden.

zur Pareto-Grenze[3] interpretiert werden, die mit der Durchführung von Tauschgeschäften erzielt werden kann. Eine bessere Synchronisation verschiebt dagegen die Pareto-Grenze selbst nach außen, also in ihre Bessermenge hinein. Letzteres geschieht dabei zum einen durch eine Erhöhung der technischen Effizienz: Da hier die Menge der Produktionsmöglichkeiten ausgeweitet wird – dies stellt sich graphisch als Ausweitung der Produktionsmöglichkeitenkurve dar – kann auf diese Weise eine Pareto-verbessernde Wirkung erzielt werden. Die andere Möglichkeit, eine Pareto-Grenze nach außen zu verschieben, besteht darin, den Nutzen eines Produktes für den Kunden anzuheben. Eine solche Wirkung kann erzielt werden, indem die Merkmale eines Gutes oder einer Leistung besser den Kundenbedürfnissen angepaßt werden.

Das Koordinationsproblem als solches wäre nicht vorhanden, wenn einem zentralen Planer alle Informationen vorlägen, in deren Besitz die Marktakteure sind. Eine solche Welt entspräche der idealen Robinson-Crusoe-Ökonomie, wie sie Walter Eucken (1990) gezeichnet hat. Der Einsiedler Robinson ist dort in der Lage, den Wirtschaftsprozeß zu steuern, indem er direkt den Nutzen der verschiedenen Verwendungsmöglichkeiten seiner Arbeitszeit und anderer Produktionsfaktoren miteinander vergleicht.

Aber auch in Ökonomien mit dezentral verteilter, somit privater, Information, in denen durchaus Koordinationsbedarf besteht, ist dieser keine ausreichende Erklärung dafür, daß die Koordinationsaufgaben von so verschiedenartigen Institutionen wie dem Markt einerseits und Unternehmen andererseits übernommen werden. Schweizer (1999, S. 39) macht auf die Aussage des Revelationsprinzips aufmerksam, nach der jedes vertraglich erreichbare Ergebnis auch durch einen anreizkompatiblen Mechanismus erzielt werden kann, sofern dieser Vertrag sowohl vollständig ist – also die Zahlungsverpflichtungen der Vertragspartner für alle möglichen, von den Strategien der Spieler sowie vom jeweiligen Zustand der Welt abhängigen Ergebnisse festlegt – als auch verifizierbar ist, also auf Größen abstellt, die auch von einer dritten Partei beobachtet werden können. Die Gültigkeit des Revelationsprinzips hat dann zur Folge, daß das Ergebnis jedes noch so komplexen dezentralen Mechanismus durch einen zentralen, anreizkompatiblen Mechanismus nachgebildet werden kann (vgl. Morasch, 1999).

[3] Als Pareto-Grenze wird die Menge aller Pareto-effizienten Allokationen bezeichnet.

Indes spielen Institutionen in der Realität eine wichtige Rolle, denn Verträge sind meist unvollständig. In der Regel liegt dies daran, daß sie nicht für alle Eventualitäten - also alle möglichen Zustände der Welt - spezifiziert sind, sondern daß Ereignisse, die erwartungsgemäß mit geringer Wahrscheinlichkeit eintreten, bei der Vertragsgestaltung ignoriert werden. Tritt ein solcher unerwarteter Zustand ein, entscheidet der institutionelle Rahmen, innerhalb dessen der Vertrag abgeschlossen wurde, wem die residualen Handlungsrechte zufallen. Es wird davon ausgegangen, daß deren Eigner diese dann zu seinen Gunsten einsetzen wird. Auch scheinbar vollständig spezifizierte Verträge können latent unvollständig sein. Hart (1995, S. 23ff) bemerkt in diesem Zusammenhang, daß Umstände eintreten können, in denen es im Interesse beider Parteien zu Nachverhandlungen kommt. Beispielsweise ist es bei Eintritt von höherer Gewalt wie einem Großbrand auf dem Betriebsgelände sinnlos, auf eine Vertragserfüllung zu pochen, die durch das Ereignis unmöglich geworden ist. Die Aufteilung der ex post Verfügungsrechte (Property Rights) auf die Vertragsparteien kann in einem solchen Unglücksfall ex ante das Verhandlungsergebnis beeinflussen.

Williamson (1979, 1981) nennt zwei wesentliche Ursachen für die Unvollständigkeit von Verträgen. Informationsmängel sind schon der Tatsache geschuldet, daß unser Wissen begrenzt ist. Wie oben bereits erwähnt wurde, wird die asymmetrische Verteilung der vorhandenen Information dadurch begünstigt, daß Märkte für Informationen nur unzureichend funktionieren. Als klassische Erfahrungsgüter (vgl. Hopf, 1983, S.76f.), deren Qualität und Richtigkeit erst nach der Übergabe bekannt werden, unterliegen Informationen der adversen Selektion. Häufig kann es sogar opportun sein, Fehlinformationen zu streuen. Hopf (1983, S. 80f.) weist außerdem darauf hin, daß der Charakter von Informationen als öffentliche Güter dieses Problem der Unterversorgung des Marktes aus den bekannten Gründen noch verschärft. Als zweite Ursache unvollständiger Verträge erwähnt Williamson (1979, 1981) die begrenzte Rationalität des Menschen, dessen Denkkapazität beschränkt ist. Selbst bei Kenntnis aller relevanten Umweltinformationen wäre er häufig nicht dazu in der Lage, diese alle zu verarbeiten und die richtigen Schlüsse zu ziehen. Gemäß dem ökonomische Prinzip ist dann die begrenzt vorhandene Denkleistung dort einzusetzen, wo sie am ertragreichsten ist. Selbst wenn dies trotz begrenzten Denkvermögens im Einzelfall möglich wäre, sprechen ökonomische Gründe im Regelfall dafür, auf das Verfassen vollständiger Verträge zu verzichten.

Insgesamt zeichnet sich ab, daß Information der Schlüssel zur Analyse jeglicher Koordinationsaufgabe ist: Es gilt, die zunächst dezentral und unvollständig vorhandene Information bei den Akteuren zu bündeln, denn die primäre Voraussetzung für effizientes Handeln ist es, dessen Konsequenzen zu kennen. Ein effektives Kommunikationssystem allein reicht jedoch nicht aus, um den gewünschten Informationsfluß herbeizuführen. Anreizkompatible Verträge dienen als Mechanismus, der die Agenten dazu veranlassen soll, ihr Wissen wahrheitsgemäß zu offenbaren. Und für den Fall, daß keine (oder keine vollständigen) Verträge geschrieben werden können, besteht die Koordinationsaufgabe darin, zu klären wem dann die Handlungs- und Verfügungsrechte zufallen sollen. Um herauszufinden, welche Instrumente eingesetzt werden sollen, um das Koordinationsproblem zu lösen, muß allerdings zunächst die Kostenseite der Koordination analysiert werden.

2.2.2 Koordinationskosten

Picot et al. (1998, S. 22) definieren Koordinationskosten als „die Kosten der Information und Kommunikation, die zur Vorbereitung, Durchführung und Überwachung von Arbeitsteilung und Tausch erforderlich sind“. Bei dieser Abgrenzung bleibt allerdings unberücksichtigt, daß aufgrund asymmetrischer Information ein optimales Marktergebnis verfehlt werden kann. Eine Berücksichtigung dieser Komponente führt zum Konzept der volkswirtschaftlichen Kosten, das im Rahmen dieser Arbeit verwendet wird. Es schließt sämtliche Effizienzverluste mit ein, die entstehen, wenn aufgrund von asymmetrischer Information die erstbeste Lösung einer perfekten Allokation nicht zustande kommt. Wie die oben geführte Diskussion vermuten läßt, existieren zwei wesentliche Ursachen für Koordinationskosten: Neben den im wesentlichen technisch bedingten Kommunikationskosten, sind dies unterschiedliche Formen der Anreizkosten, auf die ich anschließend eingehen werde.

Die Kommunikationskosten der Koordination beinhalten in der Vorbereitungsphase einer Transaktion insbesondere Such- und Informationskosten zur Lokalisierung des Standortes, des Preises und der Eigenschaften einer angebotenen Leistung oder Planungskosten zur Synchronisierung eines arbeitsteiligen Prozesses, während die Kosten der Durchführung im wesentlichen aus der Vertragsausarbeitung bestehen. Morasch (1999, S. 10) weist in diesem Zusammenhang darauf hin, daß neben „direkten Kosten des Austauschs von Informationen“ auch Kosten der Informationsverarbeitung anfallen. Er macht zudem darauf aufmerksam, daß sich der Kommunikationsbedarf je nach Zentralisierungsgrad der Organisation unterscheidet. Dezentrale Mechanismen hätten den Vorteil, daß die lokale Information verwendet werde, „ohne daß sie kostspielig zu einer zentralen Stelle“ kommuniziert werden müsse. Andere Autoren verweisen freilich darauf, daß die Kommunikationskosten dezentraler Organisationen aufgrund der höheren Anzahl an möglichen Querverbindungen über denen zentralisierter Einrichtungen liegen können, sofern tatsächlich Daten von vielen Parteien zur Entscheidungsfindung benötigt werden (siehe Malone, 1987). Aber nicht nur die Organisationsform, sondern auch die transportierte Informationsmenge und die zum Transport und zur Verarbeitung verwendete Technologie beeinflussen die Kommunikationskosten.

Zusätzliche Anreizkosten entstehen durch opportunistisches Verhalten, also das Ausnutzen von Informationsasymmetrien zur individuellen Nutzenmaximierung. Nach Jensen und Meckling (1976) setzen sich Agenturkosten aus den Überwachungs- und Kontrollkosten des Prinzipals, Signalisierungskosten des Agenten und einem verbleibenden residualen Wohlfahrtsverlust zusammen. Letzterer entsteht, da aufgrund der asymmetrisch verteilten Information pareto-verbessernde Verträge nicht abgeschlossen werden. Ein klassisches Beispiel für Informationsmängel vom Typ „adverser Selektion“ liefert Akerlofs Gebrauchtwagenmarkt von 1970, in dem gute Qualitäten nicht gehandelt werden, da der Käufer die Qualität (und damit den Wert) eines Fahrzeugs vor Vertragsabschluß nicht einschätzen kann. Ist es dem Agenten dagegen erst nach Vertragsabschluß möglich, unbeobachtet sein Verhalten zu ändern, und verursacht er dadurch negative Externalitäten, die den Prinzipal treffen, wird von „moral hazard“ gesprochen. So bewirkt der Abschluß einer Kraftfahrzeug-Haftpflichtversicherung einen unvorsichtigeren Fahrstil im Straßenverkehr. Der Fahrer berücksichtigt nicht, daß eine rabiate Fahrweise die Schadenswahrscheinlichkeit zu Lasten der Versicherung anhebt. Hervorzuheben ist, daß die Anreizkosten, die bei adverser Selektion oder moral hazard entstehen, durch vollständige Verträge nicht vermeidbar sind.

Ein weiterer Entstehungsgrund für Anreizkosten findet sich im sogenannten „hold-up“-Problem, das bei unvollständigen Verträgen auftreten kann. Aufgrund der Gefahr des „hold-up“ vermeiden Akteure, in beziehungsspezifische, nicht kontrahierbare Vorleistungen zu investieren. Sie befürchten nämlich aufgrund der Verhandlungsmacht ihres Vertragspartners, daß diesem letztlich ein Großteil des Handelsgewinnes aus einer solchen Investition zufällt. Williamson (1979) macht darauf aufmerksam, daß die Gefahr opportunistischen Verhaltens mit dem Grad der Spezifität einer Transaktion zunimmt. In diesem Fall ist der Anteil der versunkenen Kosten besonders hoch, weil ein großer Teil der Ressourcen, die in eine Vertragsbeziehung investiert wurden, mit dem Lösen dieser Beziehung wertlos werden, da sie einer anderen Verwendung nicht zugeführt werden können. Als Gründe für Spezifität nennt Williamson (1981) die Ortsgebundenheit von Anlagen, wenn diese in der Nähe eines Abnehmers oder Lieferanten erbaut werden müssen, Investitionen in spezialisierte Maschinen sowie in die Schulung von transaktionsspezifischem Wissen, aber auch den Aufbau von Kapazitäten, um einen Großabnehmer zu beliefern, sofern bei Wegfall dieses Kunden Leerkapazitäten entstehen. Malone et al. (1987, S. 486) ergänzen diese Liste mit dem Hinweis, daß Aktiva auch zeitliche Spezifität aufweisen können, wenn ihr Wert davon abhängt, daß sie den Nutzer zu einer bestimmten Zeit erreichen. Agenturkosten entstehen in solchen Fällen schon bei der aufwendigen Vertragsgestaltung und -überwachung. Auf diese Weise wird der Versuch unternommen, den Vertrag zu vervollständigen. Des weiteren kommt es zu Ausweichreaktionen. Trotz der Pareto-verbessernden Wirkung spezifischer Investitionen werden diese unterlassen. Stattdessen ziehen einzelnen Akteure den Austausch unspezifischer, aber marktfähiger Transaktionen vor.

2.2.3 Lösung des Koordinationsproblems: Märkte, Unternehmen und Intermediäre

Coase (1937) unterschied zwischen dem freien Tausch auf Märkten sowie der Befehlshierarchie im Unternehmen als den zwei prinzipiellen Lösungsansätzen des Koordinationsproblems, um damit die Kosten der Koordination wirtschaftlicher Aktivitäten zu minimieren. Aus der Wohlfahrtstheorie ist bekannt, daß unter idealen Bedingungen der Markt eine effiziente Organisationsform ist. Die Preise als Knappheitsindikatoren spiegeln alle relevanten Informationen wider – zudem ermöglicht der Markt die Ausnutzung von Größenvorteilen und Arbeitsteilung.

Unter realen Bedingungen asymmetrischer Information reduziert sich zwar die allokative Effizienz des Marktes, eine direkte Folge des oben erwähnten Revelationsprinzips (vgl. S. 10 dieser Arbeit) ist es jedoch, daß dies allein nicht ausreicht, um die Entstehung alternativer Koordinationssysteme – wie etwa Unternehmen –

zu begründen.[4] Solange Verträge vollständig sind, ist es sogar vollkommen unerheblich, ob diese innerhalb oder außerhalb eines Unternehmens abgeschlossen werden. In beiden Situationen können sie als Allokationsregeln interpretiert werden, welche die Auszahlung an die Vertragsparteien in Abhängigkeit von verifizierbaren Größen festlegen. Folglich kann hier aus ökonomischer Sicht keine Unterscheidung zwischen unternehmensinterner und marktlicher Koordination getroffen werden.

Das Bild ändert sich jedoch in einer Welt, in der neben vollständigen auch unvollständige Verträgen existieren. Bei letzteren gewinnen Property Rights an Bedeutung, statten sie doch ihren Inhaber in vertraglich nicht abgedeckten Zuständen mit einem residualen Kontrollrecht aus. Der Unterschied zwischen interner und externer Koordination wird somit offensichtlich: Bei einer marktlichen Transaktion werden die Verfügungsrechte komplett übertragen – es handelt sich hierbei also um einen vollständigen Vertrag. Deutlich wird dies am Beispiel des Spot-Marktes, bei dem schon aufgrund der Anonymität der Marktteilnehmer keine andere Lösung möglich wäre. Im Gegensatz dazu stellt die Koordination innerhalb von Unternehmen (oder anderer Organisationen) einen unvollständigen Vertrag dar. Zwar werden auch hier Verfügungsrechte übertragen – beispielsweise dürfen Angestellte im Zuge ihrer Tätigkeit auf das Betriebskapital zugreifen –, allerdings verbleibt das residuale Eigentumsrecht beim Unternehmen selbst. Jede Organisation kann daher auch als ein Netzwerk interpretiert werden, das aus unvollständigen Verträgen und residualen Property-Rights, die in den vertraglich nicht erfaßten Zuständen der Welt greifen, zusammengesetzt ist.

Gemäß dem Ansatz von Coase (1960), der später von Grossman und Hart (1986) sowie Hart (1995) aufgegriffen und erweitert wurde, sollten diese Eigentumsrechte möglichst derartig aufgeteilt werden, daß dadurch die Konsequenzen des individuellen Handelns internalisiert werden. In der Regel kann dieses Ideal jedoch nicht erreicht werden: Handlungen Einzelner wirken sich häufig auf mehrere Personen aus – in diesem Falle bleiben externe Effekte bestehen, gleichgültig, wem die Eigentumsrechte an einer Sache zugesprochen werden. Als knappes Gut kann Eigentum auch

[4]Den Vorteil der Integration bestimmter Transaktionen hat auch Williamson (1979) erkannt. Die Aussagen der Transaktionskostentheorie bleiben bei näherer Betrachtung dennoch schwammig – so ist es unklar, welchen Anreiz ein Akteur hat, mit Eingliederung in eine Organisation sich deren Zielfunktion anzueignen. Hart (1995, S. 27) konstatiert dann auch: „[I]t is unsatisfactory to suppose that the agents automatically become less opportunistic."

nicht auf mehrere Personen aufgeteilt werden, ohne es dabei zu verwässern. Häufig ist es aus organisatorischen Gesichtspunkten auch erwünscht, mehreren Personen Zugriff auf bestimmte Teile des Betriebsvermögen zu gewähren. In anderen Fällen verhindert das begrenzte Eigenkapital eine vollständige Übertragung der Eigentumsrechte am Betriebskapital auf die Angestellten eines Unternehmens: Der Wert des Betriebsvermögen im Zugriffsrecht eines Arbeiters übersteigt nämlich nicht selten dessen gesamtes Vermögen.

Die Schwierigkeit, die Außenwirkung einzelner Handlungen abzuschätzen, wird schon bei der innerbetrieblichen Organisation von arbeitsteiligen Produktionsprozessen deutlich. Bei Synchronisierungsproblemen, wie sie hierbei vorliegen, hängt der Wert einer Leistung sehr stark davon ab, inwieweit die Eigenschaften dieser Leistung auf die der anderen Teilleistungen abgestimmt sind. Um negative externe Effekte einer geringfügigen Änderung der Leistungsattribute zu vermeiden, müßten in einem vollständigen Vertrag die genauen Charakteristika jener anderer Teilleistungen berücksichtigt werden. Die Ausgestaltung eines solchen Vertrages wäre teuer und würde erhebliche Kommunikationskosten erzeugen. Stattdessen wird bei solchen Abstimmungsproblemen ein unvollständiger Rahmenvertrag mit dem Leistungserbringer geschlossen und dem Leistungsempfänger durch Überlassung der Eigentumsrechte ein residuales Kontrollrecht zugeteilt.[5]

Auch das hold-up-Problem in einer Beziehung zwischen dem Produzenten eines Endproduktes und dessen Zulieferern läßt sich auf externe Effekte zurückführen: Die nicht kontrahierbare spezifische Investition des Vorleisters oder des Endherstellers erhöht den Wert des Endproduktes. Wem diese Zusatzprofite zufallen, hängt allerdings ausschließlich von der Verhandlungsmacht der Vertragspartner ab. Hart (1995) argumentiert, daß die Übertragung der Property Rights die Verhandlungsposition des Empfängers stärkt, weshalb dieser dann eher geneigt ist, beziehungsspezifische Investitionen zu tätigen. Bei komplementären Assets erhöht Internalisierung durch Integration somit die Effizienz des Verhandlungsergebnisses.

Eine weitere wesentliche Begründung für Unternehmertum findet sich in dem

[5]Die Auswirkung zunehmender Arbeitsteilung – und des damit einhergehenden Wachstums des Abstimmungsbedarfs – auf die Vertragsgestaltung wird bei der Betrachtung der Frühphase der Industrialisierung besonders deutlich: Während in den Manufakturen des ausgehenden 18. Jahrhunderts das Verlagssystem oder das Vertragsunternehmertum durchaus gängige Organisationsformen waren, setzten sich später in den Fabriken die Einstellung in ein Arbeitnehmerverhältnis durch.

Anreiz, in einer Welt mit unvollkommener Information und begrenzt rationalen Akteuren vorhandene Ressourcen effizienter zu koordinieren. Diese Sichtweise, die in der Marktprozeßtheorie zum Ausdruck kommt, sieht den Unternehmer in einem andauernden Entdeckerwettbewerb.[6] Dieser Anreiz, Neues zu entdecken, ist allerdings nur dann vorhanden, wenn der „Entdecker" als „residual claiment" den Wert einer solchen neuen Koordinationsleistung internalisieren kann. Häufig ist eine Unternehmensgründung der einzig gangbare Weg, da die Alternative, lediglich die neue Koordinationsleistung als solche zu verkaufen, an der fehlenden Marktfähigkeit von Informationsgütern scheitert. Dieses Motiv der Unternehmensgründung findet sich häufig bei Intermediären: Handelsmittler nutzen beispielsweise die positiven Skaleneffekte der Informationsverarbeitung, um passende Anbieter und Nachfrager zu vermitteln. Sie profitieren dabei vom Charakter der Informationsgüter, der es ihnen ermöglicht, eine einmal gewonnene Preis- oder Produktinformation mehrfach einzusetzen. Die Durchschnittskosten sinken somit unter die Suchkosten, die ein einzelner Interessent aufwenden müßte, wenn er dieselbe Information einholen wollte.

2.2.4 Auswirkungen des organisatorischen Rahmens auf das strategische Verhalten von Unternehmen

Letztlich stellt jede Unternehmensgründung einen Versuch dar, Externalitäten zu mindern, die aufgrund von begrenztem und asymmetrisch verteiltem Wissen entstehen.[7] Da unvollständige Verträge externe Effekte nur unzureichend internalisieren, werden im Unternehmen die verbleibenden Herrschaftsrechte mit der Maßgabe gebündelt, jene restlichen Externalitäten zu minimieren.

Dabei ist zu bedenken, daß die interne Unternehmensorganisation Auswirkungen sowohl auf kurz- und langfristige Kostenstrukturen, als auch direkt und indirekt auf die strategische Entscheidungsvariable dieser Firma hat. Typischerweise sind flache Hierarchien oder Unternehmen mit geringer Fertigungstiefe flexibler als streng

[6]Diese durchaus zentrale Erkenntnis wird beispielsweise von Hayek (1968) thematisiert. Es muß an dieser Stelle jedoch darauf verwiesen werden, daß es sich hierbei um ein dymamisches Konzept handelt, das eben aus diesem Grund nur begrenzt in diese Arbeit Verwendung findet.

[7]Auf den engen Zusammenhang zwischen Nichtkonvexitäten, wie sie bei Komplementärgütern oder öffentlichen Gütern auftreten, und externen Effekten sei an dieser Stelle hingewiesen. Einen interessanten Überblick über diese Thematik, die freilich in dieser Arbeit nur am Rande angesprochen wird, findet sich im Aufsatz von Mishan (1971).

hierarchische Organisationen, in denen nur wenige Vorleistungen von außerhalb bezogen werden. Letzteres hat zur Folge, daß aufgrund des gebundenen Kapital- und Arbeiterstocks die kurzfristige Kostenkurve steiler als die langfristige verläuft. Der Extremfall entspricht hier einer festen Kapazitätsgrenze, unterhalb derer die Produkte mit Grenzkosten von null produziert werden, während die Marginalkosten an der Kapazitätsgrenze prohibitiv hoch werden. Im Gegensatz dazu besteht die Aufgabe einer im eigentlichen Sinne virtuellen Unternehmung lediglich darin, die Koordination der Teilleistungen zu erbringen; sämtliche Teilleistungen werden dagegen über den Spot-Markt abgewickelt. Ohne gebundenes physisches Kapital und andere langfristige vertragliche Bindungen entsprechen sich hier die kurz- und langfristigen variablen Kosten.

Klemperer und Meyer (1986, 1989) diskutieren den Zusammenhang zwischen dem kurzfristigen Verlauf der Grenzkosten und dem strategischen Verhalten von Unternehmen. In ihrem „Supply Function"-Ansatz, der als Verknüpfung der spieltheoretisch korrekten Cournot- und Bertrand-Modelle mit dem „Conjectural Variations"-Ansatz von 1924 interpretiert werden kann[8], konstatieren sie, daß sich Unternehmen nicht an Preise oder Mengen, sondern an eine Angebotsfunktion strategisch binden. Sie weisen nach, daß sich Unternehmen mit steil ansteigenden Marginalkosten ähnlich wie Mengensetzer verhalten, während das Verhalten von flexibleren Unternehmen an das der Preissetzer erinnert. Auch branchenspezifische Entlohnungsformen sind in dieser Hinsicht relevant: Die bei Rechtanwälten übliche Abrechnung auf Stundenbasis impliziert strategische Preissetzung, während eine Unternehmensberatung, die ein Fixum als Honorar vereinbart, den Stundentarif durch Mehr- oder Minderarbeit variieren kann.

Die Aussagen des Property Right-Ansatzes von Grossman und Hart (1986) lassen zudem vermuten, daß die Verteilung residualer Entscheidungsvollmacht innerhalb eines Unternehmens dessen strategisches Verhalten beeinflußt. Diese Idee sei hier anhand eines einfachen Beispiels verdeutlicht: Dazu soll eine Firma betrachtet werden, die aus einer jeweils managementgeleiteten Produktions- und einer Vertriebsabteilung besteht. Aufgabe des Vertriebsleiters sei es, die Produktpreise festzulegen und gegebenenfalls anzupassen, während der Produktionsleiter die Herstellung zu drosseln oder zu erhöhen vermag. Allerdings wird es jeder Manager vorziehen, eine

[8] Aus einem Hinweis von Vives (1999, S. 185) geht hervor, daß Reaktionserwartungen erstmals von Bowley (1924) formuliert wurden.

einmal beschlossene Entscheidung beizubehalten, da ihm bei jeder Verhaltensänderung Kosten entstehen. Bei einer Planabweichung – etwa in Folge eines Nachfrageschocks – hängt die Reaktion des Unternehmens also davon ab, welcher der beiden Abteilungsleiter sich durchsetzt: Es ist davon auszugehen, daß der Mächtigere von beiden, also der Inhaber residualer Herrschaftsrechte, die Möglichkeit besitzt, seine eigene Entscheidung nicht zu ändern. Ein Vertriebsleiter als Vorgesetzter wird demnach die Preise zunächst unverändert lassen und den Produktionsleiter dazu veranlassen, die Produktion zurückzufahren. Als strategisch erweist sich demnach diejenige Entscheidung, deren Revisionskosten aus Sicht des Entscheidungsträgers am höchsten sind. Dabei spielt es eine untergeordnete Rolle, ob diese Kosten technischer Natur sind (etwa, wenn es darum geht, irreversible Kapazitäten aufzubauen), oder ob es sich um Kosten handelt, die dem Entscheidungsträger selbst – also dem Inhaber residualer Herrschaftsrechte – entstehen.

Aus den letzten Überlegungen ergibt sich – ein wenig stilisiert – der folgende Zusammenhang zwischen der Unternehmensorganisation und deren strategischer Entscheidungsvariable:

- Unternehmen mit großer Fertigungstiefe, langfristigen Vertragsbindungen, erheblichem gebundenem Anlagevermögen und einflußreichen Produktionsleitern sind Mengensetzer.

- Dagegen verhalten sich Firmen mit einer mächtigen Vertriebsleitung, geringer Fertigungstiefe oder wenig spezifischem (damit flexiblem und sogar wiederverkaufbarem) Anlagevermögen eher als Preissetzer.

Nach diesen grundsätzlichen Ausführungen werden in den nächsten Abschnitten wesentliche Implikationen elektronischer Koordination für das strategische Verhalten von Unternehmen hergeleitet. Zu diesem Zweck werden im nun folgenden Abschnitt Begriff und Bedeutung elektronischer Koordination erläutert. Die Auswirkungen auf die Organisation von Tausch und Arbeitsteilung werden im Anschluß daran vorgestellt.

2.3 Elektronischer Koordination

2.3.1 Begriffsdefinition

In dieser Arbeit bezeichnet „elektronischen Koordination" die Abstimmung wirtschaftlichen Handelns – also die Lösung des zuvor dargelegten Allokations- und Synchronisationsproblems – mit der Unterstützung digitaler Informations- und Kommunikationstechnologien. Zu diesen Technologien zählen sowohl das bekannteste offene System, nämlich das Internet, als auch weniger bekannte Systeme wie das französische Minitel, das zeitweise beachtliche Teilnehmerzahlen verbuchen konnte, und BTX in Deutschland, die sich beide letztendlich nicht durchsetzen konnten. Insbesondere im Zwischenhandel spielt auch der standardisierte Elektronische Datenaustausch (EDI) eine bedeutende Rolle.[9] Unabhängig von ihrem wirtschaftlichen Erfolg basieren diese Kommunikationssysteme auf ähnlichen Technologien, die es dem Nutzer ermöglichen, Nachrichten in digitaler Form zu empfangen, zu speichern, weiterzuverarbeiten und an weitere Teilnehmer zu senden.

Elektronischer Handel umfaßt dagegen lediglich die Transaktionen, die über solche Netze abgewickelt werden. So definiert die Economics and Statistics Administration (2002) „e-commerce activity" als „the value of goods and services sold online", und die EITO (2002) hält es mit ihrer Definition von Internethandel ähnlich: „*Internet commerce* [...] includes the value of all transactions resulting from a buyer's clicking an order button on the Internet as a commitment to transfer funds in exchange for goods or services." Offensichtlich erfaßt das elektronische Handelsvolumen nicht die volkswirtschaftliche Bedeutung elektronischer Koordination. Einerseits werden in solch einer Statistik die Transaktionen unabhängig vom Wertschöpfungsanteil der digitalen Technologie erfaßt, also auch dann, wenn dieser nahezu bedeutungslos ist. Andererseits ignorieren solche Umsatzzahlen die unterstützende Funktion des Internets, sei es bei der Suche nach dem gewünschten Produkt, sei es bei begleitenden Serviceleistungen, die als perfekte Komplemente im Internet kostenfrei angeboten werden, während der Kaufvertrag in der Geschäftsstel-

[9] Bei letzterem handelt es sich um elektronischen Datenaustausch (Electronic Data Interchange) zwischen Unternehmen, um Geschäftsprozesse wie etwa Auftragserteilung oder Rechnungsstellung abzuwickeln. EDI basiert auf geschlossenen Standardtechnologien: UN/EDIFACT ist vorwiegend in Europa und Asien verbreitet, während X12 vor allem auf dem amerikanischen Kontinent Anwendung findet (siehe die Ausführungen der Economics and Statistics Administration, 2002).

le abgeschlossen wird. Trotz dieser Mängel ist jedoch zu vermuten, daß wir bis auf weiteres auf Handelsstatistiken angewiesen sein werden, um Anhaltspunkte für das Ausmaß elektronischer Koordination zu erhalten, da anderweitiges Zahlenmaterial gänzlich fehlt.

2.3.2 Erscheinungsformen elektronischer Koordination

Entstehung und Entwicklung des Internets

Insbesondere von Konsumenten, aber im zunehmendem Maße auch von Unternehmen wird das Internet zur Koordination wirtschaftlicher Aktivitäten genutzt. Der historische Kontext dieser Erfolgsgeschichte ist bemerkenswert. Als die USA 1957 nach dem Sputnik-Schock nicht nur mit der Konstruktion eines orangengroßen Satelliten begannen, sondern in ihrer Denkfabrik RAND in Santa Monica auch die Entwicklung eines militärischen Kommando- und Überwachungsnetzes forcierten, das auch bei einem Krieg auf eigenem Territorium funktionsfähig bleiben sollte, wurde bereits der Grundstein für die spätere erfolgreiche Kommerzialisierung des Internet gelegt.

Das experimentelle ARPANET, das im September 1969[10] unter der Leitung der Advanced Research Project Agency ins Leben gerufen wurde, zeichnete sich insbesondere durch seine dezentrale Struktur aus. Um bei Ausfall einer direkten Verbindung dennoch eine robuste Informationsübertragung zu gewährleisten, wurden die Daten in einzelne Pakete aufgeteilt, die, jeweils mit Herkunfts- und Empfängeradresse sowie mit Sequenznummer für die richtige Reihung versehen, einzeln durch das Netz geschickt wurden, wobei an den Verzweigungsknoten Router die Aufgabe übernahmen, diesen Datenpaketen den richtigen Weg zu weisen.

Das eigentliche Internet entstand dann 1977 mit den Zusammenschluß von vier Netzen, die alle mit dem Prinzip der Paketverarbeitung arbeiteten. Neben dem ARPANET und dem lokal konzipierten ETHERNET waren dies ein Paket-Funknetz sowie ein Paket-Satellitennetz, die jetzt mittels eines einheitlichen TCP/IP-Protokolls kommunizieren konnten.[11]

---

[10]Diese und die folgenden Jahresdaten dieses Abschnittes wurden entnommen aus Kyas (1994).

[11]Das Transmission Control Protocol (TCP) garantiert den Erfolg der Übertragung, während das Internet Protocol (IP) den Absender nicht darüber informiert, ob die Übertragung erfolgreich war. Mehr Informationen zu diesem Thema finden Sie z. B. in Kyas (1994, S. 34ff.).

Zehn Jahre nach der Gründung des ARPA-Netzes ermöglichte die Entwicklung des Betriebssystem Unix privaten Nutzern Zugang zum Internet. Um die Mehrplatzfähigkeit dieses Betriebssystems besser auszunutzen, war es möglich, sich mit einem Modem von außerhalb über das Telephonnetz in einen Unix-Rechner einzuwählen und Daten herunter- oder aufzuladen. Da ab 1983 das TCP/IP-Protokoll integraler Bestandteil des Unix-Betriebssystem war, stand somit der Zugang ins Internet auf diesem indirekten Weg zahlreichen Klienten offen. Die darauffolgende rasche Verbreitung jenes Betriebssystems und damit des Internet-Zuganges wurde dadurch begünstigt, daß Unix-Software als Produkt einer universitären Forschergruppe frei verfügbar war. Das Programm einschließlich des Zugangsprotokolls TCP/IP entwickelte sich somit rasch zu einem offenen Standard, bei dessen Nutzung die Anwender nicht Gefahr laufen, in der Technologie „eingeschlossen" zu werden. Zudem war die neue Informationstechnologie kompatibel zur bisherigen – der Telephonanschluß konnte weiterverwendet werden, so daß lediglich ein Endgerät, ein Modem und das (kostenlos erhältliche) Unix-Programm erworben werden mußten. Den Durchbruch als Massentechnologie erreichte das Internet dann mit dem vom Kernforschungszentrum CERN konzipierten World Wide Web. Gedacht als Erleichterung bei der Informationssuche, können damit Hypertext-Dokumente über Verweise auf Schlüsselworte verknüpft werden.

Seit Mitte der 1990er Jahre wird das Internet nicht nur kommerziell genutzt, sondern sowohl in seinem Ursprungsland als auch in Europa weitgehend privat betrieben. Eine marktbeherrschende Stellung einzelner Betreiber, wie sie bei anderen Netzen vorliegt, droht dennoch nicht. Zum einen haben sich in den langen Jahren, im denen das Netz von Forschungsgruppen betrieben wurde, offene Standards entwickelt. Zum anderen war bereits der militärische Vorläufer – wenn auch aus anderen Gründen – als flexibles, dezentrales und nicht beherrschbares Netz konzipiert, das eine Vielzahl von Einspeisungs- wie auch Informationstransfermöglichkeiten vorsah.[12] Diese Organisation erklärt auch einen Teil des großen Erfolges des Electronic Commerce: Das Internet ist damit das elektronische Abbild des dezentral organisierten Marktes. Es bietet eine standardisierte Möglichkeit sowohl für Unternehmen als auch Konsumenten, die Vorteile elektronischer Koordination zu nutzen.

[12]Der fehlgeschlagene Hacker-Angriff von 21. Oktober 2002 verdeutlichte die geringe Verwundbarkeit des Internets: Zwar gelang es den Hackern, neun von insgsamt 13 Root-Servern, die als zentrale Adreßverwaltung des Internets fungieren, lahmzulegen. Dennoch wurde die einstündige Lahmlegung des Nervensystems des Netzes von den Nutzern nicht bemerkt (vgl. Patalong, 2002).

Die heutige Bedeutung elektronischer Handelsformen

Das World Wide Web hat sich mit der Jahrhundertwende als offener Standard durchgesetzt. Es wurde im ersten Jahr des neuen Jahrhunderts (2001) nach Schätzungen einer Studie des EITO (2002) deutschlandweit von rund 32 Millionen Teilnehmern genutzt, also rund 40 v. H. der Bevölkerung. Im Folgejahr stieg dieser Anteil auf rund 46 v. H. In ganz Westeuropa gab es bei ähnlichen Zugangsanteilen knapp 170 Millionen Internetnutzer. Allerdings war im Jahr 2002 nach Ansicht der Analysten des EITO (2003) gerade einmal jeder vierte Internetnutzer auch im Netz einkaufen. Da zum einen damit zu rechnen ist, daß zukünftig weitere Kreise der Bevölkerung Internetzugang erhalten, zum anderen ein steigender Anteil der Nutzer im Netz wirtschaftlich aktiv sein wird, prognostizieren die Autoren für die nächsten Jahre eine rasant ansteigende Zahl von „Netzkäufern“, also Konsumenten, die im Internet Kaufverträge abschließen. Im Jahr 2006 soll deren Anteil an der Bevölkerung etwa 34 v. H. ausmachen, nach geschätzten 12,4 v. H. im Jahr 2002. Damit einhergehend prophezeit die Studie auch steigende Umsätze im Internet-Commerce: Das Endkundengeschäft (Business-to-Consumer) werde in Deutschland im gleichen Zeitraum von 9,5 auf 72,4 Mrd. EUR ansteigen – dies entspräche dann einem Zehntel des Gesamtumsatzes im deutschen Einzelhandel.

Bakos (2001, S. 69) kommt für die USA auf ähnliche Größenordnungen. Er beruft sich dabei auf eine unzugängliche Studie von Forrester Research (siehe Dykema, 2000), die einen Anstieg des Internetgeschäftes im Einzelhandel von 1,5 v. H. im Jahr 2000 (das sind etwa 45 Mrd. USD) auf 296 Mrd. USD oder 7,8 v. H. des gesamten Einzelhandelsumsatzes im Jahr 2005 erwartet. Die Aussagekraft solcher Prognosen sollte allerdings nicht überbewertet werden: Der Umsatzanteil des Internets sagt wenig über dessen Beitrag zur Wertschöpfung aus. Da noch immer offizielle Zahlen zum Internet-Thema fehlen, ist bisweilen die Datenlage, auf die sich die Vorhersagen stützen, sehr dürftig. Die Neue Zürcher Zeitung (2001) weist in diesem Zusammenhang auf eine beachtliche Divergenz zwischen einzelnen Schätzungen hin – für die globalen Business-to-Business-Aktivitäten etwa lagen die Prognosen für das Jahr 2000 in einer Spanne zwischen 200 und 604 Mrd. USD. Zudem schien lange Zeit die Tendenz zu bestehen, die Bedeutung des Electronic Commerce zu überschätzen. „Kein anderer Wirtschaftszweig sei Opfer von so an den Haaren herbeigezogenen, *un-*

realistischen Wachstumsprognosen geworden wie der elektronische Handel", zitiert die Zeitung die Studie „E-Commerce and Development Report 2001" der Unctad (2001).

Eine neuere Untersuchung des US-amerikanischen Statistikamtes (siehe Economics and Statistics Administration, 2002) scheint die angesprochenen Zweifel zu bestätigen. Sie verdeutlicht zwar die große und sämtliche Sektoren durchdringende Bedeutung des E-Commerce im Groß- und intraindustriellen Handel. So waren laut dieser Erhebung im Jahr 2000 18,4 v. H. der Warenlieferungen zwischen Industrieunternehmen und immerhin 7,7 v. H. des Großhandelsumsatzes auf elektronischen Handel zurückzuführen. Allerdings belegt die Studie auch die enorme Bedeutung des elektronischen Datenaustausches (EDI), der als proprietärer Standard nicht auf das Internet angewiesen ist: 88,3 v. H. des elektronischen Großhandels wurden im Erhebungsjahr über EDI abgewickelt, und im industrieinternen Handel ist seine Bedeutung nur unwesentlich geringer.

Ein ganz anderes Bild zeichnet die Analyse im Endkundenbereich. EDI spielt hier erwartungsgemäß keine Rolle. Der elektronische Einzelhandel der Vereinigten Staaten belief sich im Jahr 2000 auf 28,824 Mrd. USD (im Folgejahr etwa 33 Mrd. USD) und machte demnach etwa 0,9 v. H. des Gesamtumsatzes dieses Sektors aus. Im Servicebereich liegen die Zahlen in einer ähnlichen Größenordnung. Neben den höheren Zuwachsraten, ausgehend von einer niedrigeren Basis, unterscheidet sich der Endkundenbereich vom Großhandel dadurch, daß sich E-Commerce hier weitgehend auf wenige Branchen beschränkt: Fast 40 v. H. des elektronischen Einzelhandels werden im Buch- und Computerverkauf umgesetzt, während im herkömmlichen Einzelhandel diese Sparten für weniger als ein Zehntel des Gesamtumsatzes verantwortlich zeichnen. Im Dienstleistungssektor entstehen mehr als die Hälfte des elektronischen Umsatzes in den Bereichen der (Pauschal-)Reisenbuchung, des Derivate- und Wertpapierhandels, der Verlagsindustrie, der Softwareentwicklung, der Kurier- und Botendienste sowie der Online-Informationsdienste, obwohl der Anteil dieser sechs Branchen am Gesamtumsatz des Dienstleistungssektors weitaus geringer ist.

2.3.3 Grundlegende Eigenschaften elektronischer Koordination

Ein früher und umfangreicher Überblick über die Auswirkungen des Einsatzes von Informations- und Kommunikationstechnologien auf die Organisation wirtschaftlichen Handelns in Unternehmen und Märkten findet sich bereits bei Malone et al. (1987) in einer Zeit, in der das Internet zwar noch in den Kinderschuhen steckte, die neuen Nachrichtentechnologien aber schon in zahlreichen Unternehmen Fuß faßten. Die Autoren stellen dabei drei grundlegende Eigenschaften elektronischer Koordination in den Vordergrund.[13]

- Unter dem „Kommunikationseffekt" fassen Malone et al. (1987, S. 488) die Tatsache zusammen, daß durch neue Technologien der Informationsaustausch produktiver verläuft. Zum einen können in einem gleichen Zeitraum mehr Daten übermittelt werden als auf physischem Wege, zum anderen sind bei elektronischer Kommunikation die Stückkosten der Datenübertragung niedriger als zuvor.

- Als „Maklereffekt" (Malone et al., 1987, S. 488) bezeichnen sie die Möglichkeit moderner Informationssysteme, Aufgaben von Mittlern zu übernehmen. Mit Hilfe von Filterregeln[14] gelingt es solchen Systemen, zueinander passende Käufer und Verkäufer ausfindig machen.

- Als dritten Punkt nennen Malone u. a. die elektronische Integration von Information in die Wertschöpfungskette. Der „Integrationseffekt" (Malone et al., 1987, S. 488) bewirkt eine enge Verschaltung von Datenerfassung und -verarbeitung mit den Wertschöpfungsprozessen, für die diese Informationen zur Verfügung stehen sollen. Der direkte Zugriff auf Informationen erspart Zeit und vermeidet Fehlerquellen bei der Dateneingabe, ermöglicht eine rasche Ausbreitung von aktuellen und bereits aufbereiteten Informationen nicht nur entlang der internen Wertschöpfungskette, sondern auch über die Gren-

---

[13] Die nachfolgend genannten Schlüsselwörter lauten im Originaltext „electronic communication effect", „electronic brokerage effect" und „electronic integration effect". Die Übersetzung erfolgte nach Picot et al. (1998, S. 332).

[14] Einen interessanten Einblick zu diesem Thema gewährt beispielsweise Schackmann (2003, S. 55ff.).

zen von Unternehmen hinaus, und bewirkt somit eine flexible Anpassung des Produktionsprogramms an aktuelle Entwicklungen.

Offensichtlich kann bei gleichbleibendem Einsatz von Ressourcen und erhöhtem Anteil elektronischer Kommunikation eine höhere Koordinationsleistung erbracht werden. Malone et al. (1987), aber auch Bakos (1998) folgern daher, daß die Transaktionskosten im Zuge der Durchdringung neuer Informationstechnologien zurückgehen: „[T]he widespread use of information technology is likely to decrease the 'unit costs' of coordination." (Malone et al., 1987, S. 489)

2.4 Auswirkungen elektronischer Koordination auf Tausch und Arbeitsteilung

In diesem Abschnitt werden die Auswirkungen des soeben beschriebenen Rückganges der Transaktionskosten auf die Organisation von Tausch und Arbeitsteilung hergeleitet. Einen wesentlichen Beitrag zur Erklärung dieser Veränderungsprozesse liefern Brynjolfsson und Hitt (2000, S. 24f.), die zwei zentrale Aspekte des technologischen Wandels hervorheben: Zum einen lassen sich durch den Einsatz digitaler Informationstechnologie Effizienzgewinne erzielen, indem Geschäfts- und Arbeitsprozesse restrukturiert werden. Die Reorganisation des Herstellungsprozesses und die Verwendung moderner Technologie ermöglicht es den Unternehmen zum anderen, die Qualität ihres Produktangebots anzuheben: So wird durch elektronische Koordination die (Weiter-)Entwicklung von Produkten erleichtert. Der oben beschriebene Kommunikationseffekt erleichtert außerdem den Informationsaustausch zwischen Kunden und Unternehmen. Aufgrund der hohen Flexibilität ihrer Fertigungsanlagen sehen sich die Amnbieter nun in die Lage versetzt, ihre Angebote zu individualisieren und auf diese Weise an die Bedürfnisse der einzelnen Kunden anzupassen.

Wie anhand des nachfolgenden Fallbeispiels deutlich werden soll, sind diese Wechselwirkungen auch für „konventionelle" Industrien von Bedeutung. Besonders deutlich werden sie bei der Produktion und im Vertrieb von Informationsgütern. Dieser Thematik ist daher ein eigener Unterabschnitt im Anschluß an das Einführungsbeispiel gewidmet. In den letzten beiden Teilen dieses Abschnittes werden mit den Auswirkungen elektronischer Koordination auf die Organisation von Unternehmen und Märkten, sowie auf deren Transparenz, Aspekte des Koordinationsproblems angesprochen, die sowohl bei der Herstellung von Informationsgütern als auch von physischen Produkten von Bedeutung sind.

2.4.1 Einführendes Beispiel

In der Automobilindustrie hat insbesondere der oben genannte „Integrationseffekt“ schon in den 80er Jahren dazu beigetragen, neben der Organisation des Leistungsprozesses auch die Herstellung zu revolutionieren. Einerseits erlaubte es der beschleunigte Fortschritt der Kommunikationstechnologien, Daten in digitaler Form innerhalb von Unternehmen, aber auch an entferntere Adressaten zu senden. Andererseits verdrängten flexibel einsetzbare und programmierbare Produktionsanlagen die spezialisierten Fertigungsanlagen vergangener Tage, genauso wie Zeichen- und Konstruktionsprogramme (CAD und CAM) in Forschung und Entwicklung Einzug hielten.

Wie Milgrom und Roberts (1990) mit dem Hinweis auf zahlreiche Studien belegen, führt jede dieser Innovationen zu erheblichen Kosteneinsparung, so etwa durch die Zeiteinsparung und geringere Rüstkosten in der Produktion oder reduzierten Forschungsaufwand. Darüber hinaus argumentieren die beiden Autoren, daß diese Innovationen Komplemente darstellen und somit bei gemeinsamen Einsatz – im Sinne einer kompletten Restrukturierung der Entwicklungs- und Fertigungsprozesse – eine wesentlich deutlichere Produktivitätswirkung entfalten. Insbesondere sei eine flexible Fertigung erst dann sinnvoll, wenn damit auf schwankende Auftragseingänge reagiert werde und somit Lagerbestände reduziert werden. Dieses Konzept der „lean production“, wie es zunächst bei Toyota eingeführt wurde (Milgrom und Roberts beziehen sich hingegen überwiegend auf Beispiele aus der U.S.-Industrie), erfordere ein integriertes elektronisches Nachrichtensystem, das nicht nur engen Kontakt zum Kunden, sondern auch zu den Lieferanten hält, damit deren Vorprodukte „just-in-time“ im Unternehmen ankommen. Als Ergebnis dieser Entwicklung erwarten die beiden Autoren neben den oben beschriebenen Produktivitätsverbesserungen einen Anstieg der Produktqualität, aber auch eine schnellere Auftragsabwicklung und kürzere Produktzyklen, die ebenfalls den Kunden zugute kommen. Als weitere Tendenz wird ein Rückgang der Losgrößen prophezeit, wobei es die kleinen Losgrößen den Herstellern dann ermöglichen, individuelle, auf die Kundenbedürfnisse zugeschnittene Produkte anzubieten.

Die Automobilindustrie ist ein Beispiel dafür, daß selbst traditionelle Branchen vom Sog moderner Informationstechnologie erfaßt und einem grundlegenden Wandel der Produktions- und Vermarktungsstrukturen unterworfen wurden. Noch deutlicher treten diese Effekte bei Erzeugnissen hervor, die ganz oder zum überwiegenden Teil aus Informationen bestehen.

2.4.2 Implikationen für Produktion und Vertrieb von Informationsgütern

Als Informationsgüter (digitalisierbare Produkte) werden in dieser Arbeit sämtliche Güter bezeichnet, die in einen Datenstrom (bestehend aus den beiden Signalen 1 und 0) umgewandelt und über Kommunikationsnetze wie das Internet verschickt werden können. Als „digitalisiert“ werden diese Produkte bezeichnet, wenn sie bereits in digital lesbarer Form vorliegen. Der Bedürnisbefriedigung dienen freilich nicht diese digitalen Daten, sondern die in ihnen enthaltene, codierte Information. Wie eine Übersicht von Choi et al. (1997, S. 64) über die digitale Produktvielfalt zeigt, können diese Bedürfnisse recht unterschiedlicher Natur sein:

- Informations- und Unterhaltungsgüter umfassen neben Zeitschriften und Zeitungen auch Graphiken, Bilder, Musik und Videoclips in digitaler Form, sowie Software.
- Als weitere Klasse digitaler Produkte identifizieren die Autoren den Handel von Wertpapieren. In einem weiteren Sinn kann man darunter neben Finanzprodukten auch Eintrittskarten, Fahrkarten und Hotelreservierungen verstehen.
- Die digitale Produktvielfalt schließt auch staatliche und private Dienstleistungen mit ein – hierbei handelt es sich etwa um Steuererklärungen, aber auch elektronische Nachrichtenübertragung.

Die Eigenschaften dieser digitalen Produkte sind hinlänglich bekannt und vielfach diskutiert worden (siehe u. a. Shapiro und Varian 1999, S. 13ff., Klodt 2001, S. 31ff. und Shy, 2001, S. 163ff.). Zu den wichtigsten zählen die folgenden:

- Informationen sind dauerhafte Güter. Zwar kann mit der Zeit ihr Marktwert sinken, allerdings bleibt die Physis trotz Nutzung unverändert (siehe Klodt, 2001, S. 33).

- Sie sind nahezu kostenfrei replizierbar und kommen damit dem Ideal öffentlicher Güter nahe, welche keiner Rivalität in der Verwendung unterliegen. Allerdings ist – im Gegensatz zu öffentlichen Gütern – Nutzungsausschluß technisch möglich und wird mit mehr oder weniger großem Aufwand und Erfolg auch praktiziert.

- Informationsgüter sind „Erfahrungsgüter, die vor dem Kauf nicht inspiziert werden können und für die nach der Inspektion niemand mehr einen Preis zu zahlen bereit ist" (Klodt, 2001, S. 32).

- Informationsgüter können, sofern sie digitalisiert sind, leicht verändert werden. Diese Eigenschaft ermöglicht es, ohne großen Mehraufwand ein digitales Produkt in verschiedenen Versionen zu erstellen (siehe Choi et al., 1997, S. 72f.).

Diese Eigenschaften implizieren eine Reihe von interessanten Aspekten, die in dieser Arbeit an verschiedenen Stellen aufgegriffen und eingehend erörtert werden. Die sicherlich interessanteste Entwicklung besteht in der Verschmelzung von Produktion und Absatz zur Bedarfsproduktion: Die charakteristische Kostenfunktion digitaler Güter ermöglicht es einem Anbieter solcher Produkte, erst nach Empfang einer Bestellung eine individuelle Kopie dieses Produktes (nahezu) kostenfrei zu erstellen und dem Kunden (im Idealfall auf elektronischen Wege) zu übermitteln. Elektronische Koordination erleichtert dabei in doppelter Hinsicht die Individualisierung solcher Produktangebote, d. h. die Anpassung an die individuellen Bedürfnisse der einzelnen Kunden: Und zwar zunächst durch den Rückgang der Informationskosten, wodurch die Voraussetzungen für einen intensiven Datenaustausch zwischen Konsument und Produzent – und somit eine Ermittlung der individuellen Kundenpräferenzen zu geringen Kosten – geschaffen werden. Wie aus dem Hinweis von Choi et al. (1997, S. 72f.) folgt, ist dann auf Basis dieser Daten eine Individualisierung eines digitalen Gutes mit geringem Zusatzaufwand möglich.

Eine weitere Besonderheit digitaler Güter besteht darin, daß das elektronische Leitungsnetz als Vertriebskanal genutzt werden kann. Hierdurch lassen sich erhebliche Transport- und weitere Transaktionskosteneinsparungen realisieren. Evidenz für die gesunkenen Transaktionskosten bei digitalen Gütern findet sich in einer Studie der OECD (2000). Dieser zufolge werden die Einsparungen bei Flugreservierungen –

der Bereich mit der höchsten Elektronik-Durchdringung – auf 87 v. H. der Transaktionskosten geschätzt. Bei der Buchung im Internet fallen nur noch Kosten von einem USD an, im Gegensatz zu 8 USD bei herkömmlichen Transaktionswegen. Hohe Einsparpotentiale bieten sich laut der eben erwähnten Studie auch bei anderen digitalen Produkten: Im Bankenbereich lassen sich die Buchungskosten von 1,08 USD auf 13 Cent senken, beim Abschluß einer Lebensversicherungspolice reduzieren sich die Kosten von bis zu 700 auf 350 USD, und die Softwaredistribution kostet statt ehedem 15 USD nur noch zwischen 20 und 50 Cent.

Als Folge dieser „komparativen Vorteile“ gegenüber physischen Produkten dominiert auf elektronischen Märkten der Handel mit Informationsgütern. Bei den Dienstleistungen mit hohen E-Commerce-Anteil handelt es sich dabei fast ausschließlich um digitalisierte Leistungen, bei denen in der Regel nicht nur der Vertragsabschluß, sondern auch die Leistungserstellung und der Transport des Gutes auf elektronischem Wege erfolgt.

Zusammenfassend ist festzustellen, daß der wirtschaftliche Erfolg digitaler Güter von effektiver elektronischer Koordinationsleistung abhängt: Eine Digitalisierung wäre kaum profitabel, wenn die entsprechenden Netzwerke zur Distribution fehlen würden, da dann die Einsparpotentiale im Transport nicht genutzt werden könnten. Eine entsprechende Organisation gewährleistet überdies eine integrierte Abwicklung der Transaktion, so daß nicht nur das Produkt, sondern auch die Rechnung schneller beim Kunden ankommt. Die schnelle und kostengünstige digitale Informationsübertragung spielt zudem eine wichtige Rolle für die Individualisierungsleistung. Nur auf diese Weise können die Kundenangaben in einem automatisierten Prozeß erfaßt und somit das passende Produkt erstellt werden.

2.4.3 Zunahme der Markttransparenz

Als Folge des von Malone et al. (1987, S. 488) konstatierten Rückgangs der Informationskosten auf elektronischen Märkten ist ferner ein Anstieg der Markttransparenz zu erwarten. Zwei Effekte sind in diesem Zusammenhang ausschlaggebend: Zum einen ist aufgrund reduzierter Kosten mit einem Anstieg des Informationsangebots zu rechnen, das die informierten Marktteilnehmer zur Verfügung stellen. Im Internet macht sich dies beispielsweise durch den ungebrochenen Zuwachs der registrierten Domains und von elektronischer Werbepost bemerkbar. Zum anderen verbilligt sich mit einem Rückgang der Suchkosten für die uninformierte Marktseite der Zugang zu Information. Aus theoretischer Sicht ist damit einhergehend bei homogenen Gütern ein Rückgang der Preisdispersion zu erwarten (siehe Butters, 1977).

Inzwischen belegen mehrere Studien diese Auswirkung reduzierter Informationskosten im Internet, nachdem frühere Untersuchungen noch ambivalente Ergebnisse geliefert haben. So haben Brynjolfsson und Smith (2000) teilweise noch eine hohe Preisdispersion im Internet festgestellt. In einer Folgeuntersuchung konstatieren Brynjolfsson und Smith (2001), daß diese Dispersion nicht auf Informationmängel zurückzuführen ist, sondern mit einer unterschiedlichen Produktqualität, unterschiedlichen (Liefer-)Konditionen oder der Reputation des Händlers begründet werden kann.

Eindrucksvoll bekräftigen Brown und Goolsbee (2001) die Wirkung geringer Suchkosten, indem sie die Preisentwicklung von kurzfristigen („term life“) Risikolebensversicherungen, für die 1996 eine Suchmaschine eingeführt wurde, mit der Preisentwicklung von „whole life“-Kapitallebensversicherungen vergleichen,[15] die aufgrund ihrer komplizierteren Vertragsstruktur für Suchmaschinen eher ungeeignet sind. Für „term life“ Versicherungen beobachten sie seit 1996 einen deutlichen Preisrückgang, wobei ein Anstieg der Internetnutzer um zehn Prozentpunkte einen Rückgang der Prämien um 2,5 v. H. induziert. Bei dem „whole life“-Produkt wird ein solcher Preisrückgang nicht beobachtet.

Ellison und Fisher–Ellison (2001) kommen zu dem ähnlichen Ergebnis, daß Suchmaschinen die Preiselastizität der Nachfrage nach homogenen Produkten erheblich erhöhen. Sie untersuchen den Markt für Speicherelemente und stellen fest, daß das Ausmaß des Elastizitätsanstiegs von der Qualitätsstufe der Bausteine abhängt. Bei Speichern der niedrigsten Qualitätsstufe ist empirisch nahezu Bertrand-Wettbewerb (also eine extrem hohe Preiselastizität der Nachfrage) festzustellen. Bei qualitativ höherwertigen Produkten messen sie niedrigere Nachfrageelastizitäten. Die Autoren führen dies in erster Linie auf Verdunkelungsstrategien der Unternehmen zurück, mit denen die Suchmaschinen in die Irre geführt werden. Lockangebote niedriger Qua-

[15]Bei den „term life“- Kontrakten handelt es sich um kurzfristige, meist auf Fünfjahresbasis abgeschlossene Risikolebensversicherungen, die im Versicherungsfall eine einmalige Auszahlung generieren. Die „whole life“-Kontrakte entsprechen dagegen den deutschen Kapitallebensversicherungen, die eigentlich eine Kombination aus Lebensversicherung, Renten- und Berufsunfähigkeitsversicherung darstellen.

lität lotsen die Kunden auf den Internetauftritt eines Unternehmens; dort werden dann aber teurere und höherwertige Produkte beworben. Eine zusätzliche Erklärung liegt darin, daß sich hochwertige Produkte horizontal und vertikal voneinander differenzieren, da sie im Gegensatz zum homogenen Basisprodukt unterschiedliche Zusatzausstattungen besitzen.

Die Ergebnisse dieser beiden Studien lassen sich ähnlich interpretieren: Auf elektronischen Märkten haben sich die Suchkosten für homogene Güter reduziert. Beim Kauf heterogener Produkte bleiben hingegen Suchkosten bestehen, da der Nachfrager neben dem Preisvergleich auch einen Vergleich der unterschiedlichen Konditionen und Qualitätsstufen durchführen muß. Dieser Sachverhalt wird von Anbietern genutzt.

Folgt man den oben aufgeführten Statistiken, kommt der Rückgang der Informationskosten aber nicht nur dem Handel mit homogenen Produkten zugute. Auch heterogene Informationsgüter werden vergleichsweise häufig auf elektronischen Märkten gehandelt. Neben den im Abschnitt 2.4.2 genannten Gründen ist wohl eine weitere Eigenschaften dieser Produkte für ihren Online-Handel förderlich: Bücher, Musik und Computersysteme sind – teilweise (noch) nicht digitalisierte – Erfahrungsgüter. Paradoxerweise besteht gerade darin (auch dann, wenn die Güter herkömmlich mit der Post versandt werden) ein relativer Vorteil des Online-Angebots gegenüber anderen Verkaufsformen. Da der Käufer die wesentlichen Informationen über die Produkteigenschaften erst mit dem Gebrauch erfährt, ist der äußerliche Augenschein hier nur von geringer Bedeutung: Beispielsweise wird der Gebrauchszustand eines „ungelesenen“ Buches damit eindeutig beschrieben, folglich kann auf eine Inspektion verzichtet werden.

Die oben beschriebene Verdunkelungsgefahr ist für Informationsgüter weniger bedeutsam: Online-Händler haben die Möglichkeit, Hörproben, Leseproben, Rezensionen oder Inhaltsangaben ins Netz zu stellen und dem Interessenten damit Hilfestellung bei der Suche nach dem geeigneten Produkt zu geben. Unternehmen können diese Daten in nahezu unbegrenzter Form ins Netz stellen, wobei die assoziative Struktur der Hypertext-Dokumente die gezielte Suche nach den für sie interessanten Daten ermöglicht.

2.4.4 Elektronische Koordination und die Organisation von Unternehmen und Märkten

Welche Folgen haben nun Digitalisierung und elektronische Koordination für die Organisation von Tausch und Arbeitsteilung? Um diese prinzipielle Fragestellung zu untersuchen, wird auf die im Abschnitt 2.2.1 getroffene Unterscheidung zwischen dem Allokationsproblem und dem Synchronisationsproblem als mögliche Ursachen von Koordinationsbedarf zurückgegriffen.

Der Rückgang der Koordinationskosten wirkt sich nämlich in unterschiedlicher Weise auf die beiden genannten Aspekte aus: Die Kommunikationskosten, die bei der Synchronisation von Teilleistungen entstehen, sinken durch integrierten elektronischen Datenfluß nicht nur absolut, sondern auch relativ im Vergleich zu anderen Kosten der Leistungserstellung. Da ein solcher Datentransfer auch unternehmensübergreifend aufgebaut werden kann, mindert er hiermit die Mehrkosten, die bei marktlicher (also „dezentraler") statt unternehmensinterner Synchronisation anfallen. Folglich ist zu konstatieren, daß elektronische Integration als Substitut zur rechtlichen oder organisatorischen Integration angesehen werden kann; Disintegration ist demnach bei bestehenden Synchronisationsproblemen zu erwarten. Mit dem Aufbau neuer Netzstrukturen können aber jetzt auch Abstimmungsleistungen erbracht werden, die ohne Nutzung der Elektronik prohibitiv teuer gewesen wären. Ob solche Leistungen integriert oder über den Markt abgewickelt werden, ist unklar.

Auswirkungen auf die Lösung des Allokationsproblems

Für einen organisatorischen Wandel, bedingt durch elektronische Koordination, finden sich zahlreiche Belege. Während Disintermediation, Outsourcing und Downsizing die Diskussion der frühen Neunziger Jahre beherrschten, sind auch nach den geplatzten Träumen des New Economy-Booms Silhouetten einer neuen Unternehmenslandschaft erkennbar.

Ein Punkt von großer Bedeutung wird von Malone et al. (1987) genannt und beruht auf der Flexibilität neuartiger Produktionstechnologien. So wird die Spezifität von Produktionsanlagen gesenkt, da deren Einsatzmöglichkeiten nun vielfältiger werden – beispielsweise kann der Bewegungsablauf von Robotern, die von Softwareprogrammen gesteuert werden, viel einfacher manipuliert werden als der mechanischer Maschinen, deren „Bewegungsprogramm“ nur durch den Ersatz beweglicher Teile geändert werden kann. Hold-up-Probleme verlieren dann an Bedeutung, aber in diesem Falle nicht, weil die Informationsasymmetrie zwischen den Verhandlungspartnern gemindert, sondern da Produktionsfaktoren nun weniger komplementär als zuvor sind. Malone et al. (1987) bemerken, daß gerade das „hold-up“ als ein zentraler Grund der Integration angesehen wird und vertreten daher die Auffassung, daß die Durchdringung der Ökonomie mit moderner Informations- und Kommunikationstechnik zu einer allgemeinen Ausweitung der marktlichen Koordination zu Lasten von Hierarchien führt.

Brynjolfsson (1994) erwartet dagegen im Rahmen des „Entdeckerwettbewerbs“, daß neue Unternehmen entstehen, die nun Koordinationsleistungen anbieten, die ohne die Hilfe neuer Technologien zu erbringen zu teuer gewesen wären. Er erweitert den oben erwähnten Property-Rights-Ansatz von Grossman und Hart (1986), indem er Information ebenso wie andere Aktiva eines Unternehmers als einen Produktionsfaktor interpretiert. Koordinationsleistung ist nach seiner Definition nichts anderes als eine Komplementarität von „Information Assets“ (Brynjolfsson, 1994, S. 1656). Die Auswirkungen elektronischer Koordination sieht Brynjolfsson darin, daß diese Information mobiler wird, also von einer Person auf eine andere übertragen oder kopiert werden kann. Zunächst dezentral vorliegende Information kann nun beispielsweise in Expertensystemen erfaßt und zentralisiert werden. Die Aufgabe dieses Koordinationszentrums ist es dann, den einzelnen Agenten, die mit Hilfe dieser Information sowie ihren eigenen physischen Produktionsfaktoren Güter produzieren, diese Informationen zugänglich zu machen – um die gebündelte Information zu erhalten, müssen diese gerade in großen Systemen erheblich weniger Kontakte knüpfen als bei einer dezentralen Abfrage der Daten.

Brynjolfsson (1994, S. 1656) untersucht nun die Auswirkungen unterschiedlicher Eigentumsstrukturen auf die Effizienz einer solchen Zentralisierungsmaßnahme. Er kommt zu dem Ergebnis, daß eine Bündelung der Eigentumsrechte an den physischen Produktionsfaktoren in der Hand des Koordinators dann sinnvoll ist, wenn dieser Anreize zur Leistungssteigerung erhalten sollte, also nicht bloß als Verwalter der Daten auftritt, oder wenn die physischen Inputgüter Komplementaritätseigenschaften ausweisen. Diese Zentralisierung von Eigentum in einer Hand wird als vertikale Integration interpretiert. Brynjolfssons Analyse kommt also zu der Einsicht, daß eine zentrale Datenerfassung, die erst durch gesunkenen Kommunikationskosten ermöglicht wurde, häufig auch neue Hierarchien – hierbei handelt es sich dann oft um Intermediäre – hervorbringen wird.

Mit den geänderten Koordinationskosten wandeln sich auch die Intermediäre, deren traditionelle Aufgabe es neben der Informationsaufbereitung und -weitergabe ist, Nachfrage und Produkte zu bündeln, einen zentralen Handelsplatz bereitzustellen und allgemeingültige Preise festzulegen (siehe Meck, 2001).

Handelsmittler haben sich beispielsweise in Bereichen gegründet, in denen bislang zu hohe Kommunikationskosten eine Zentralisierung der Information verhindert haben und eine (effizienzsteigernde) Reallokation deshalb nicht möglich war (siehe Malone, 1987, S. 1322f.). Zentralisierte Märkte – wie sie von der Börse bekannt sind – ermöglichen im Internet den Kauf und Verkauf von Einzelstücken, für die es ansonsten häufig sehr schwer wäre, einen Käufer zu finden. So war der Anlaß für die Gründung des Auktionshauses Ebay die Sammelleidenschaft einiger US-Amerikaner und die damit verbundene Schwierigkeit, mit Tauschpartnern in Kontakt zu treten. Die Aufgabe eines solchen Intermediärs ist es dann, für Markttransparenz und einen geregelten Ablauf der Transaktionen zu sorgen, die von Akteuren durchgeführt werden, die sich meist nicht kennen.

Auswirkungen auf die Synchronisierung von Teilleistungen

Die Synchronisierung von Teilleistungen wird ebenfalls durch elektronische Koordination erleichtert. Ein Beispiel für eine geänderten Lösung des Synchronisationsproblems findet sich im Aufsatz von Baker und Hubbard (2003), die die Wirkung der Einführung von Fahrtenschreibern und Bordcomputern auf die Eigentümerstruktur von Lastwagenflotten testen. Während Fahrtenschreiber lediglich die Überwachung der Fahrer verbessern, kann über das Navigationssystem der Bordcomputer zusätzlich ständig der Standort des Lasters ermittelt werden. Diese Eigenschaft der moderneren Variante des Fahrtenschreibers erlaubt eine deutlich einfachere Disposition der Lastwagenflotte. Damit sinken die Synchronisierungskosten.

Baker und Hubbard (2003) stellen fest, daß die Einführung von Bord-Computern die Organisation der Leistungserstellung (also der Lieferung) geändert hat. Firmenflotten wurden ausgelagert und die Leistung stattdessen von unabhängigen Speditionen zugekauft. Dies liegt wohl daran, daß mit neuen Kommunikationsmitteln wesentlich kurzfristiger geplant werden kann und Speditionen nun bereit sind, vermehrt Koordinationsaufgaben zu übernehmen. Daher sind sie nun in kürzerer Zeit in der Lage, Lieferaufträge anzunehmen und auszuführen, als dies vor der Einführung des neuen Systems möglich gewesen wäre. Aufgrund der gestiegenen Flexibilität externer Speditionen erübrigt sich daher für viele Unternehmen die Anschaffung eines eigenen Fuhrparks.

Interessanterweise zeigt die Einführung von Fahrtenschreibern, die das Monitoring-Problem (also ein Allokationsproblem) lösen, eine entgegengesetzte Wirkung auf die Organisationsstruktur: Aufgrund der besseren Kontrolle ist es nun nicht mehr nötig, den Fahrern Leistungsanreize zu setzen. Wenn der Fahrer im Gegensatz zum Unternehmen risikoavers ist, hat Integration eine pareto-verbessernde Wirkung. Eine Übernahme in ein Arbeitnehmerverhältnis kann nämlich als Absicherung gegen das unternehmerische Risiko interpretiert werden. Tatsächlich konnten Baker und Hubbard (2003) belegen, daß mit dem Aufkommen des Fahrtenschreibers die Lastwagenfahrer weniger häufig als selbständige Subunternehmer arbeiten.

Auch im Rahmen einer geänderten Lösung des Synchronisierungsproblems ist die Bildung neuartiger Intermediationsformen zu beobachten – oft mit dem Ziel, die Vorteile der (nahezu) kostenfreien Weitergabe von Informationen zu nutzen und Serviceleistungen unterschiedlichster Sparten zu aggregieren und aus einer Hand anzubieten. So kann ein Kunde bei Auto-by-Tel einen Wagen nicht nur zum Festpreis erwerben, der Anbieter wickelt neben dem Kauf auch die Finanzierung und den Abschluß einer Kraftfahrzeugversicherung ab (siehe Bakos, S. 38, 1998). Lediglich die Probefahrt wird von einem Partnerunternehmen durchgeführt. Zu beachten ist hierbei allerdings, daß lediglich die „Synchronisierungsleistung“ und nicht die (zu synchronisierenden) Leistungen selbst integriert werden.

Wie wir gesehen haben, erklären die verschiedenen Aspekte des Koordinationsproblems scheinbar widersprüchliche Tendenzen: Einerseits verliert das Synchronisationsproblem (auch gegenüber dem Allokationsproblem) an Bedeutung, da durch die effektivere Kommunikationstechnik die Kosten der Arbeitsteilung stärker sinken als die Kosten der Delegation, die aufgrund verbleibender Informationsasymmetrien (nahezu) unverändert existieren. Da die Synchronisation von Teilleistungen einen wesentlicher Grund für die Existenz von Unternehmen darstellt, sollte mit dem Bedeutungsverlust ein höherer Anteil marktlicher Koordination, also Ausgliederung von Unternehmensteilen, einhergehen. Diese Tendenz wird durch die geringere Komplementarität von Faktorgütern und der damit einhergehend verringerten „hold-up“-Gefahr verstärkt. Andererseits ist davon auszugehen, daß neue Unternehmen und Intermediäre entstehen, um Koordinationsleistungen zu vollbringen, die in der alten Welt prohibitiv teuer und damit unrentabel gewesen wären.

Folgen dieser „Virtualisierung“ der Unternehmen – die sich insbesondere in einer Flexibilisierung der Produktion und einer Konzentration auf die Koordination als Kerngeschäft der Unternehmensleistung bemerkbar macht – ergeben sich mit Blick auf deren strategisches Verhalten. Aufgrund einer Verschiebung der internen Machtstrukturen und der verringerten Bedeutung der Kapazitätsgrenzen ist in Anlehnung an die Ausführungen des Abschnittes 2.2.4 ein vermehrtes Auftreten als Preissetzer zu erwarten.

2.5 Schlußfolgerung

In diesem Kapitel wurde zunächst die Bedeutung von Information für die Organisation von Leistungsprozessen dargestellt. Darauf aufbauend, wurden die Folgen für die Organisation von Arbeitsteilung und Tausch herausgearbeitet, die sich aufgrund der veränderten Informationsverarbeitungstechnologie ergeben. Wesentliche Änderungen ergeben sich mit Blick auf Produktion und Vermarktung von Waren und Dienstleistungen. Darüber hinaus sind aufgrund geänderter Organisationsstrukturen Auswirkungen auf das strategische Verhalten von Unternehmen auf Märkten zu beobachten.

Die Ergebnisse dieser Analyse bilden die Grundlage für das weitere Vorgehen. In den folgenden Kapiteln werden die hier dargestellten stilisierten Fakten elektronischer Koordination aufgegriffen und die Konsequenzen für die Effizienz von (unvollkommenen) Konsumgütermärkten untersucht. Aufgrund der Fülle an Einzelaspekten, die es hierbei zu beachten gilt, würde eine umfassende Analyse sogar den Rahmen einer Dissertation sprengen. Naturgemäß ist daher eine Beschränkung auf diejenigen stilisierten Fakten, welche mit Blick auf den Untersuchungsgegenstand dieser Arbeit, also einen unvollkommenen Konsumgütermarkt, von besonderer Bedeutung sind, notwendig:

- Die Zunahme an Markttransparenz, wie sie im Abschnitt 2.4.3 konstatiert wurde, ist eine der zentralen und sämtliche elektronische Märkte durchdringenden Auswirkung gesunkener Informationskosten. Konsequenzen für das Marktergebnis werden im Anschluß in Kapitel 3 erörtert.

- Der Rückgang von Transport- und Produktionskosten im Zuge elektronischer Koordination, auf den im Abschnitt 2.4.2 eingegangen wurde, ist insbesondere (aber nicht ausschließlich) für digitale Güter von Bedeutung. Er wird im Kapitel 4 aufgegriffen.
- Auf die unterschiedlichen Facetten der (organisatorischen) Restrukturierung des Produktionsprozesses wurde in den Abschnitten 2.4.1, 2.4.2 und 2.4.4 eingegangen. Die Auswirkungen auf das strategische Verhalten von untereinander im Wettbewerb stehenden Unternehmen bzw. zwischen Unternehmen und Kunden werden in den Kapiteln 5 und 6 analysiert.

Kapitel 3

Werbung und Suche auf elektronischen Märkten

Durch Werbung und Suche werden Marktinformationen an uninformierte Nachfrager übermittelt. Dieses Kapitel stellt die beiden alternativen Wege der Informationsübertragung vor und analysiert die Auswirkungen gesunkener Kosten der Informationsübermittlung im Zuge elektronischer Koordination auf die Versorgung mit Marktinformationen und die Markteffizienz.

3.1 Werbung auf elektronischen Märkten

3.1.1 Bedeutung und Aufgabe der Werbung

Nach Angaben des Zentralverbandes der deutschen Werbewirtschaft werden in Deutschland derzeit jährlich ungefähr 30 Mrd. Euro – dies entspricht knapp 1,4 v. H. des Bruttoinlandsproduktes der Bundesrepublik Deutschland – für die Werbung ausgegeben, wovon etwa 20 Mrd. Euro auf die Werbeträger entfallen.[1] In das wachsende Segment der Online-Werbung fließen dabei nur etwa ein Prozent der Gesamtausgaben.[2]

[1]Im Jahre 1996, in dem erstmalig Online-Werbung erfaßt wurde, beliefen sich die Gesamtausgaben für Werbung auf 54,9 Mrd. DM oder 1,53 v. H. des BIP (siehe ZAW, 2000, S. 23). Im Jahr 2003 betrugen die Ausgaben 28,9 Mrd. Euro und entsprachen damit 1,36 v. H. des deutschen Inlandsproduktes (siehe ZAW, 2004, S. 15).

[2]Die Ausgaben für Online-Werbung stiegen in den letzten Jahren sprunghaft von 5 Millionen DM (1996) auf 246 Millionen EUR (2003) an (siehe ZAW, 2000, S. 23 und ZAW, 2004, S. 23).

Die Werbewirtschaft stellt demnach nur eine mittelgroße Branche dar. In einer funktionierenden Marktwirtschaft kommt ihr dennoch eine zentrale Bedeutung zu, die darin besteht, Marktteilnehmer mit Informationen zu versorgen und somit Markttransparenz zu schaffen (siehe Shy, 2000, S. 282). In zwei wesentlichen Merkmalen unterscheidet sie sich dabei von anderen Mitteln der Informationsübertragung: Erstens wird die Nachricht vom Verkäufer ausgesendet, zweitens wird, abgesehen von eventuell anfallenden Opportunitätskosten der Zeit, dem Adressaten Werbung kostenlos zur Verfügung gestellt. Bei genauerem Hinsehen lassen sich drei wesentliche Funktionen der Werbung unterscheiden, die sich aus den verschiedenen Motiven ableiten lassen, welche die Unternehmen dazu veranlassen, Werbung zu betreiben (siehe Schmalensee, 1986, S. 380):

- Butters (1977) hebt die Aufgabe der Werbung hervor, Informationen über Preis und Qualität eines Produktes an die Nachfrageseite weiterzuleiten. Diese wird hierdurch in die Lage versetzt, den Produzenten aufzusuchen und das Produkt zu erwerben. Informierende Werbung schafft somit Markttransparenz.

- Kaldor (1950) betont hingegen, daß Werbung nicht nur über Preis und Qualität eines Produktes in Kenntnis setzen, sondern auch von der Vorteilhaftigkeit des beworbenen Produktes gegenüber den Konkurrenzerzeugnissen überzeugen soll.[3] [4]

- Nelson (1974) erwähnt als weitere Funktion die Signalwirkung der Werbung, der insbesondere bei der Markteinführung von Erfahrungsgütern Bedeutung beigemessen wird: Die Einführung einer Marke - und der damit verbundene versunkene Werbeaufwand - ist nur bei einer gleichbleibend hohen Qualität

[3]Zwar bestreitet Kaldor (1950, S. 5) nicht die Informationsfunktion der Werbung. Er konstatiert aber, daß große Teile der Werbeausgaben darauf verwendet werden, verzerrte oder fehlerhafte Informationen im Bewußtsein der Konsumenten zu verankern.

[4]Mit dem manipulativen Charakter von Werbung befassen sich später Dixit und Norman (1978), die die Ansätze von Kaldor (1950) in eine modelltheoretische Darstellung überführen. Überredende Werbung ändert demnach die Einstellung des Adressaten gegenüber dem Produkt. Formal wird dies als ein Anstieg der Nachfrage mit zunehmender Werbeintensität dargestellt. Auf Oligopolmärkten ist es zwar für die einzelnen Unternehmen individuell rational, Werbung zu betreiben, um von diesem Nachfragezuwachs zu profitieren. Es kommt allerdings zu exzessivem Einsatz von Werbung, da dieser Zuwachs durch die Werbemaßnahmen der Konkurrenzunternehmen weitgehend neutralisiert wird.

der mit dieser identifizierten Produkte lukrativ. Der Markenwert würde demgegenüber reduziert, sobald sich die entsprechenden Produkte als qualitativ minderwertig erweisen.

Umstritten ist insbesondere die wohlfahrtstheoretische Bewertung überredender Werbung, auf die hier nicht näher eingegangen werden soll. Kulenkampff (2000, S. 144) weist in diesem Zusammenhang darauf hin, daß sich der Aspekt der Präferenzbeeinflussung einer ökonomischen Analyse entzieht. Zudem stellt die Volkswirtschaftslehre wohl keine geeignete Methodik zur Verfügung, die die Auswirkung moderner Koordinationsformen auf die suggestiven Eigenschaften von Werbung analysieren könnte.[5] Im Kontext dieser Arbeit wird auch die oben angesprochene Signalwirkung von Werbung nicht weiter vertieft.

Prinzipiell positiv zu bewerten ist hingegen die Existenz der von Butters (1977) analysierten informierenden Werbung, auf die ich mich im folgenden konzentrieren werde. Der Empfang einer informativen Werbebotschaft ermöglicht es einem Konsumenten, das beworbene Gut zu erwerben und damit eine für ihn vorteilhafte Transaktion durchzuführen. Dennoch ist nicht sichergestellt, daß das Ausmaß informierender Werbung ein effizientes Niveau erreicht. Werbetreibende berücksichtigen in ihrem Kalkül weder eine mögliche Rentenumlenkung[6] zu Lasten von Konkurrenten, etwa wenn mehrere Firmen beim gleichen Adressaten für ähnliche Produkte werben, noch die positive Wirkung der Werbemaßnahme auf die Konsumentenrente. Ferner ignorieren sie, daß sich desinteressierte Kunden durch Werbematerial belästigt fühlen und damit deren Nutzen reduziert wird. Insbesondere mit Blick auf die im vorherigen Kapitel erwähnten gesunkenen Informationskosten durch elektronische Koordination, etwa im Internet und bei elektronischen Nachrichtendiensten, ist daher zu diskutieren, ob – insbesondere in diesem Medium – eine Überversorgung mit Werbung denkbar ist.

---

[5] Beispielsweise wird von Kroeber-Riel und Weinberg (1999, S. 653ff.) das Leitbild vom souveränen Konsumenten abgelehnt. Nach Ansicht der beiden Autoren wird „[d]as Verhalten des Menschen [...] oft und auch hinsichtlich seines Konsumverhaltens durch Reiz-Reaktions-Beziehungen gesteuert“. Diese Auffassung widerspricht freilich den Prämissen dieser Arbeit.

[6] Dieses „business-stealing“ wird in einem anderen Zusammenhang von Mankiw und Whinston (1986) in die Literatur eingeführt.

3.1.2 Werbung im Internet

Wie ein Blick ins Internet bezeugt, wird ein Großteil des dortigen Informationsangebots dem Nutzer kostenlos zur Verfügung gestellt. Dies spiegelt sich auch in der Einnahmenstruktur der Inhalteanbieter im Internet wider: Wie die FAZ (2003a) meldet, erzielen diese derzeit nur 5 v. H. ihres Umsatzes mit dem Verkauf von Inhalten, während 95 v. H. auf Werbeeinnahmen entfallen. Dem Tenor des Berichtes zufolge erwarten Marktforscher auch in Zukunft nur einen langsamen Bedeutungszuwachs der Bezahl-Inhalte. Henkel (2000) stellt denn auch plausible Gründe für eine kostenlose Bereitstellung von Informationsangeboten im Netz dar: Die Motivation von Privatpersonen und karitativen Organisationen mag altruistischer Natur sein; aber auch bei kommerziellen Angeboten ist eine Bepreisung der Inhalte aus Sicht der Gewinnmaximierung nicht immer geboten. Dies ist vor allem dann nicht der Fall, wenn die Transaktionskosten, die durch die Bepreisung anfielen, den entsprechenden Erlös übersteigen würden. Da sich derzeit auf elektronischen Märkten noch keine Mikrozahlsysteme durchgesetzt haben, ist es folglich unrentabel, geringwertige Inhalte[7] gegen Bezahlung anzubieten.

Werbung für fremde Produkte bietet sich für solche Anbieter als alternative Finanzierungsquelle an. Das Internet als elektronisches Medium bietet hierbei eine Reihe von Vorteilen: Sobald die (Werbe-)Botschaft digitalisiert ist, sind die Kommunikationskosten gering. Zielgruppenorientierung, etwa durch personalisierte Werbebanner, reduzieren den Nutzenverlust, der durch lästige Werbung für Produkte entsteht, an denen ein Besucher eines Informationsportals kein Interesse hat. Die Elektronik bietet einen weiteren Vorteil für den Anzeigenkunden: Da jeder Seitenaufruf eines Nutzers registriert wird, kann deren Anzahl genau erfaßt und für die Abrechnung verwendet werden. Unsicherheit über die Reichweite einer Werbemaßnahme, wie beispielsweise bei Rundfunk- oder Außenwerbung, wird somit vermieden.

Ob Portalbetreiber in einem wettbewerblichen Umfeld in der Lage sind, mit ihren Werbeeinnahmen einen positiven Deckungsbeitrag zu erzielen, der dazu aus-

[7]Hierunter fällt beispielsweise das Informationsangebot der meisten Internetportale, das größtenteils der Gelegenheitsunterhaltung dient und offensichtlich leicht substituierbar ist. Beispielsweise verweist die FAZ (2003a) auf eine Umfrage der Unternehmensberatung Sapient, derzufolge nur 1,7 v. H. der Internet-Nutzer bereit wären, für die Bereitstellung von Klatschgeschichten zu bezahlen, während 11,9 v. H. der Befragten eine positive Zahlungsbereitschaft für den Zugriff auf Datenbanken angaben.

reicht, die Bereitstellung des redaktionellen Inhalts zu finanzieren, erscheint dabei zunächst fraglich. Zumindest lassen sich mehrere Einwände finden, die das Gegenteil vermuten lassen: Bertrand-Wettbewerb zwischen Portalbetreibern könnte mutmaßlich dafür sorgen, den Anzeigenpreis der Werbung auf die (im elektronischen Umfeld vernachlässigbaren) Grenzkosten der Seitenplazierung herunterzukonkurrieren. Zudem scheint es für die werbetreibenden Unternehmen gerade im Internet Möglichkeiten zu geben, Intermediäre zu umgehen. Unternehmen könnten beispielsweise auf ihren eigenen Seiten über ihr Produktangebot informieren oder Werbebotschaften über elektronische Nachrichtendienste versenden.

Anhand eines einfachen Modells soll auf den folgenden Seiten die Funktionsweise und Effizienz von Werbung auf elektronisch koordinierten Märkten erläutert werden. Zu diesem Zweck wird der grundlegende Ansatz von Butters (1977) dargestellt und anschließend um wesentliche Aspekte erweitert, welche die stilisierten Fakten des betrachteten Marktes widerspiegeln sollen: Nach der Darstellung des Grundmodells wird die Wirkung einer negativen Externalität untersucht, die Werbung auf den Rezipienten der Werbebotschaft hat. Es wird sich zeigen, daß diese Form der Modellierung bestens dazu geeignet ist, die aus gesamtwirtschaftlicher Sicht schädliche Wirkung unerwünschter elektronischer Werbepost (sogenannter „Spam-Mail“) zu erklären. In einem weiteren Abschnitt wird schließlich angenommen, daß die Anzeigen nicht mehr an die Konsumenten direkt versandt werden, sondern Portale dazwischengeschaltet werden, auf denen die Werbetreibenden ihre Botschaften plazieren können. Das Ziel der normativen Analyse besteht darin, die Vorteilhaftigkeit dieser alternativen Form der Werbeübermittlung im elektronischen Umfeld darzulegen.

3.1.3 Modelltheoretische Darstellung von Werbung

Das Grundmodell informierender Werbung

Butters (1977) schildert die grundlegende Funktionsweise informierender Werbung. In seinem Modell erstellen zahlreiche Produzenten mit identischer Technologie und konstanten Grenzkosten c ein homogenes Gut. Auf der anderen Marktseite stehen in großer Anzahl zahlungswillige, aber uninformierte Konsumenten, die zu einem Preis von maximal v jeweils eine Einheit des Gutes kaufen möchten.

Jeder Unternehmer hat die Möglichkeit, für sein Produkt zu werben, indem er Anzeigen verschickt. Jede einzelne Nachricht eines Produzenten stellt ein verbindliches Angebot dar, das Produkt zu einem Preis p zu verkaufen, und wird einem zufällig ausgewählten Konsumenten zugestellt. Empfänger von Werbung kaufen beim günstigsten Anbieter, der ihnen bekannt ist, sofern der entsprechende Angebotspreis v nicht übersteigt. Erhält der Kunde mehrere identische Angebote, wählt er eines davon nach dem Zufallsprinzip aus; wer keine Werbung erhalten hat, bleibt uninformiert und ist daher nicht in der Lage, das Produkt zu erwerben.

Um einen einzelnen Kunden über ein Angebot zu informieren, entstehen Informationskosten, die sich annahmegemäß aus den Stückkosten w_H zur Herstellung und Distribution einer Anzeige (im folgenden auch als Versandkosten bezeichnet), sowie den Lesekosten w_L zusammensetzen. Während beim Absender der Werbung – typischerweise dem Anbieter oder einem werbetreibenden Intermediär – die Stückkosten w_H anfallen, werden die Lesekosten w_L vom Empfänger der Anzeige, in der Regel also dem Kunden, getragen. Die sozialen Kosten der Werbung summieren sich demnach pro Werbebrief auf $w = w_H + w_L$.

Berechnung des Marktgleichgewichts

Folgende Überlegung verdeutlicht, weshalb die einzelnen Anbieter im Gleichgewicht unterschiedlich hohe Preise setzen: Wenn alle Unternehmen das Produkt zu einem identischen Preis oberhalb der Grenzkosten feilböten, wäre es für einen beliebigen Produzenten profitabel, die Konkurrenten um ein geringes ϵ zu unterbieten. Die marginale Preissenkung würde durch den einhergehenden diskreten Anstieg der Nachfrage überkompensiert, da der betrachtete Produzent nun auch diejenigen Konsumenten in ihrer Gesamtheit als Kunden gewänne, die neben seinem – preisreduzierten – Angebot auch Anzeigen der Konkurrenzunternehmen erhalten haben. Andererseits besteht auch ein gegenläufiger Anreiz dazu, den Preis über das Niveau der Konkurrenten anzuheben. Ein Anbieter, der eine solche Preissetzungsstrategie wählt, baut darauf, daß die Adressaten seiner Anzeigen mit einiger Wahrscheinlichkeit darauf angewiesen sind, bei ihm zu kaufen. Dies ist dann der Fall, wenn ihnen keine Konkurrenzangebote zugestellt werden. Der höhere Preis führt demnach nicht zu einer kompletten Abwanderung der Nachfrage. Aufgrund der widerstrebenden Marktkräfte ist somit ein einheitlicher Marktpreis wie im klassischen Bertrand-Wettbewerb als Ergebnis ausgeschlossen.

Das Gleichgewicht kann demnach durch eine normierte Angebotspreisverteilung $Z(p)$ dargestellt werden: $Z(p)$ bezeichnet dabei die durchschnittliche Anzahl der

Anzeigen je Haushalt, deren Angebotspreis p nicht überschreitet.[8] Da der maximale Kaufpreis bei v liegt, entspricht $Z(v)$ der durchschnittlichen Gesamtzahl an Anzeigen, die einen einzelnen Haushalt erreichen. Wenn viele Unternehmen auf dem Markt tätig sind und daher die Wahrscheinlichkeit klein ist, Post von einem bestimmten Unternehmen zu erhalten, kann die Wahrscheinlichkeitsverteilung für das Eintreffen bestimmter Ereignisse – etwa, daß ein Haushalt keine, eine einzige oder insgesamt zwei Werbebotschaften erhält – mit Hilfe der Poisson-Verteilung berechnet werden. Entsprechend ergibt sich daraus die Erfolgswahrscheinlichkeit eines Angebots zum Preis von p:

$$\pi(p) = e^{-Z(p)} \tag{3.1}$$

Diese entspricht der Wahrscheinlichkeit, daß der Haushalt kein weiteres Angebot zu einem Preis unterhalb von p empfangen hat. Sie ist größer als Null, da aufgrund des stochastischen Auswahlmechanismus nicht alle Konsumenten auch über die Konkurrenzangebote informiert werden. Allerdings sinkt der Anteil dieser uninformierten Kundengruppe am Gesamtmarkt, wenn die Gesamtzahl der Anzeigen $Z(p)$ zunimmt.

Zunächst sei angenommen, daß die Unternehmen die gesamten Anzeigenkosten $w = w_H + w_L$ selbst tragen. Eine solche Situation entspricht der im Grundmodell von Butters (1977) beschriebenen Annahme und trifft beispielsweise für einen Werbemarkt zu, auf dem die Lesekosten vergleichsweise niedrig sind und daher ignoriert werden können. Bei Anzeigenkosten in Höhe von $w_H = w$ (und damit einhergehend Lesekosten in Höhe von $w_L = 0$) für eine einzelne Botschaft, beträgt der Erwartungsgewinn $g(p)$ einer solchen Werbemaßnahme dann:

$$g(p) = \pi(p)(p - c) - w \tag{3.2}$$

Butters (1977, S. 470) weist darauf hin, daß aufgrund des polypolistischen Wettbewerbs solange zusätzliche Anzeigen geschaltet werden, bis der erwartete Gewinn bei jedem beliebigen Preis p innerhalb des Anzeigenintervalls bei Null liegt: Läge der Erwartungsgewinn bei einem bestimmten Preis p darüber, würde dies den Anreiz setzen, weitere Werbung mit diesem Preisangebot auszusenden und damit einherge-

[8] Im Gegensatz zu einer statistischen Verteilungsfunktion darf $Z(p)$ den Wert 1 überschreiten. Aufgrund der Zufallsauswahl der Haushalte bei der Anzeigenzustellung ist auch bei hohen Werten von $Z(p)$ – insbesondere bei $Z(p) > 1$ – nicht ausgeschlossen, daß einige Haushalte keine Anzeigen erhalten und also uninformiert bleiben.

hend ihre Erfolgswahrscheinlichkeit zurückgehen. Da also $g(p) = 0$ ist, gilt folglich:

$$\pi(p) = \frac{w}{p-c} \tag{3.3}$$

Die Gleichgewichtsverteilung der Anzeigenpreise ergibt sich dann aus (3.3) und (3.1):

$$Z(p) = \begin{cases} \ln(v-c) - \ln w & \text{falls} \quad p \geq v \\ \ln(p-c) - \ln w & \text{falls} \quad c+w \leq p < v \\ 0 & \text{falls} \quad p < c+w \end{cases} \tag{3.4}$$

Angebote finden sich also zu jedem Preis zwischen $w + c$ und v. Gemäß der Beziehung (3.1) sinkt die Erfolgswahrscheinlichkeit $\pi(p)$ einer Anzeige von 1 (für ein Preisangebot von $p = c+w$) auf $w/(v-c)$ bei einem Angebotspreis von $p = v$, da bei höheren Anzeigenpreisen auch das Risiko größer ist, daß der Empfänger der Anzeige zusätzlich noch ein günstigeres Angebot erhalten hat und das Gut deshalb bei einem Konkurrenten erwirbt; dafür erhöht sich im Erfolgsfall der Erlös. Im Gleichgewicht ist die Preisverteilung dergestalt, daß sich beide Effekte gegenseitig aufheben.

Ergebnisse des Grundmodells

Da der hier beschriebene Markt ohne Werbung nicht zustande käme, entspricht der gesamtwirtschaftliche Wohlfahrtsanstieg durch Werbung der aggregierten Rente dieses Marktes. Er soll hier durch das pro Haushalt normierte Wohlfahrtsmaß W dargestellt werden, das in diesem Markt, da die Unternehmen Nullgewinne erwirtschaften, der durchschnittlichen Pro-Kopf-Konsumentenrente entspricht. Bei der Berechnung des Wohlfahrtsanstieges, der der Informationswirkung der Werbung zu verdanken ist, muß berücksichtigt werden, daß die Anzeigen nach dem Zufallsprinzip verschickt werden und daher einzelne Kunden möglicherweise keine Angebote erhalten. Formal entspricht dies dem Ereignis, kein Preisangebot unterhalb von v zugestellt zu bekommen. Die Wahrscheinlichkeit für dieses Ereignis beträgt $\pi(v)$ und liegt gemäß Gleichung (3.3) für einen einzelnen Kunden bei $w/(v-c)$. Mit der entsprechenden Gegenwahrscheinlichkeit $1 - \pi(v)$ erhält ein Kunde mindestens ein Angebot, und es findet eine Transaktion statt. Da mit $Z(v)$ die durchschnittliche Zahl der Anzeigen pro Haushalt bekannt ist, kann nun der gesamtwirtschaftliche Wohlfahrtsgewinn W berechnet werden, wobei zum einen der mit der Transaktionswahrscheinlichkeit gewichtete Handelsgewinn $(1-\pi(v))(v-c)$ berücksichtigt wird – an anderer Stelle wird dieser auch als erwarteter Handelsgewinn bezeichnet –, zum anderen die Kosten der Werbung $w \cdot Z(v)$:

$$W = v - c - w - w\ln(v - c) + w\ln w \tag{3.5}$$

Die Ableitung $\partial W/\partial w$ verdeutlicht die Wirkung sinkender Werbekosten. Die Wohlfahrtswirkung einer Kostensenkung ist umso höher, je niedriger die Anzeigenkosten relativ zum potentiellen Handelsgewinn sind:

$$\frac{\partial W}{\partial w} = -\ln\frac{v - c}{w} \tag{3.6}$$

Wird im Gleichgewicht zu wenig oder zuviel geworben? Die Effizienz einer zusätzlichen Werbemaßnahme überprüft Butters (1977, S. 477) in einer Kosten-Nutzen-Analyse. Die Kosten dieser zusätzlichen Anzeige liegen bei w. Ein Wohlfahrtsgewinn in Höhe des Handelsgewinns $v - c$ entsteht nur dann, wenn ein zuvor uninformierter Haushalt die Werbebotschaft erhält, ansonsten kommt es lediglich zu einer Umverteilung von Renten. Da im Marktgleichgewicht $\ln(v - c) - \ln w$ Anzeigen geschaltet werden, bleibt, wie oben erläutert wurde, ein Anteil $w/(v - c)$ aller Haushalte uninformiert. Der zusätzliche Handelsgewinn, der mit einer weiteren Werbeaussendung zu erwarten ist, liegt daher bei $(v - c)[w/(v - c)]$ und entspricht damit exakt den gesellschaftlichen Kosten einer Anzeige. Folglich wird Werbung in dem geschilderten Modell effizient eingesetzt. Beachtenswert ist, daß auch technische Effizienz gewährleistet wird. Dieses Ergebnis folgt aus der Tatsache, daß selbst die effizienten Unternehmen Nullgewinne erwirtschaften: Produzenten mit höheren Herstellungskosten als c würden im Erwartungswert negative Deckungsbeiträge erwirtschaften und folglich ihr Angebot wieder vom Markt nehmen. Informationsübermittlung durch Werbung verhindert damit auch technisch ineffiziente Produktion. Ich werde später auf dieses Ergebnis zurückkommen.

Sofern die Anzeigen mit ihren wahren Grenzkosten bepreist werden, stellt demzufolge Werbung einen effizienten Weg dar, um Produktinformationen zu übermitteln. Die Konsequenzen eines Rückganges der Anzeigenkosten, wie er sich durch Nutzung moderner Informationskanäle ergibt, sind demnach vorhersehbar: Eine Zunahme der Werbeintensität ist zu erwarten. Trotz dieses Anstiegs wird Werbung nicht exzessiv eingesetzt.

Externe Effekte von Lesekosten

Dieses Effizienzresultat verliert an Gültigkeit, sobald externe Effekte berücksichtigt werden, die auf den Empfänger der Anzeige einwirken: Während zuvor davon ausgegangen wurde, daß die Unternehmen sämtliche sozialen Kosten der Werbung internalisieren (w_H und w entsprechen sich in diesem Fall), soll nun berücksichtigt werden, daß die Lesekosten w_L – im Gegensatz zu den Versandkosten w_H der Anzeige – nicht von den Anbietern, sondern von den Anzeigenlesern getragen werden. Diese Lesekosten w_L entstehen unabhängig davon, ob der Leser der Anzeige das beworbene Gut kaufen wird, und treten meist in Form von Opportunitätskosten der verwendeten Zeit auf.[9] Bei den Unternehmen fallen dagegen nur die Kosten w_H zur Herstellung und Distribution der Anzeigen an, so daß sich die sozialen Kosten der Werbung darstellen lassen als $w = w_H + w_L$. Bei der bloßen Berücksichtigung der eigenen Werbekosten versenden die Unternehmen dann $\ln(v-c) - \ln w_H$ Anzeigen. Damit beträgt der gesamtwirtschaftliche Nutzen W_E^*:

$$W_E^* = v - c - w_H - (w_H + w_L)\ln[(v-c)/w_H] \tag{3.7}$$

Demgegenüber steht das soziale Optimum $\hat{W}$, das sich bei einem korrekten Anzeigenpreis in Höhe der sozialen Kosten w erzielen ließe. Es ergibt sich aus Gleichung (3.5), indem w durch seine Komponenten $w_H + w_L$ ersetzt wird:

$$\hat{W} = v - c - w_H - w_L - (w_H + w_L)\ln[(v-c)/(w_H + w_L)] \tag{3.8}$$

Aus dem Vergleich von (3.7) und (3.8) wird der Wohlfahrtsverlust $\Delta W_E = \hat{W} - W_E^*$ dieses externen Effektes sichtbar:

$$\Delta W_E = (w_H + w_L)\ln[(w_H + w_L)/w_H] - w_L \tag{3.9}$$

Die quantitative Bedeutung dieses Wohlfahrtsverlustes läßt sich einschätzen, indem die bekannten Schrankenwerte für die Logarithmusfunktion herangezogen werden, die aus einer einfachen Taylorapproximation hergeleitet werden können:[10]

$$0 \le \Delta W_E \le w_L^2/w_H \tag{3.10}$$

[9] Die Bezeichnung „Lesekosten“ sollte dabei nicht im Wortsinn interpretiert werden. Sie umfaßt sämtliche zusätzliche Kosten des Medienkonsums, die beim Rezipienten durch den Erhalt einer Anzeige verursacht werden und ist als Sammelbegriff unterschiedlichster Kosten zu verstehen. Hierunter fallen beispielsweise auch die Kosten, die entstehen, um elektronische Werbepost als solche zu erkennen und zu löschen.

[10] Allgemein gilt: $\ln[(x+y)/y] \le x/y$ sowie $\ln[(x+y)/y] \ge x/(x+y)$ für alle $x, y > 0$.

Während die Höhe des potentiellen Handelsgewinns den entstehenden Wohlfahrtsverlust nicht beeinflußt, hängt dieser sowohl von den Lesekosten w_L als auch den Erzeugerkosten der Anzeigen w_H ab: Ungleichung (3.10) verdeutlicht, daß bei sinkenden Kosten w_H der Wohlfahrtsverlust aufgrund exzessiver Werbung zunimmt.[11]

Effizienz elektronischer Werbepost

Negative Externalitäten von Werbung sind kein grundlegend neues Phänomen. Auch herkömmliche Postwurfsendungen unterliegen diesem Marktversagen, da die Kosten, die beim Lesen und Aussortieren dieser Anzeigen entstehen, nicht von ihrem Verursacher, also dem Absender der Werbepost, sondern von den Adressaten getragen werden. Im Zuge der Elektronisierung der Kommunikationswege war diese Problematik jedoch in den letzten Jahren einem quantitativen Bedeutungswandel unterworfen. Die Ursache hierfür ist eng mit dem damit verbundenen Rückgang der Kommunikationskosten verbunden. Während beim Versand von Postwurfsendungen (beispielsweise mit der Deutschen Post AG) Portokosten in Höhe von mindestens 5 Cent pro Anzeigenzustellung anfallen, lassen sich im Massenversand 100 000 E-Mails zu Kosten von weniger als 200 USD verschicken (siehe Cranor und LaMacchia, 1998, S. 75) – damit fallen beim Absender Stückkosten von nicht einmal 0,2 Cent an. Die Höhe der Lesekosten sind hingegen kaum verändert. Nach eigener Schätzung werden etwa 10 Sekunden benötigt, um den Inhalt einer E-Mail zu klassifizieren und diese gegebenenfalls zu löschen – bei einem Stundensatz von 15 Euro entspricht dies Opportunitätskosten in Höhe von etwa 4 Cent.[12] Zudem muß der E-Mail-Empfänger Prozeßleistungen und Bandbreite bereitstellen (siehe Weinstein, 2003, S. 136). Damit tragen die Absender gerade einmal 5 v. H. der gesamtwirtschaftlichen Kosten elektronischer Werbung.

Die Auswirkungen dieses Mißverhältnisses zwischen Versand- und Lesekosten lassen sich anhand des dargestellten Modells studieren: Bedingt durch den Rückgang der Distributionskosten w_H, kommt es zu einem progressiven Anstieg der Werbemenge $Z^*(v) = \ln(v-c) - \ln w_H$. Wie man aus der Ungleichung (3.10) ersehen kann,

[11] Die Aussage wird durch die Ableitungen von ΔW_E nach w_H und w_L verifiziert. Es ergibt sich: $\partial \Delta W_E / \partial w_L = \ln(w_H + w_L) > 0$ sowie $\partial \Delta W_E / \partial w_H = \ln[(w_H + w_L)/w_H] - w_L/w_H < 0$.

[12] Hierbei wurde berücksichtigt, daß nicht alle E-Mails sofort als Spam erkannt werden. Zudem werden manche irrtümlich gelöscht, was zusätzlichen Zeitverlust verursacht. Eine ähnliche Abschätzung der Kosten finden Sie bei Lueg (2003, S. 50).

resultiert daraus im Modell ein überproportionaler Anstieg des Wohlfahrtsverlustes durch exzessive Werbung.

Aktuelle Entwicklungen bestätigen diese Modellvorhersagen: Während Ende des vorherigen Jahrzehnts gerade einmal jede zehnte E-Mail Werbung war, stieg der Anteil bis zum Jahr 2003 auf 50 v. H. (siehe Weinstein, 2003, S. 136); nach Angaben der FAZ (2003b) lag der Anteil elektronischer Werbepost zum damaligen Zeitpunkt sogar bei 56 v. H. Für den europäischen Wirtschaftsraum beziffert Lueg (2003, S. 50) die daraus resultierenden Effizienzverluste auf jährlich etwa 2,5 Milliarden EUR. Angesichts dieser Zahlen wundert es nicht, daß in den letzten Jahren die Forderung nach einem Verbot von unverlangt zugesandter elektronischer Werbung lauter geworden ist. Aus ökonomischer Sicht wirft dies die Frage auf, ob die moderne elektronische Kommunikationstechnologie alternative Wege der Informationsübertragung bereitstellt, mit denen die Effizienz besser gewahrt bleibt und gleichzeitig der prinzipielle Vorteil der neuen Technologie, der ja darin besteht, Informationen kostengünstig zu übermitteln, weiterhin genutzt werden kann.

3.1.4 Portalwerbung auf elektronischen Märkten

Die Rolle von Intermediären

Anstelle eines Direktversands von Werbung – sei es als herkömmliche Postwurfsendung oder in Form einer Massen-E-Mail – gibt es auch die Möglichkeit, einen Intermediär einzusetzen: Häufig dienen Massenmedien als Plattform für Werbebotschaften, die gemeinsam mit den vom Medium selbst angebotenen Inhalten übermittelt werden (vgl. Lang, 2004, S. 53). Eine solche Form der Zustellung bietet (beispielsweise im Vergleich zur gewöhnlichen Postwurfsendung) eine Reihe von Vorteilen:

- Verbund- und Skalenvorteile sorgen dafür, daß der Transport der Werbebotschaften über Intermediäre günstiger ist als der Einzelversand. In Zeitungen und Zeitschriften werden eine Vielzahl von Anzeigen verschiedener Werbetreibender dem Leser in gebündelter Form zugetragen. Skalenvorteile bestehen insbesondere bei der Rundfunkwerbung. Dies hängt damit zusammen, daß der Rundfunk ein öffentliches Gut darstellt und somit bei der Diffusion keine nennenswerten Grenzkosten zur Information weiterer Personenkreise entstehen.

- Intermediäre gewähren einen Zugang zu segmentierten Nachfragegruppen.

Werbung in Fachzeitschriften trifft beispielsweise auf Konsumenten mit überdurchschnittlicher Zahlungsbereitschaft für bestimmte Produkte.

Die Intermediationsfunktion der klassischen Print- und Rundfunkmedien übernehmen im Internet Portale wie Yahoo oder Lycos, die ihren Lesern ein breitgefächertes Informations- und Unterhaltungsangebot bieten und sich über Bannerwerbung finanzieren. Diese Portale profitieren davon, daß sie auf elektronischen Märkten sowohl Skalen- als auch Verbundvorteile nutzen können: Der seitenähnliche Aufbau ihres Informationsangebots ermöglicht es ihnen, wie in den Printmedien die Anzeigen der verschiedenen Werbetreibenden zu bündeln. Zudem sind auch hier die marginalen Kosten der Informationsdiffusion wie bei der Rundfunkwerbung vernachlässigbar.

Den Werbetreibenden bietet das Internet darüberhinaus noch die Möglichkeit, Informationen über ihre Nutzer zu sammeln. Dies geschieht nicht nur durch offene Kommunikation mit den Nutzern, sondern auch durch eine Analyse von Spuren, die diese unbewußt im Netz hinterlassen.[13] Bei der Erstellung von Kundenprofilen, die auf diese Weise gewonnen werden, haben Intermediäre Vorteile aufgrund der größeren Datenmenge, auf die sie bei der Verarbeitung zurückgreifen können.[14]

Die Rolle von Portalen soll hier unter dem Aspekt diskutiert werden, ob durch Intermediation exzessive Werbung – also eine Überversorgung der Leser mit Werbung, wie sie bei elektronischem Direktmarketing zu beobachten ist – vermieden oder zumindest reduziert wird.

So kommen Barros et al. (2002) zu dem Ergebnis, daß (Internet-)Portale den Nutzenverlust internalisieren, der den Kunden durch lästige Werbebanner und die damit verbundenen Lesekosten entsteht. Auf Portalen wird deshalb nicht exzessiv geworben. Die Autoren analysieren einen Partialmarkt, in dem sich zwei Portale, deren Informationsangebot im Modellkontext als exogen angenommen wird, mitein-

---

[13]Diese Webtracking-Daten werden meist mit Hilfe neuronaler Netze gewonnen, die automatisch generierte Logfiles analysieren. Solche Logfiles erhalten Informationen über die von den Nutzern aufgerufenen Dateien, die Abrufzeitpunkte und die IP-Adresse des Abrufers (siehe Schackmann, 2003, S. 56f.).

[14]Auf die Größenvorteile von Personalisierern weist beispielsweise Schackmann (2003, S. 110) hin. Der Aspekt wird hier nicht weiter vertieft. In Kapitel 6 dieser Arbeit wird hingegen analysiert, welche Auswirkungen die prinzipielle Möglichkeit der Unternehmen, Kundendaten zu verarbeiten und zur Personalisierung zu verwenden, auf die strategische Interaktion zwischen Produzent und Konsument und insbesondere deren Informationsverhalten hat.

ander in einem zweiseitigen Wettbewerb um Leser und Inserenten befinden. Letztere wollen auf den Portalen für ihre Produkte werben. Annahmegemäß wird davon ausgegangen, daß Leser kostenlosen Zugang zu den einzelnen Portalen haben und folglich sämtliche Einnahmen der Portalbetreiber aus dem Anzeigengeschäft stammen. Dabei orientiert sich der Anzeigenpreis an der Anzahl der Kunden des Portals, er hängt allerdings auch von der Marktmacht der Produzenten ab, die die Anzeigen schalten.

Die Autoren zeigen, daß mit einem höheren Grad der Substituierbarkeit der Portale die Bannerpreise steigen, weniger Werbung geschaltet wird und der Gewinn der Informationsportale zurückgeht: Je geringer die Unterschiede im Informationsangebot der beiden Portale sind, desto höher ist nämlich die Wechselbereitschaft der Leser. Dem schärferen Wettbewerb um Informationsnachfrager begegnen die Portale durch Verbesserung der „Lesefreundlichkeit" ihres Informationsangebots: Um das Ausmaß an Bannerwerbung auf ein niedriges Niveau zu begrenzen, setzen sie einen vergleichsweise hohen Anzeigenpreis fest. Portale mit homogenem redaktionellen Inhalt, die sich in einem Bertrand-ähnlichen Wettbewerb um Leser befinden, internalisieren sogar vollständig die Lesekosten, die störende Werbung bei den Konsumenten verursacht. Der Anzeigenpreis einer Werbebotschaft spiegelt dann seine gesamten sozialen Kosten wider.

Allerdings werden diese Resultate von der Annahme getrieben, nach der die Hersteller ihre Produkte zum (einheitlichen) Reservationspreis ihrer Kunden an diese verkaufen können. Damit ignorieren die Autoren die von Butters eindrücklich dargestellte Informationsfunktion der Werbung, mit der die Markttransparenz erhöht und der Wettbewerb der Anbieter um die Konsumenten forciert wird. Die von Barros et al. (2002) getroffene Annahme, wonach die Produkte zum Reservationspreis verkauft werden, impliziert dagegen, daß die Hersteller die gesamte Konsumentenrente abschöpfen können. Damit ergibt sich für die Konsumenten zwangsläufig ein Nutzenverlust durch Werbung: Bei ihnen fallen Lesekosten an, während zusätzliche Werbung zu keiner Erhöhung der Konsumentenrente führt.

Sobald man informativer Werbung eine wettbewerbsfördernde Wirkung zutraut, muß jedoch eine Modellierung, die Werbung prinzipiell als schädlich für die Konsumenten deklariert, hinterfragt werden. Stattdessen ist zu berücksichtigen, daß die Angebotspreise in der Regel den Reservationspreis der Konsumenten unterschreiten. Der Besuch eines Portals verschafft dem Konsumenten dann Zugang zu Informationen, die dieser in für ihn vorteilhafte Kaufgeschäfte umsetzen kann. Die Portalkunden verhielten sich irrational, wenn sie diesen Nutzengewinn nicht in ihr Entscheidungskalkül über die Portalnutzung miteinbezögen. Hilfreich ist in diesem Zusammenhang, zwischen einer ex ante und einer ex post-Sichtweise zu unterscheiden:

- Ex ante ist den potentiellen Portalnutzern lediglich der Erwartungswert der Informationsrente bekannt, da sie noch nicht den Inhalt der Anzeigen kennen. Sie wissen daher nicht, ob es sich bei den beworbenen Produkten um Güter handelt, die sie kaufen möchten.

- In der ex post-Betrachtung kennen die Nutzer den Informationswert der gelesenen Anzeigen. Da die Lesekosten bereits versunken sind, ist die Entscheidung für ein bestimmtes Internetportal jedoch nicht mehr reversibel.

Der Gesamtnutzen, den eine Anzeige für die Kunden hat, ist entsprechend dieser Überlegungen das (endogene) Resultat aus einer Vielzahl von Faktoren: Die Höhe des potentiellen Handelsgewinns ist dabei ebenso von Bedeutung wie die Marktmacht des Intermediärs auf dem Lese- und Anzeigenmarkt und die Kosten der Werbung, die beim Intermediär und beim Leser anfallen. Basierend auf den oben vorgestellten Ansatz von Butters (1977), soll dieser Gedankengang nun dargestellt und in seiner Konsequenz für die Effizienz von Portalwerbung analysiert werden.

Annahmen des erweiterten Modells

Neben den in polypolistischer Konkurrenz stehenden Produzenten und den Konsumenten wird nun innerhalb des oben entwickelten Modellrahmens die Existenz von Intermediären berücksichtigt, die Internetportale betreiben. Anzeigen werden im Gegensatz zur Annahme des Grundmodells nicht direkt vom Produzenten an die Konsumenten versandt, sondern auf den von den Intermediären betriebenen Portalen plaziert. Die Internetnutzer – also die potentiellen Konsumenten der angebotenen Güter – wählen jeweils ein Internetportal aus, suchen dieses dann auf und lesen den dort eingestellten redaktionellen Inhalt sowie die Anzeigen. Der Zugang zu diesen Portalen sei kostenfrei. Die Visite eines Portals wirkt sich in zweierlei Hinsicht auf den Nutzen des Lesers aus: Dieser profitiert offensichtlich vom Informations- und Unterhaltungswert des bereitgestellten redaktionellen Angebots, dessen Konsum also positiv in seine Nutzenfunktion eingeht. Die Werbung, die er auf dem Portal vorfindet, wirkt sich ambivalent auf seine Rente aus: Positiv ist zu werten, wenn ihn die Informationen, die er durch das Lesen der Anzeigen erhält, dazu veranlassen, ein beworbenes Produkt zu kaufen. Demgegenüber fließen die Lesekosten negativ in seine Nutzenfunktion ein. Beide Effekte der Werbung auf die Konsumentenrente werden in diesem Abschnitt unter dem Begriff der „(Netto-)Informationsrente" zusammengefaßt.

Wie im Falle des Direktversands von Werbung gehe ich weiterhin davon aus, daß das Zufallsprinzip entscheidet, wer der Adressat einer auf einem Portal plazierten Werbebotschaft ist. Diese Annahme bildet den Regelfall einer nicht personalisierten Internetnutzung ab, beispielsweise wenn ein Nutzer verschiedene Seiten eines Portals durchstöbert und ihm im Vorfeld natürlich nicht bekannt ist, auf welchen Seiten welche Anzeigen installiert sind. Wenn die Konsumenten nun eine Entscheidung darüber treffen, welches Portal sie besuchen werden, soll davon ausgegangen werden, daß sie sich perfekt rational verhalten: Dies bedeutet, daß sie neben den Lesekosten der Anzeigen, die sie auf diesem Portal erwarten, auch den Erwartungsnutzen durch den Zugewinn an Konsumentenrente berücksichtigen, der mit dem Kauf eines beworbenen Produktes verbunden ist.

Die Dynamik des Modells wird durch die drei sequentiell ablaufenden Entscheidungsschritte beschrieben: Auf der ersten Entscheidungsstufe setzen die Portalbetreiber I jeweils ihren Anzeigenpreis w_I. Es handelt sich hierbei um eine Gebühr, die für jeden Aufruf der Website, die die entsprechende Anzeige enthält, zu entrichten ist.[15] Im zweiten Schritt wählen die Unternehmen ihre Angebotsstrategie. Dies beinhaltet jeweils eine Entscheidung über das Portal und den Angebotspreis, der annonciert werden soll. Zuletzt entscheiden sich die Konsumenten für ein Internetportal und suchen dieses auf.

Um die Berechnungen einfach zu halten, gehe ich davon aus, daß nur zwei Portalanbieter existieren, die sich aber im perfekten Wettbewerb zueinander befinden. Dementsprechend bieten beide Portale ihren Lesern den gleichen redaktionellen Inhalt $\imath$ (hierbei handelt es sich beispielsweise um Nachrichten, Unterhaltungslektüre

[15] Tatsächlich handelt es sich hierbei um das im Internet am weitesten verbreitete Tarifmodell. Allerdings ist es üblich, nicht den Anzeigenpreis für einen, sondern für tausend Kontakte (TKP) auszuweisen. Auf der Startseite von Yahoo Deutschland betrug beispielsweise der TKP für ein Inserat 7 EUR, in den einzelnen Rubriken sind diese Tarife aufgrund der zielgenaueren Werbung, die dort betrieben werden kann, um das zwei- bis dreifache höher (Stand: 28. April 2004).

und Linksammlungen, die sich auf den Portalseiten befinden). Die mit dem Besuch eines dieser Portale verbundene (erwartete) Konsumentenrente hängt sowohl vom Unterhaltungswert $u(\imath)$ des dargebotenen redaktionellen Inhalts, als auch dem Erwartungswert q_I der auf den Konsumenten entfallenden Nettoinformationsrente der Werbung ab:

$$U_I = q_I(w_I, w_L, v - c) + u(\imath) \tag{3.11}$$

Während $u(\imath)$ im Modellzusammenhang fixiert ist,[16] treffen die Portale beim Festsetzen ihres Anzeigenpreises w_I bereits eine Vorentscheidung über q_I. Hierbei gilt es zu beachten, daß die Informationsrente q_I, die ein Portalkunde durch das Lesen der Anzeigen erwarten kann, im Prinzip der im Grundmodell eingeführten „Pro-Kopf-Konsumentenrente“ entspricht. Während aber im Basismodell die zugewonnene Konsumentenrente und der gesamtwirtschaftliche Wohlfahrtszuwachs durch Werbung übereinstimmen (da die Produzenten ja Nullgewinne erwirtschaften), wird der Handelsgewinn nun zwischen den Portalbetreibern und den Konsumenten aufgeteilt. Um den Wert von q_I korrekt zu berechnen, ist es notwendig, zu berücksichtigen, daß die Produzenten für ihre Anzeigen nicht mit den tatsächlich bei den Portalen anfallenden Informationskosten w_H, sondern mit dem Anzeigentarif w_I belastet werden. Diesen Anzeigenpreis w_I nehmen dann die Hersteller in ihre Kalkulation der Preisangebote auf. Folglich ergibt sich q_I als

$$q_I = v - c - w_I - (w_I + w_L)\ln[(v - c)/w_I]. \tag{3.12}$$

Der Gewinn eines Internetportals hängt derweil von seinem Marktanteil (dargestellt als die Besucherzahl $x(q_I)$ dieses Portals), der durchschnittlichen Anzahl der Anzeigen pro Besucher, die durch die normierte Angebotspreisverteilung $Z_I(p) = \ln[(v - c)/w_I]$ dargestellt wird (beachten Sie hier bitte die Analogie zum Grundmodell), sowie dem Aufschlag auf die Stückkosten der Anzeigenherstellung und -distribution w_H ab. Ähnlich wie beim Direktversand elektronischer Werbepost sind die Stückkosten w_H, die beim Vertrieb elektronischer Werbung anfallen, unbedeutend, da Informationen in digitaler Form fast kostenfrei vom Absender (das ist in diesem Fall das Portal) zum Empfänger, also dem Portalkunden gelangen. Im weite-

[16] Eine Endogenisierung von $\imath$ wurde hier zugunsten einer einfachen Darstellung zurückgestellt. Den umgekehrten Weg geht beispielsweise Wright (1994), der den durch Werbung verursachten Nutzenverlust als exogen determiniert annimmt, aber den Qualitätswettbewerb von Medien (in seinem Falle handelt es sich um Fernsehsender) analysiert.

ren Argumentationsverlauf werden diese Kosten approximativ mit Null veranschlagt, weil sie nun im Vergleich zu den auf elektronischen Märkten natürlich ebenso anfallenden Lesekosten w_L vernachlässigbar sind. Um allgemein gültige Ergebnisse zu erhalten, werden sie allerdings in den Berechnungen weiterhin aufgeführt. Zudem wäre es denkbar, die Fixkosten $\imath$ der Redaktion in die Kalkulation mit aufzunehmen. Diese werden aber in der weiteren Analyse nicht mehr berücksichtigt, da sie als versunkene Aufwendungen angesehen werden. Der Gewinn g_I eines Internetportals kann demnach wie folgt dargestellt werden:

$$g_I = x_I(q_I)(w_I - w_H)\ln[(v - c)/w_I] \tag{3.13}$$

Da nun sowohl die Auszahlungsfunktion der Portalbetreiber, als auch die Nutzenfunktion der Konsumenten bekannt ist, ist eine spieltheoretische Analyse und eine Berechnung des Marktergebnisses des teilspielperfekten Gleichgewichts möglich geworden.

Bestimmung des Marktgleichgewichts

Die Berechnung des Marktgleichgewichts erfolgt durch Rückwärtsinduktion. Im letzten Schritt entscheiden sich die Konsumenten für den Besuch eines der beiden Internetportale. Da ihnen annahmegemäß beide Portale den gleichen redaktionellen Inhalt anbieten, entscheiden sie sich für dasjenige Portal, das seinen Besuchern die höchste erwartete Informationsrente q_I in Aussicht stellt. Sollten beide Portale die gleiche Informationsrente q_I bieten, trifft jeder Konsument eine Zufallsauswahl. Es gilt zu beachten, daß q_I von der Menge an Werbung, die durch die Angebotspreisverteilung des entsprechenden Portals beschrieben wird, abhängt: Befinden sich auf einem Internetportal keine Anzeigen, bietet sich für die Besucher keine Gelegenheit, von zusätzlichen Informationen über Kaufmöglichkeiten zu profitieren. Andererseits wäre ein Portal voller Werbung mühsam zu lesen, wobei die Lesekosten mögliche Handelsgewinne durchaus übersteigen können.

Aus diesem Grund scheint die Angebotspolitik der Produzenten einen entscheidenden Einfluß auf den Erfolg eines Internetportals auszuüben. Allerdings ist die Anzeigendichte selbst durch den Anzeigenpreis w_I, den der Portalbetreiber von seinen Werbekunden verlangt, vollständig determiniert. Aufgrund fehlender Marktmacht passen die Produzenten nämlich ihre Angebotsstrategie den Marktkonditionen, also den von den Portalen festgelegten Tarifen, an. In diesem Zusammenhang ist es bemerkenswert, daß zwischen den beiden Intermediären kein unmittelbarer Wettbewerb um Anzeigenkunden – also die werbetreibende Industrie – stattfindet: Sollte beispielsweise ein Internetportal einen höheren Anzeigenpreis w_I als der konkurrierende Portalbetreiber verlangen, kommt es nicht zu der erwarteten Reaktion, daß sich die Hersteller von diesem Portal in Gänze abwenden und zum anderen wechseln. Der Grund dafür besteht darin, daß auf dem Portal mit den höheren Tarifen die Anzeigen eine höhere Erfolgswahrscheinlichkeit aufweisen werden, sobald durch die Abwanderung von konkurrierenden Herstellern die Anzeigendichte gesunken ist. Durch diesen Anstieg der Erfolgsquote wird der höhere Anzeigentarif kompensiert. Zusammenfassend ist festzustellen, daß die Angebotspreisverteilung auf einem Portal, die sich als Summe der Einzelentscheidungen der Produzenten auf der zweiten Spielstufe ergibt, aufgrund deren polypolistischer Struktur und der daraus resultierenden fehlenden strategischen Entscheidungsfreiheit, alleine von der Festsetzung des Anzeigentarifs w_I des jeweiligen Internetportals bestimmt wird, die im ersten Schritt erfolgt.

Im allgemeinen wird jeder Spieler darauf bedacht sein, seine Zielfunktion zu maximieren. Wie ein Blick auf die Zielfunktion eines Portalanbieters verdeutlicht (siehe Gleichung 3.13), hängt deren Wert sowohl von den Besuchszahlen, als auch dem Aufschlag beim Anzeigentarif auf die tatsächlichen Vertriebskosten der Werbung ab. Eine wichtige Feststellung ist hierbei, daß die Anzahl der Seitenaufrufe keine kontinuierliche Funktion darstellt. Wie ja bereits in der Analyse des dritten Spielschritts erklärt wurde, trifft jeder Konsument eine diskrete Auswahlentscheidung zugunsten desjenigen Portals, das ihm den höchsten Erwartungsnutzen bietet. Folglich verwickeln sich die beiden Portalbetreiber in einen Bertrand-ähnlichen Wettbewerb um Konsumenten, die ja zugleich Leser der bei ihnen plazierten Anzeigen sind. Dies führt dazu, daß die beiden Intermediäre anstelle ihrer eigenen die Zielfunktionen ihrer Kunden verinnerlichen und einen Anzeigenpreis wählen, der die Informationsrente der Konsumenten q_I maximiert. Da beide Portalbetreiber um die gleichen Kunden werben und damit eine identische Zielfunktion maximieren (eben die ihrer Besucher), setzen sie auch identische Anzeigentarife w_I.

Dabei sind zwei Nebenbedingungen zu berücksichtigen: Erstens muß der Anzeigenpreis w_I die Kosten des Anzeigenversands w_H decken – andernfalls würde die Werbung bei den Portalbetreibern Verluste verursachen; diese Forderung wird daher im folgenden als Nullgewinnbedingung bezeichnet. Zweitens muß den Portalbesuchern eine positive Informationsrente q_I für das Lesen der dort eingestellten Anzeigen in Aussicht gestellt werden. Sollte q_I im Erwartungswert nicht positiv sein, könnten die Konsumenten zu einem Portal abwandern, das gar keine oder nur sehr wenig Werbung einstellt – diese Bedingung wird im folgenden als die Teilnahmebedingung (der Konsumenten) bezeichnet. Ist die letztgenannte Nebenbedingung nicht erfüllt, existiert immer ein Nash-Gleichgewicht, in dem beide Portale auf das Einstellen von Werbung verzichten.[17]

Unter Berücksichtigung der beiden Nebenbedingungen ergibt sich dann folgendes Maximierungsproblem:

$$\begin{aligned} \max_{w_I} q_I &= v - c - w_I - (w_I + w_L)\ln[(v-c)/w_I] \qquad (3.14) \\ \text{u. d. N.} \quad & w_I^* \geq w_H \\ & q_I^* \geq 0 \end{aligned}$$

Es soll hier zunächst die Lösung w_I^* des unrestringierten Maximierungsproblems betrachtet werden. Sie wird in impliziter Form als Bedingung erster Ordnung der Zielfunktion wiedergegeben:

$$\frac{w_L}{w_I^*} - \ln\frac{v-c}{w_I^*} = 0. \qquad (3.15)$$

Leider ist eine Darstellung von w_I^* in expliziter Form nicht möglich. Allerdings kann Gleichung (3.15) vereinfacht werden, indem $v - c$ (also der potentielle Handelsgewinn) als k-faches der Lesekosten w_L dargestellt wird, d. h. k wird definiert als $(v-c)/w_L$. Es handelt sich hierbei um eine Form der Normalisierung, die einer Behandlung der Lesekosten w_L als Numéraire gleichkommt. Ein solches Vorgehen ist an dieser Stelle vernünftig, da die Lesekosten kaum von der verwendeten Anzeigenversandtechnologie beeinflußt werden. Es ist dann möglich, den relativen Anzeigenpreis w_I^*/w_L implizit zu bestimmen und und in inverser Form darzustellen:

$$\frac{w_L}{w_I^*} - \ln\frac{w_L}{w_I^*} = \ln k \qquad (3.16)$$

Wie anhand dieser Gleichung deutlich wird, hängt der Gleichgewichtswert w_I^* lediglich von der Höhe des Handelsgewinns in Relation zu den Lesekosten (diese Relation wird ja durch die Verhältniszahl k ausgedrückt) und den Lesekosten selbst

[17]Freilich ist es unklar, aus welchen Einnahmen sich die Portalbetreiber dann finanzieren sollen. Wie an späterer Stelle geklärt wird, handelt es sich bei dem eben erwähnten nicht zwingend um das einzige Nash-Gleichgewicht.

ab. Offensichtlich erreicht die linke Seite der Gleichung ihren Minimalwert von 1, wenn die Lesekosten w_L dem Anzeigenpreis w_I entsprechen, d. h. für $w_I = w_L$. Eine Gleichgewichtslösung exisitiert demnach nur, falls $\ln k \geq 1$. Bei einer niedrigeren Handelsspanne von $v - c \leq ew_L$ (dies entspricht in etwa $2,72w_L$) findet sich für die Gleichung keine innere Lösung mehr. In diesen Fällen reduziert jegliche Werbung die Informationsrente und ein Verzicht auf jede Portalwerbung maximiert q_I. Im Grenzfall $v - c = ew_L$ entspricht im Gleichgewicht der Anzeigenpreis w_I^* der Höhe der Lesekosten w_L.

Für höhere k-Werte gibt es jeweils zwei relative Anzeigenpreise w_I/w_L, die die Bedingung erster Ordnung erfüllen. Die Bedingung zweiter Ordnung für ein Maximum erfüllen allerdings nur diejenigen Anzeigenpreise, die unterhalb der Lesekosten liegen, also $w_I^* < w_L$. Die andere Lösung der Bedingung erster Ordnung $w_{I(o)}^* > w_L$ markiert den Minimalwert der Zielfunktion.

Bis jetzt wurden die beiden Nebenbedingungen $w_I^* \geq w_H$ und $q_I^* \geq 0$ in der Analyse vernachlässigt. Dieses Versäumnis soll nun nachgeholt werden, zunächst mit einem Blick auf die Teilnahmebedingung der Konsumenten: Intuitiv ist klar, daß diese Bedingung nicht eingehalten werden kann, wenn die in Aussicht stehende Informationsrente, die die Kunden beim Lesen der Anzeigen erhalten, im Vergleich zu den dabei entstehenden Lesekosten w_L unverhältnismäßig niedrig ist.[18] Umgekehrt lohnt sich das Lesen der Anzeigen wohl dann, wenn die potentiellen Handelsgewinne $v - c$ die Lesekosten w_L um ein Vielfaches übersteigen. Wie bereits oben erläutert wurde, drückt sich die relative Höhe des Handelsgewinns im Parameter k aus. Als $\bar{k}$ wird nun der Schwellenwert von k definiert, der die Teilnahmebedingung der Konsumenten gerade erfüllt; es gelte also $q_I^*(\bar{k}) = 0$. Unter Verwendung von Formel (3.12) und Gleichung (3.6) ergibt sich $\bar{k}$ nach Umformulierung implizit als

$$\frac{w_L}{w_I^*} - \ln\left(1 + \frac{w_L}{w_I^*} + \left(\frac{w_L}{w_I^*}\right)^2\right) = 0 \quad (3.17)$$

$$1 + \frac{w_I^*}{w_L} + \frac{w_L}{w_I^*} = \bar{k}. \quad (3.18)$$

[18] Als Extrembeispiel betrachte man den Fall $v - c = w_L$: Selbst wenn das Produkt zu einem sehr niedrigen Preis in Höhe der Grenzkosten c angeboten würde und der Kunde sich demzufolge den gesamten Handelsgewinn aneignete, kann der Zuwachs an Konsumentenrente durch den Kauf des Gutes die Lesekosten nicht kompensieren, und der Nutzen des Konsumenten wird noch weiter zurückgehen, sobald er mehr als nur eine Anzeige liest.

Dieses Gleichungssystem kann numerisch gelöst werden.[19] Es ergibt sich ein Wert von $\bar{k} = 3,35$, was bedeutet, daß der potentielle Handelsgewinn $v - c$ die Lesekosten w_L um das 3,35-fache überschreitet muß, damit die Anzeigenleser von der Werbung profitieren und infolgedessen die oben formulierte Teilnahmebedingung erfüllt wird. Bei diesem k-Wert erheben die Portalbetreiber einen Anzeigentarif von $w_I^* = 0,56 w_L$; bei höheren k-Werten sinkt die relative Höhe des Anzeigenpreises. Auf den ersten Blick verwundert es, daß der Handelsgewinn die Lesekosten so deutlich übersteigen muß, damit den Konsumenten eine positive Informationsrente in Aussicht gestellt werden kann. Dies läßt sich dadurch erklären, daß beim Anzeigenversand nicht sichergestellt werden kann, daß jeder Nachfrager genau eine Werbebotschaft erhält. Stattdessen erhalten aufgrund der zufälligen Auswahl der Empfänger manche Konsumenten mehr als eine Anzeige, andere erhalten dagegen überhaupt keine Werbung.

Es sollen nun kurz die Konsequenzen angesprochen werden, die sich aus einer Verletzung der Teilnahmebedingung ergeben würden: Zu beachten ist hierbei, daß die innere Lösung w_I^*/w_L selbst dann noch ein lokales Maximum der Zielfunktion der Konsumenten markiert, wenn die Teilnahmebedingung nicht mehr eingehalten wird. Würde der Betreiber eines Internetportals also einen marginal höheren oder niedrigeren Anzeigentarif festlegen, käme dies dem Erwartungsnutzen seiner Portalbesucher nicht zugute, und folglich gelänge es dem Portalbetreiber auch nicht, durch eine geringfügige Änderung seines Anzeigenpreises – und der damit einhergehenden marginalen Änderung der Anzeigenanzahl auf seinem Portal – neue Leser zu gewinnen. Für jede negative Informationsrente $q_I^* < 0$ existiert allerdings ein $w_I^{**} > w_I^*$ so daß $q_I^* < q_I^{**} < 0$, was bedeutet, daß ein Portal, das eine diskrete Abweichung bestimmten Ausmaßes von der vermeintlichen Gleichgewichtsstrategie w_I^* vornimmt, in der Lage ist, alle Konsumenten der Modellökonomie zu attrahieren. Aufgrund des diskreten Anstiegs des Anzeigentarifs verringert sich allerdings auch die Anzeigendichte $Z_I^{**}(p)$ auf diesem Portal erheblich. Aus diesem Grund wird die Abweichung von w_I^* nicht zwingendermaßen den Gewinn des Portalbetreibers erhöhen, obwohl sich seine Besuchszahlen aufgrund der Abwendung der Kunden vom anderen Portal verdoppeln.[20]

[19] Man beachte bitte, daß das System mit zwei Gleichungen ausreichend bestimmt ist, da $\bar{k}$ vom relativen Anzeigentarif w_I/w_L und nicht von den Absolutwerten w_I und w_L abhängt.

[20] Dabei hängt es von k ab, ob eine Abweichung von w_I^* für den Portalbetreiber profitabel ist. Für $k > 3,06$ lohnt sich ein Abweichen nicht, da eine Anhebung der Informationsrente der Konsumenten auf Werte über q_I^* mit einer zu starken Einschränkung des Anzeigengeschäfts verbunden ist. Aus

Die zweite, als Nullgewinnbedingung bezeichnete Anforderung bindet unter den gegebenen Umständen nicht; sie ist demnach immer erfüllt: Da die Internetportale eine elektronische Kommunikationstechnologie verwenden, um die Anzeigeninformation an die Konsumenten weiterzureichen, liegen die Informationskosten des Anzeigenversands w_H nahezu bei Null und sind im Vergleich zu den Lesekosten der Anzeigen vernachlässigbar klein, ergo $w_H << w_L$. Infolgedessen erwirtschaften die Portalbetreiber einen positiven Gewinn aus dem Anzeigengeschäft, solange w_I strikt positiv ist. Er beträgt pro Portalbesucher $(w_I - w_H)\ln[(v-c)/w_I]$. Da beide Internetportale die gleichen Anzeigenkonditionen aufweisen, teilen sie sich den Anzeigen- und Lesermarkt paritätisch.

Wohlfahrtsanalyse

Analog zum Vorgehen im Abschnitt 3.1.3 wird nun die gesamtwirtschaftliche Wohlfahrt W_I von Portalwerbung berechnet und mit dem oben ermittelten Ergebnis des effizienten Werbemarktes verglichen. Die Gesamtmenge an Werbung, die auf den Portalen zu finden ist, ergibt sich pro Haushalt als $Z_I^*(v) = \ln(v-c) - \ln w_I$ und läßt einen Rückschluß auf die Wahrscheinlichkeit eines Handels zu. Neben der Handelswahrscheinlichkeit sind bei der Wohlfahrtsberechnung aber auch die gesamtwirtschaftlichen Kosten der Werbung, die sich je Werbebotschaft auf $w = w_H + w_L$ belaufen, zu berücksichtigen. Der gesamtwirtschaftliche Wohlfahrtsgewinn, der bei Portalwerbung entsteht, beträgt demnach:

$$W_I^* = v - c - w_I - (w_H + w_L)\ln[(v-c)/w_I] \tag{3.19}$$

Um den Effizienzverlust $\Delta W_I = \hat{W} - W_I^*$ von Portalwerbung zu erhalten, wird dieses Ergebnis mit dem sozialen Optimum (siehe Gleichung 3.8) verglichen:

$$\Delta W_I = (w_H + w_L)\ln(w_H + w_L) - (w_H + w_L)\ln w_I - (w_H + w_L) + w_I \tag{3.20}$$

In einem weiteren Schritt wird $w_H + w_L$ durch den Ausdruck $(w - w_I) + w_I$ ersetzt, um auf diese Weise – analog zum Vorgehen in Gleichung (3.10) – den Wohlfahrtsverlust

diesem Grund existieren bei k-Werten zwischen $3,06 < k < 3,35$ zwei Gleichgewichte in reinen Strategien: Das bereits dargestellte, in dem beide Portale die Strategie $w_I = w_I^*$ spielen, und ein weiteres, in dem jede Werbung unterbunden ist. Ungeklärt ist im zweiten Gleichgewicht allerdings die Frage nach der Finanzierung der Portale. Bei Werten von $k < 3,06$ gibt es nurmehr das letztgenannte Gleichgewicht. Der Grenzwert von k wurde numerisch ermittelt.

mit Hilfe einer Taylor-Approximation einzuschätzen:

$$0 \leq \Delta W_I \leq (w - w_I)^2 / w_I \tag{3.21}$$

Im vorangegangenen Abschnitt habe ich darauf hingewiesen, daß w_H auf elektronischen Märkten nahe bei Null liegt und die Lesekosten w_L einen Großteil der gesamtwirtschaftlichen Kosten der Werbung abdecken. Hält man sich dies vor Augen, so leuchtet unmittelbar ein, daß der Wohlfahrtsverlust reduziert wird, wenn Portalwerbung an die Stelle eines direkten Versands elektronischer Werbung tritt. Bekräftigt wird diese Vermutung durch einen Vergleich der beiden oberen Grenzwerte der Taylor-Approximationen (3.21) und (3.10):

$$(w_H + w_L - w_I)^2 / w_I < w_L^2 / w_H \qquad \text{gdw.} \qquad w_H < w_L \tag{3.22}$$

Eine formale Bestätigung erfolgt durch Vergleich der (exakten) Wohlfahrtswerte (3.19) und (3.7). Aus (3.19) – (3.7) ergibt sich der Effizienzgewinn ΔW_{IE}, der durch Umstellung von Direkt- auf Portalwerbung erzielt wird, als

$$\begin{aligned} \Delta W_{IE} &= W_I^* - W_E^* \\ &= w_H - w_I - w \ln w_H + w \ln w_I \end{aligned} \tag{3.23}$$

Nach Umformungen erhält man folgenden Ausdruck:

$$\Delta W_{IE} = w \ln[w_I / w_H] - w[(w_I - w_H)/(w_I + w_H)] \tag{3.24}$$

Man bezeichne nun als $w_D = w_I - w_H > 0$ die stets positive Differenz zwischen dem Anzeigenpreis und den Versandkosten. Dann gilt für den Logarithmusterm in Gleichung (3.24): $\ln(w_I/w_H) \geq w_D/(w_D - w_H)$. Ferner gilt: $w_D/(w_D - w_H) > w_D/(w_D - 2w_H)$ und $w_D/(w_D - 2w_H) = (w_I - w_H)/(w_I + w_H)$. Folglich ist $\Delta W_{IE} > 0$.

3.1.5 Ergebnisse der modelltheoretischen Analyse

In den beiden vorangegangenen Abschnitten wurde untersucht, welche Auswirkung elektronische Koordination auf die Bereitstellung informativer Werbung hat, wobei zwei bedeutende Fälle – nämlich die Werbung auf Internetportalen sowie der Direktversand von Werbe-E-Mails – miteinander verglichen wurden. Folgende zentrale Resultate haben sich aus der Analyse ergeben:

- Bei der Festsetzung ihrer Anzeigentarife berücksichtigen die Betreiber von Internetportalen die Lesekosten ihrer Besucher und internalisieren diese teilweise. Aus diesem Grund setzen sie Anzeigenpreise, die oberhalb der (vernachlässigbaren) Grenzkosten der Informationsübertragung w_H liegen. Ist w_H dagegen größer als Null (wie es auf einigen herkömmlichen Werbeträgern der Fall ist), stellen diese Versandkosten eine Untergrenze des Anzeigenpreissetzungsspielraumes der Intermediäre dar.

- Obwohl die Portalbetreiber die Lesekosten partiell internalisieren, ist eine Überversorgung mit Werbung zu beobachten. Wie gezeigt wurde, ist $w_I < w_L$. Werbung ist demnach auch im Falle von Portalwerbung zu billig, da der Anzeigenpreis unterhalb der gesamten sozialen Kosten einer Anzeige liegt. Es stellt sich in diesem Zusammenhang die Frage, weshalb die Portalbetreiber nicht die gesamten sozialen Kosten der Werbung internalisieren, obwohl sie sich ja die Zielfunktion ihrer Leser aneignen. Der Grund besteht darin, daß keine marktliche Interaktion zwischen den Portalbetreibern und ihren Besuchern existiert; beispielsweise können diese nicht für den Besuch des Internetportales bezahlt werden. Aufgrund dieses Marktversagens bestimmt die Höhe des Anzeigenpreises w_I, der von den Portalbetreibern festgesetzt wird, nicht nur über die gesamtwirtschaftliche Wohlfahrt – also das Ausmaß des Handelsgewinns, der der Werbung zu verdanken ist – sondern auch über die Aufteilung des Wohlfahrtszuwachses zwischen den Konsumenten und den Portalbetreibern. Eine Erhöhung des Anzeigenpreises w_I (was auch die Einnahmen aus dem Anzeigengeschäft erhöhen würde) führt also dazu, daß die Portale einen größeren Anteil der Handelsgewinne selbst behalten, während ihre Kunden aufgrund höherer Produktpreise Wohlfahrtsverluste hinnehmen müssen. Um dies zu vermeiden, senken die Portalbetreiber den Anzeigentarif unter das effiziente Niveau w_L.

- Dennoch ist das Ergebnis effizienter als beim Direktversand elektronischer Werbepost, da sogenannte Spammer die Lesekosten ihrer Adressaten komplett ignorieren. Häufig übersteigen daher die sozialen Kosten elektronischer Direktwerbung mögliche Handelsgewinne. Internetportale werden hingegen nur dann Werbung bereitstellen, wenn positive Wohlfahrtseffekte zu erwarten sind.

Die modelltheoretische Analyse hat zum Ergebnis, daß der Direktversand von elektronischer Werbung („Spam“) ungeeignet ist, wenn es darum geht, Preis- und Produktinformationen an die Nachfrageseite zu kommunizieren, während Portalwerbung in einem elektronischen Umfeld als die effizientere Alternative anzusehen ist. Das eindeutige Effizienzresultat, das sich bei der Untersuchung des Versands elektronischer Werbepost ergeben hat, macht es recht einfach, Schlußfolgerungen für wirtschaftspolitische Maßnahmen zu ziehen: Solange eine Steuer auf Spam-Werbung in Höhe der sozialen Kosten der Werbung von (gemäß der eigenen Kalkulation) ungefähr 4 Cent pro Anzeige kaum durchzusetzen ist, sollte elektronische Direktwerbung mit einem Verbot belegt werden.

Gutmeinende Ökonomen könnten zudem auf die Idee kommen, Portalwerbung mit einer – wenn auch niedrigeren – Steuer zu belegen, um damit eine vollständige Internalisierung der Anzeigenlesekosten zu erreichen. In einer solchen Diskussion sollte aber ebenso berücksichtigt werden, daß auch die eigene Marktmacht ein Internetportal davon abhalten könnte, zu niedrige Anzeigenpreise zu setzen. Wie zuvor dargelegt wurde, verhindert gerade der vollständige Wettbewerb um Leser, daß sich die Portalbetreiber einen größeren Anteil des Handelsgewinnes selbst aneignen – bei Marktmacht böte sich hingegen die Anhebung des Anzeigentarifs an. Bei einer starken Monopolmacht wäre es dann sogar denkbar, daß der Anzeigenpreis über den sozialen Kosten festgelegt wird, mit der Konsequenz, daß die Werbetätigkeit zu gering ausfiele. Die Diskussion, ob Marktmacht von Internetportalen als Gegengift fungieren könnte, um exzessive Werbung zu verhindern, bietet Anregung für weitere Forschung.

3.2 Suche auf elektronischen Märkten

Der Einsatz von modernen Informationssystemen hat auf elektronischen Märkten die Kosten der Informationsbeschaffung reduziert (vgl. Bakos, 1997, S. 1676). Zielsetzung dieses Abschnittes ist es, die Auswirkungen dieses Suchkostenrückgangs auf die Markteffizienz zu erläutern. Dabei wird in der Analyse ein linearer Zusammenhang zwischen der Höhe der Suchkosten und der verwendeten Informationstechnologie angenommen. Elektronische Koordination führt demnach zu einem Rückgang der Kosten eines einzelnen Suchschrittes, wobei die relative Kostensenkung unabhängig vom Verwender der Technologie (also dem Konsumenten, der sich auf der Suche nach Marktinformation befindet) gleich ausfällt. Diese vereinfachende Annahme läßt sich damit begründen, daß ein wesentlicher Anteil der Suchkosten durch den Zeitbedarf der Suche entsteht und die Verwendung moderner Informationstechnologien den Suchvorgang beschleunigt.

Nach einer kurzen Einführung in die wesentlichen Konzepte der Suchtheorie wird im folgenden der Zusammenhang zwischen Suchkostenhöhe und Markteffizienz sowohl für einen homogenen als auch einen heterogenen Produktmarkt analysiert. Während bei homogenen Gütern ein linearer Zusammenhang zwischen der Höhe der Suchkosten und dem daraus resultierenden Effizienzverlust besteht, hängt auf heterogenen Produktmärkten die Effizienzwirkung eines Suchkostenrückganges auch von der Variantenzahl ab.

3.2.1 Einführung in die Suchtheorie

Obgleich die Suchtheorie im Zuge der Erforschung neuer Technologien in den letzten Jahren eine Renaissance erlebt hat, stehen die wichtigsten Konzepte schon seit Beginn der 1980er Jahre. Diese werden auf den folgenden Seiten eingeführt, um sie im Anschluß zur Anwendung zu bringen.

Modellierung der Suche

Im Gegensatz zur Werbung wird die Suche nach (Preis-)Informationen über einzelne im Markt angebotene Produkte von den uninformierten Marktteilnehmern initiiert. Diesen Konsumenten entstehen bei der Suche jeweils Kosten in Höhe von s zur Entdeckung eines Preises, wobei diese Kosten je nach Produkt oder Kundentypus unterschiedlich hoch sein können und neben den Kommunikationskosten auch Wartekosten und die Opportunitätskosten der Zeit beinhalten.

Ziel der Konsumenten ist es, bei der Suche ihren jeweiligen Erwartungsnutzen $E[u(x_0, x(\tilde{p}), S)]$ zu maximieren, wobei $\tilde{p}$ der unsichere Preis des zu suchenden Gutes, x_0 ein Numéraire und S die anfallenden Suchkosten sind. Additive Separierbarkeit des Nutzens und Risikoneutralität der Konsumenten vorausgesetzt, läßt sich dieser auch schreiben als $E[u(.)] = x_0 - S + E[V(\tilde{p})]$. Vermögens- und Risikoeffekte, die auf den betrachteten Partialmärkten eine untergeordnete Rolle spielen, werden demnach ignoriert. Die beiden getroffenen Annahmen sind zwar nicht zwingend erforderlich, um Suchentscheidungen zu analysieren (siehe Reinganum, 1979, S. 852), sie erleichtern aber deren explizite Berechnung.

Der Suchvorgang kann als Zufallsexperiment beschrieben werden, bei dem eine einfache Stichprobe aus einer Preisverteilung $F(p)$ gezogen wird, die das Preissetzungsverhalten der Unternehmen widerspiegelt. Die Funktion $f(p)$ ist dann bei diskreten Zufallsvariablen die entsprechende Wahrscheinlichkeitsfunktion und im stetigen Falle die Dichtefunktion der Preisangebote.

Bei der simultanen Suche (häufig auch als statische Suche bezeichnet) entscheidet der Kunde zunächst über den Umfang der Stichprobe und kauft im Anschluß beim billigsten Anbieter, den er gefunden hat. Stigler (1961, S. 214 ff.) untersucht das Suchverhalten von Käufern eines langlebigen, homogenen und unteilbaren Gutes. Die Kosten, die anfallen, wenn eine zusätzliche Beobachtung in die Stichprobe aufgenommen wird, liegen jeweils bei s. Jedoch sinkt die dabei erwartete Einsparung mit wachsender Beobachtungszahl. Die Stigler-Regel besagt daher, daß die Suche bei n^* Beobachtungen einzustellen ist, wenn gilt:

$$\int_0^\infty [1 - F(p)]^{n^*} F(p)dp < s \tag{3.25}$$

$$\int_0^\infty [1 - F(p)]^{n^*-1} F(p)dp \geq s \tag{3.26}$$

Bei diesen Werten läge die erwartete Einsparung einer $n + 1$ten Beobachtung unterhalb der zusätzlichen Suchkosten.

Allerdings wurde schon von Rothschild (1973) erkannt, daß in der Regel die sequentielle Suche der simultanen überlegen ist. Hierbei wird jeweils nur ein Preis beobachtet, und im Anschluß an jede Beobachtung entscheidet sich der Konsument, ob sich die weitere Suche lohnt. Der Vorteil dieses Vorgehens liegt darin, daß je nachdem welche Stichprobe tatsächlich gezogen wurde, die Suche frühzeitig abgebrochen, aber auch verlängert werden kann.[21] Unter vereinfachenden Annahmen existiert dann ein Reservationspreis r, bei dem ein Haushalt zwischen einer weiteren Suche und dem Kauf zum Preis r indifferent ist.[22] Entscheidet er sich für eine

[21] Tatsächlich ist die Überlegenheit der einen oder anderen Suchform situationsbedingt. Bei hohen Wartekosten – etwa bei der Stellensuche – ist eine rein sequentielle Suchstrategie suboptimal. Kohn und Shavell (1974) folgern daraus, daß zur Ermittlung der Optimalstrategie auch der kombinierte Einsatz sequentieller Suchschritte in Betracht gezogen werden muß, bei dem simultan jeweils mehrere Beobachtungen eingeholt werden.

[22] In der Terminologie dieses Abschnittes wird zwischen dem Reservationspreis, bei dem ein Kunde zwischen einem Kauf und einer weiteren Suche indifferent ist, und der (maximalen) Zahlungsbereitschaft, die dem geldwerten Nutzen des Güterkaufs entspricht, unterschieden. Weder in der deutschsprachigen noch in der englischsprachigen Literatur ist eine solche Differenzierung einheitlich geregelt.

Fortsetzung der Suche, erhält er im Erwartungswert einen zusätzlichen Nutzen von $\gamma(r)$, da er anstatt von r einen gemäß der Preisverteilung unsicheren Preis unterhalb dieses Schwellenwertes zahlt:

$$\gamma(r) = \frac{\int_0^r [V(p) - V(r)] f(p) dp}{F(r)} \tag{3.27}$$

Da die Abbruchwahrscheinlichkeit der Suche bei $F(r)$ liegt, müssen andererseits die erwarteten Gesamtkosten der weiteren Suche einkalkuliert werden:

$$S = \frac{s}{F(r)} \tag{3.28}$$

Aus diesen beiden Definitionsgleichungen kann implizit der Reservationspreis ermittelt werden:

$$s = \gamma(r) F(r) \tag{3.29}$$

Eine kurzsichtige Strategie ist also optimal:[23] Der Haushalt vergleicht das mit der Eintrittswahrscheinlichkeit gewichtete Einsparpotential einer nochmaligen Suche mit den dabei anfallenden Suchkosten. Das Einsparpotential hängt wiederum von der Preisverteilung $F(p)$ ab, die damit einen herausragenden Einfluß auf die Suchstrategie der Konsumenten ausübt: Suche ist vor allem in Märkten mit einer hohen Preisvarianz attraktiv.

In vielen Fällen kennen die Konsumenten nicht einmal die Preisverteilung im Markt. Sofern sie über die Marktstruktur und die Auszahlungsfunktionen der Marktakteure informiert sind, ist davon auszugehen, daß sie rationale Erwartungen über die Preisverteilung bilden. Freilich ist in der Realität häufig davon auszugehen, daß die Konsumenten diese Marktparameter nicht kennen und sich bei ihrer Suchstrategie stattdessen an Erfahrungen aus vergleichbaren Produktmärkten orientieren oder Schlüsse aus ihren Preisbeobachtungen ziehen. Ein wichtiger Beitrag ist in diesem Zusammenhang der Aufsatz von Rothschild (1974). In diesem Aufsatz wird untersucht, welche Suchstrategien bei unbekannten Preisverteilungen gewählt werden. Rothschild kommt dabei zu dem überraschenden Ergebnis, daß sich diese Strategien

[23] Die Ergebnisse einer Jahrzehnte währenden Diskussion werden hier nur stark vereinfacht wiedergegeben. Auf die vielen Bedingungen, die erfüllt sein müssen, damit Haushalte tatsächlich einer kurzsichtigen Strategie folgen – etwa das Fehlen einer zeitlichen Beschränkung der Suche – wird hier nicht weiter eingegangen. Ein realitätsnäherer Ansatz, der diese berücksichtigt, ohne zu deutlich anderen Ergebnissen zu kommen, findet sich bei Haid (1984, S. 59ff.). Einen Überblick über die wesentlichen Erkenntnisse der Suchtheorie finden Sie auch bei Diamond (1989).

in vielen ökonomisch relevanten Fällen kaum von den Reservationspreisstrategien bei bekannter Preisverteilung unterscheiden. Unkenntnis über die Preisverteilung hat demnach nur einen geringen Einfluß auf die Suchstrategien der Konsumenten.

Preissetzung der Unternehmen

Das Preissetzungsverhalten der Unternehmen läßt sich anhand der Preisverteilung $F(p)$ ablesen, die im Marktgleichgewicht vorherrscht: Eine „punktförmige" Preisverteilung ist das Ergebnis einheitlicher Preissetzung, während Preisdispersion aus einem unterschiedlichen Preissetzungsverhalten der einzelnen Anbieter resultiert.

Die Preisentscheidung der Unternehmen und das Suchverhalten der Konsumenten beeinflussen sich wechselseitig. Einerseits berücksichtigen die Unternehmen bei ihrer Preisfestsetzung die Reservationspreise der Konsumenten, andererseits hängt deren Bereitschaft zur Suche maßgeblich von der Varianz der Preisverteilung im Markt ab. Wird beispielsweise ein homogenes Gut zu einem einheitlichen Preis angeboten, verschwindet jeglicher Suchanreiz. Zwar wissen die Käufer vor Aufnahme der Suche nicht, welche Unternehmen welche Preise verlangen. Da die Unternehmen ihrer Preissetzung das faktische Suchverhalten der Konsumenten zugrundelegen, ist aber - wie sich mit vorherigen Ausführungen begründen läßt - die Annahme gerechtfertigt, daß die Konsumenten rationale Erwartungen über die Preisverteilung im Marktgleichgewicht bilden.

Entscheidend für die Marktmacht der Unternehmen ist nun die zeitliche Abfolge von Preissetzung und Suche: Das als Diamond-Paradoxon in die Literatur eingegangene theoretische Ergebnis einer - teilweise begrenzten - Monopolmacht der Anbieter auch bei geringen Suchkosten beruht auf der impliziten oder explizit erwähnten Annahme, daß die Unternehmen ihre Preise simultan zur Konsumentensuche oder in Reaktion auf diese festlegen können.[24] Aufgrund einer fehlenden

[24]Diamond (1971) stellt fest, daß im langfristigen Gleichgewicht auch bei sehr geringen Suchkosten Monopolpreise erhoben werden. In seinen Überlegungen geht er davon aus, daß die Kunden ihrem Verhalten adaptive Erwartungen über die Preisverteilung im Markt zugrunde legen. Obwohl die Produzenten ihre Preise vor der Suche der Käufer festsetzen, erhalten sie somit die Möglichkeit, das vorhersehbare Verhalten der Konsumenten zu berücksichtigen. Das kontraintuitive Ergebnis von Diamond (1971), bei dem die Kunden auf Preisvergleiche verzichten, wird auch von Reinganum (1979) bestätigt, die das simultane Nash-Gleichgewicht bei heterogenen Produzenten ermittelt. Im Ergebnis stellt sie zwar die Möglichkeit der Preisdispersion fest, die allerdings nur dadurch entsteht, daß die Unternehmen je nach Kostenstruktur unterschiedliche Preise festsetzen und die Monopol-

Preisbindung im Vorfeld kalkulieren die Marktteilnehmer mit ein, daß nach dem Aufsuchen eines Anbieters die Suchkosten ihrer Kunden versunken sind und diese daher höhere Preise akzeptieren, als dies vor der Kenntnisnahme des Angebots der Fall gewesen wäre. Zur Illustration dieses Sachverhaltes sei darauf hingewiesen, daß eine Preisverteilung unter diesen Annahmen kein Gleichgewicht darstellt, solange der Preis des billigsten Anbieters unterhalb seines Monopolpreises liegt. Trifft ein Kunde auf dieses Angebot, kann nämlich der Verkäufer den Produktpreis auf den Preis des zweitgünstigsten Anbieters anheben, ohne Gefahr zu laufen, den Kunden zu verlieren. Besteht die Möglichkeit nichtlinearer Preissetzung, muß im Gleichgewicht sogar mit einer vollständigen Abschöpfung der Konsumentenrente gerechnet werden, die letzten Endes zum völligen Marktzusammenbruch führen könnte.[25]

Die Auswirkungen eines Suchkostenrückgangs sind in diesem Zusammenhang auf den direkten Effekt der Kostensenkung beschränkt. Da es beim aus wohlfahrtstheoretischer Sicht unbefriedigenden Marktergebnis bleibt und die Anbieter weiterhin eine monopolartige Machtstellung innehalten, wird kein zusätzlicher Suchanreiz geschaffen.

Die Marktmacht der Unternehmen fällt wesentlich geringer aus, wenn sie ihre Preise schon vor Beginn der Konsumentensuche festsetzen müssen. In dieser Situation besteht für die Anbieter der Anreiz, sich im Vorfeld an einen vergleichsweise niedrigen Preis zu binden und insbesondere Konsumenten mit niedrigen Suchkosten, die intensive Preisvergleiche durchführen, als Käufer zu gewinnen. In einem solchen strategischen Umfeld wirkt sich ein allgemeiner Suchkostenrückgang positiv auf das Marktergebnis aus, da die Konsumenten bei gegebener Preisverteilung ihre Suche intensivieren. Relativ teure Anbieter werden hierdurch dazu veranlaßt, ihr Preissetzungsverhalten zu korrigieren, weil ihnen sonst deutliche Nachfrageeinbußen drohen.

3.2.2 Modelltheoretische Analyse im Überblick

Die Effizienzgewinne eines Suchkostenrückgangs fallen je nach Struktur des betrachteten (elektronischen) Marktes unterschiedlich hoch aus. Anhand einfacher modelltheoretischer Überlegungen soll nun die unterschiedliche Wirkung reduzierter Such-

macht teurer Produzenten eingeschränkt wird.

[25] Da intransparente Märkte auch den Wiederverkauf von Produkten erschweren, besteht auf solchen Märkten ceteris paribus ein größerer Spielraum für nichtlineare Preissetzung.

kosten auf das Ergebnis eines homogenen sowie eines heterogenen Gütermarktes mit hoher oder niedriger Variantenzahl herausgearbeitet und ergründet werden.

Es wird angenommen, daß die Konsumenten auf Grundlage rationaler Erwartungen über die Preisverteilung im Markt einer Reservationspreisstrategie folgen. Sie setzen ihre Suche jeweils solange fort, bis sie ein Preisangebot entdecken, das unterhalb ihres individuellen Reservationspreises liegt. Im Abschnitt 3.2.1 ist auf die prinzipielle Überlegenheit einer solchen sequentiellen Suchstrategie gegenüber einer simultanen Suche hingewiesen worden.

Ferner gehe ich davon aus, daß die Unternehmen ihre Preise bereits festgesetzt haben, bevor die Kunden ihre Suche aufnehmen. Diese Annahme basiert auf der in Deutschland vorgeschriebenen Preisauszeichnungspflicht, die auch für Angebote im Internet gilt und als (zumindest kurzfristige) Form der Preisbindung interpretiert werden kann.[26] Aufgrund der technologischen Gegebenheiten sind auf solchen Märkten zwar die Kosten einer kurzfristigen Preisänderung niedriger als im stationären Handel. Ellison und Fisher–Ellison (2001) stellen folglich den – schon im vorherigen Kapitel erwähnten – häufigen Gebrauch von sogenannten Lockvogelangeboten fest, bei denen die Konsumenten mit nicht verfügbaren Billigangeboten geködert werden. Allerdings gilt es zu bedenken, daß ein solches Vorgehen in den westlichen Industrienationen illegal ist.[27] Wenn auf den folgenden Seiten der Zusammenhang zwischen Suchkosten und Markteffizienz diskutiert wird, wird daher ein solches Vorgehen der Unternehmen ausgeschlossen.

Der Zusammenhang zwischen verwendeter Suchtechnologie und den Suchkosten

---

[26]Da auf geregelten Märkten die Möglichkeit der kurzfristigen Preisbindung besteht, hat dort das Diamond-Paradoxon keine praktische Relevanz. Auf illegalen Märkten könnte es dagegen hilfreich bei der Erklärung der Entstehung von organisierter Kriminalität und Bandenwirtschaft sein. Auf diese Weise könnte versucht werden, die enorm hohen Suchkosten eines ungeregelten illegalen Marktes und die inherente Gefahr eines Marktzusammenbruchs zu mindern. Bemerkenswert ist in diesem Zusammenhang, daß die Illegalität selbst ein Grund für die Höhe der Informationskosten darstellt: Die Informationsweitergabe wird sehr restriktiv gehandhabt, um eine Aufdeckung der illegalen Tätigkeit zu vermeiden.

[27]In Deutschland regelt das Gesetz gegen den unlauteren Wettbewerb (UWG) in §3 das Verbot von Lockangeboten. Die Vorschriften für die Preiskennzeichnung finden sich in der Preisangabenverordnung (PAngV). In den USA werden Lockangebote von der Federal Trade Commission untersagt (siehe Lazear, 1995, S. 813). Die Vorschriften zur Preiskennzeichnung könnten durch das Angebot personalisierter Produkte umgangen werden – diese Überlegung wird hier nicht weiter vertieft, aber im sechsten Kapitel der Arbeit aufgegriffen.

wird von Will (1999, S. 66) hergestellt, nach dessen Darstellung sich diese Kosten multiplikativ aus den Opportunitätskosten der Zeit und einer Technologiekomponente zusammensetzen. Letztere gibt dabei an, wieviel Zeit ein Suchschritt unter Verwendung einer bestimmten Technologie in Anspruch nimmt. Modernere Netzmarkttechnologien, etwa die Nutzung des Internets anstelle von Adreßbüchern, senken demnach die Kosten eines einzelnen Suchschrittes linear.

Die nachfolgende Darstellung, die die Effizienz- und Verteilungswirkungen eines solchen linearen Suchkostenrückgangs im Umfeld eines homogenen Produktmarktes beschreibt, orientiert sich an einem Aufsatz von Carlson und McAffee (1983). Sie verdeutlicht, daß, bedingt durch die Suchkostensenkung, die Preise sinken und ineffizient produzierende Unternehmen den Markt verlassen müssen. Der damit einhergehenden indirekten Verringerung der technischen Produktionsineffizienz ist eine mindestens ebenso große Bedeutung beizumessen wie dem direkten Effizienzgewinn, der aus dem Rückgang der Informationskosten herrührt.

Weitergehende Auswirkungen auf einen heterogenen Gütermarkt werden im Anschluß diskutiert. Auch für diese Märkte ist zu untersuchen, ob durch verringerte Suchkosten ein Preisrückgang verursacht wird. Von besonderem Interesse ist aber die Fragestellung, ob es im Zuge einer Suchkostensenkung zu einem Rückgang der Variantenzahl kommt und wie dieser gegebenenfalls zu bewerten ist. Wie sich zeigen wird, ist ein solches Variantensterben nur auf Märkten mit hohen Suchkosten und großer Variantenvielfalt zu erwarten. Die Analyse des heterogenen Gütermarktes greift auf die Ansätze von Salop (1979) und Bakos (1997) zurück.

3.2.3 Suchkosten und Markteffizienz auf homogenen Produktmärkten

Modellannahmen

Ausgangspunkt der nun folgenden Betrachtungen auf Basis des schon erwähnten Ansatzes von Carlson und McAffee (1983) ist ein polypolistisch organisierter Markt, in dem ein homogenes Produkt gehandelt wird. Die Nachfrageseite besteht dabei aus einem Kontinuum von Konsumenten, deren Suchkosten zwischen 0 und $\hat{s}$ gemäß $f_s(s)$ gleichverteilt sind.[28] Jeder Kunde frägt eine Einheit des Gutes nach, wobei

[28] Carlson und McAffee (1983, S. 486) stellen als hinreichende Bedingung für die Existenz eines Suchmarktgleichgewichts die Forderung, daß die Dichtefunktion $f_s(s)$ monoton steigt. Diese

allgemein davon ausgegangen wird, daß die Zahlungsbereitschaft v den Güterpreis übersteigt. Die Anbieter sind heterogene Produzenten, die je nach ihrer Typenausprägung Zugang zu unterschiedlichen linear-homogenen Produktionstechnologien haben. Die konstanten Grenzkosten des effizientesten Unternehmers liegen bei c_0, während der marginale, also am wenigsten effiziente Hersteller im Markt, mit Grenzkosten in Höhe von c_1 produziert. Diese Markteintrittsgrenze leitet sich endogen aus den Gegebenheiten des Marktes ab. Oberhalb von c_1 existieren latente Anbieter, die erst bei höheren Preisen zur Produktionsaufnahme bereit wären. Vereinfachend wird angenommen, daß die Produzententypen zwischen c_0 und c_1 – und auch über diese Grenze hinaus – gleichverteilt sind. Diese Annahme kann als Verstetigung diskreter, aber konstanter Intervalle zwischen den Grenzkosten der einzelnen Hersteller interpretiert werden.[29]

Gemäß der in Abschnitt 3.2.2 formulierten Annahme wird eine zweistufige Entscheidungsstruktur angesetzt, in der zunächst die Unternehmen ihre Preise wählen. Wie noch gezeigt wird, sind im Marktgleichgewicht die Preisangebote zwischen p_0 und p_1 gleichverteilt, wobei p_0 der Preis des Unternehmens mit den niedrigsten Grenzkosten ist, während p_1 das Angebot des marginalen Produzenten darstellt. Auf Basis der sich auf dem Markt bildenden Preisverteilung wählen dann die Käufer in Abhängigkeit ihrer eigenen Suchkosten s eine Reservationspreisstrategie. Sie suchen sequentiell solange, bis sie auf ein Angebot unterhalb dieses Reservationspreises treffen.

Herleitung des Marktgleichgewichts

Das teilspielperfekte Nash-Gleichgewicht kann nun unter Verwendung der Methodik der Rückwärtsinduktion hergeleitet werden. Dabei wird zunächst der in Formel (3.27) definierte Nutzen $\gamma(r)$ ermittelt, den ein Konsument bei einer weiteren Suche aufgrund einer damit verbundenen Preiseinsparung erwarten kann:

$$\gamma(r) = \frac{r - p_0}{p_1 - p_0} \int_{p_0}^{r} \frac{r - p}{p_1 - p_0} dp \qquad (3.30)$$

Forderung ist im konkreten Fall erfüllt.

[29]Eine Eigenschaft der Gleichverteilung besteht darin, daß sie beidseitig abgeschnitten ist. Diese Annahme geht mit dem Ergebnis der empirischen Studie von Fritsch und Stephan (2004) zur Verteilung technischer Effizienz innerhalb einzelner Industrien konform.

Der implizite Zusammenhang zwischen dem Reservationspreis r eines Kunden und seinen individuellen Suchkosten, der in Gleichung (3.29) dargestellt wird, kann nun mit Hilfe von (3.30) konkretisiert werden:

$$s = \int_{p_0}^{r} \frac{r-p}{p_1 - p_0} dp \tag{3.31}$$

Daraus ergibt sich der individuelle Reservationpreis r:

$$r = p_0 + \sqrt{2s(p_1 - p_0)} \tag{3.32}$$

Man betrachte nun die Preissetzung eines Unternehmers auf der ersten Spielstufe: In Abhängigkeit des von ihm gewählten Angebotspreises p, muß er damit rechnen, daß bei ihm keine Konsumenten mit einem darunterliegenden Reservationspreis einkaufen werden. Kunden mit einem höheren Reservationspreis erwerben dagegen mit einer – von ihren jeweiligen Suchkosten abhängigen – Wahrscheinlichkeitsdichte von $[2s(p_1 - p_0)]^{-1/2}$ bei ihm das homogene Gut. Gleichung (3.32) formuliert den Zusammenhang zwischen dem Reservationspreis und den Suchkosten eines Konsumenten: Die einem Reservationspreis p zugehörigen Suchkosten ergeben sich nach einer einfachen Umformung dieser Gleichung und belaufen sich auf $s = (p - p_0)^2[2(p_1 - p_0)]^{-1}$. Auch der Zusammenhang zwischen der endogenen Preisobergrenze p_1 und der Obergrenze der Suchkosten $\hat{s}$ kann auf diese Weise hergestellt werden: Der Preis p_1 läßt sich nämlich nur dann im Markt durchsetzen, wenn zumindest die Konsumentengruppe mit den höchsten Suchkosten $\hat{s}$ ihre Suche einstellt, sobald sie ein solches Preisgebot entdeckt hat. Dies wird sie dann tun, wenn die Einsparung, die bei einer Fortsetzung der Suche zu erwarten wäre, den Kosten dieses Suchschrittes entsprechen, d. h. $(p_1 - p_0)/2 = \hat{s}$. Nun kann die über alle Kundengruppen aggregierte Kaufwahrscheinlichkeit $h(p)$ ermittelt werden:[30]

$$h(p) = \int_{\frac{(p-p_0)^2}{2(p_1-p_0)}}^{\frac{1}{2}(p_1-p_0)} \frac{1}{\sqrt{2s(p_1 - p_0)}} f_s(s) ds \tag{3.33}$$

$$= \left(1 - \frac{p - p_0}{p_1 - p_0}\right) \cdot \frac{2}{p_1 - p_0} \tag{3.34}$$

Diese Wahrscheinlichkeitsdichte $h(p)$ ist als Nachfragefunktion interpretierbar. Daher läßt sich die Gewinnfunktion g^c eines Produzenten vom Typ c wie folgt ansetzen:

$$g^c = (p - c)h(p) \tag{3.35}$$

[30] Die Integralgrenzen erhält man also durch Auflösen der Gleichungen $p - p_0 = \sqrt{2s(p_1 - p_0)}$ sowie $p_1 - p_0 = \sqrt{2\hat{s}(p_1 - p_0)}$.

$$= \frac{2(p_1 - p)(p - c)}{(p_1 - p_0)^2} \quad (3.36)$$

Die Bedingung erster Ordnung der Gewinnmaximierung lautet dann:[31]

$$\frac{\partial g^c}{\partial p} = \frac{2(p_1 - 2p + c)}{(p_1 - p_0)^2} = 0 \quad (3.37)$$

Nach entsprechender Auflösung ergibt sich folgender Preis eines Unternehmens mit Grenzkosten c:

$$p = \frac{1}{2}p_1 + \frac{1}{2}c \quad (3.38)$$

Tatsächlich steht also der Angebotspreis eines Produzenten in einem linearen Zusammenhang zu seinen Grenzkosten. Berücksichtigt man zudem, daß der Preis p_1 des marginalen, also am wenigsten effizient produzierenden Anbieters seinen Grenzkosten entspricht, läßt sich nun unter Verwendung von (3.38) die Preisverteilung im Markt herleiten und mit Hilfe ihrer Ober- und Untergrenze darstellen:

$$p_0 = c_0 + 2\hat{s} \quad (3.39)$$

$$p_1 = c_0 + 4\hat{s} \quad (3.40)$$

Um den durchschnittlichen Kaufpreis zu berechnen, werden diese Werte in die Dichtefunktion $h(p)$ aus Gleichung (3.34) eingesetzt:

$$\bar{p} = c_0 + \frac{8}{3}\hat{s} \quad (3.41)$$

In zwei Schritten ist es nun möglich, mit Hilfe der eben erhaltenen Ergebnisse die Gesamtkosten der Suche zu ermitteln. Zunächst werden die Informationskosten S berechnet, die gemäß (3.31) sowohl von der Suchintensität, als auch den Suchkosten s des jeweiligen Kundentyps abhängen:

$$S = \frac{s(p_1 - p_0)}{\sqrt{2s(p_1 - p_0)}} \quad (3.42)$$

$$= \sqrt{s\hat{s}} \quad (3.43)$$

Eine Integration über alle Kundentypen liefert dann die gesamten Informationskosten S_t:

$$S_t = \int_0^{\hat{s}} \frac{\sqrt{2s\hat{s}}}{\hat{s}} ds \quad (3.44)$$

$$= \frac{2}{3}\hat{s} \quad (3.45)$$

[31] Die Bedingung zweiter Ordnung ist mit $g_c''(p) = -4/(p_1 - p_0)^2 < 0$ erfüllt.

Auf ähnliche Weise können unter Verwendung von (3.40) die Mehrkosten c_t berechnet werden, die durch ineffiziente Produktion entstehen, also dadurch, daß das Produkt nicht ausschließlich beim günstigsten Hersteller mit Grenzkosten in Höhe von c_0 gebaut wird:

$$c_t = \int_{c_0}^{c_1} \frac{2(c_1 - c)(c - c_0)}{(c_1 - c_0)^2} dc \tag{3.46}$$

$$= \frac{4}{3}\hat{s} \tag{3.47}$$

Schließlich ergibt sich der Industriegewinn g als Differenz zwischen dem in Gleichung (3.41) berechneten Durchschnittspreis und den hier berechneten Produktionskosten $c_t + c_0$:

$$g = \frac{4}{3}\hat{s} \tag{3.48}$$

Mit Hilfe der Ergebnisse der eben durchgeführten Berechnungen lassen sich nun Aussagen über die Auswirkungen von Suchkosten auf die Effizienz des Marktergebnisses und die Verteilung treffen. Der Wohlfahrtsverlust infolge von Suche beruht nur zum Teil auf den unmittelbaren Kosten der Informationsbeschaffung. Wie ein Vergleich der Werte aus (3.45) und (3.47) verdeutlicht, übersteigen die mittelbaren Folgekosten die eigentlichen Suchkosten bei weitem: Aufgrund der – trotz Suche nicht gänzlich beseitigten – Marktintransparenz wird technisch ineffiziente Produktion marktfähig und verursacht einen zusätzlichen Wohlfahrtsverlust in Höhe der Produktionsmehrkosten c_t.[32] Die Verteilungseffekte spiegeln sich im Marktpreis (3.41) und dem Industriegewinn (3.48) wider: Die Existenz von Suchkosten verursacht eine Rentenumverteilung zugunsten der Unternehmen. Dabei profitieren insbesondere ineffiziente Produzenten von hohen Suchkosten.

Die Innovation einer effizienteren Suchtechnologie reduziert die Suchkostenobergrenze $\hat{s}$. Bei einer linearen Kostensenkung der einzelnen Suchschritte bleibt darüberhinaus die Gleichverteilung der individuellen Suchkosten erhalten. Die Konsequenzen eines solchen Technologieschocks, wie etwa der Einführung elektronischer Koordinationssysteme, lassen sich daher mit Hilfe der oben angeführten Berechnungen analysieren:

[32] Daneben ist aufgrund der die Grenzkosten übersteigenden Marktpreise eine allokative Verzerrung des Konsums nicht ausgeschlossen. Diese fällt im einfachen Modellrahmen des hier verwendeten Beispiels indes nicht an.

- Im Vergleich zum Marktergebnis bei hohen Suchkosten ist ein Rückgang nicht nur der Preisdispersion, sondern auch des durchschnittlichen Kaufpreises festzustellen. Diese Tendenzen sind auf den härteren Wettbewerb im Zuge der niedrigeren Informationskosten zurückzuführen, der ineffiziente Unternehmen dazu veranlaßt, ihre Produktion einstellen, während die effizienteren Hersteller ihre Preise senken. Insgesamt reduzieren sich daher die durch technische Ineffizienz verursachten Wohlfahrtsverluste. Im selben Umfang gehen auch die Gewinne der Unternehmen zurück.

- Die Konsumenten suchen trotz der geringeren Kosten mit konstanter Intensität, und zwar weil sich gleichzeitig die Preisdispersion verringert hat und die Suche an Attraktivität eingebüßt hat. Ihnen kommt demnach der Rückgang der Informationskosten in voller Höhe zugute. Obendrein profitieren sie von den vergleichsweise niedrigen Angebotspreisen.

- Aus gesamtwirtschaftlicher Sicht ist mit einem Suchkostenrückgang auch ein linearer Rückgang der Folgekosten verbunden. Allerdings profitieren lediglich die Konsumenten, während die Unternehmen sogar mit Gewinneinbußen rechnen müssen.

3.2.4 Suchkosten und Markteffizienz auf differenzierten Produktmärkten

Vorgehensweise

Differenzierte Produktmärkte zeichnen sich im Gegensatz zu homogenen Märkten dadurch aus, daß sich die Produkteigenschaften der verschiedenen im Markt angebotenen Varianten voneinander unterscheiden und jeder Konsument eine Vorliebe für eine bestimmte, von ihm als ideal angesehene Produktvariante hat. Zwar fallen bei der Entwicklung von neuen Produktspezifikationen jeweils Fixkosten in Form von Entwicklungskosten an. Diese stellen dennoch kein generelles Markteintrittshindernis dar, weil aufgrund der heterogenen Präferenzen der Konsumenten die Anbieter Marktmacht besitzen und deshalb ihre Produktion zu einem Preis oberhalb der Grenzkosten verkaufen können.

Hohe Kosten der Informationsbeschaffung behindern auf solchen Märkten nicht nur den Preisvergleich, sie erschweren auch die Suche der Konsumenten nach einem

Produkt mit den von ihnen gewünschten Eigenschaften. Die qualitativen Auswirkungen von Suchkosten auf die Leistungsfähigkeit des Marktes hängen allerdings auch von seiner Struktur ab. Zu unterscheiden ist hierbei zwischen einer polypolistischen Marktstruktur, in der sich die Merkmale der einzelnen Varianten nur wenig voneinander unterscheiden, sowie einer Situation mit ausgedünnter Variantenzahl, in der jedes Unternehmen einen loyalen Kundenstamm und deswegen Marktmacht besitzt. Wie noch zu zeigen ist, besteht zwischen der Höhe der Suchkosten und der Marktstruktur ein enger Zusammenhang: Die eben beschriebene polypolistische Struktur ist das Ergebnis ausgeprägter Suchkosten, während aus niedrigen Suchkosten eine vergleichsweise geringe Variantenzahl folgt.

Die folgende Analyse berücksichtigt diese Zusammenhänge. Sie stützt sich auf einen Ansatz von Salop (1979), der später von Bakos (1997) weiterentwickelt wurde. Solche Adreßmodelle eignen sich im besonderen Maße dafür, diskrete Auswahlentscheidungen, etwa die Entscheidung zwischen zwei unterschiedlichen Produktvarianten, zu erklären. Da das ursprüngliche Salop-Modell das Ergebnis eines differenzierten Produktmarktes mit vollkommener Transparenz beschreibt, wird es zunächst dargestellt und als Referenzmodell eingeführt, ehe die Auswirkungen von Suchkosten in den beiden geschilderten Marktsituationen erläutert und mit dem Ergebnis des transparenten Marktes verglichen werden.

Das Grundmodell von Salop

Im Ansatz von Salop (1979) erfolgt die Abbildung der Produktdifferenzierung durch Positionierung entlang einer Kreislinie. Der Standort eines Unternehmens kennzeichnet dabei die Eigenschaft der von dieser Firma produzierten Variante, während die Position des Kunden Auskunft darüber gibt, welche Produktausprägung von diesem bevorzugt wird. Je nach Entfernung zwischen dem von einem Käufer präferierten Idealprodukt und der tatsächlich konsumierten Variante fallen Transportkosten an, die die Zahlungsbereitschaft des Konsumenten schmälern.

Konkret geht Salop (1979) davon aus, daß sich ein Kontinuum von Konsumenten gleichförmig entlang einer Kreislinie mit Länge 1 verteilt. Jeder Konsument hat eine maximale Zahlungsbereitschaft in Höhe von v_{max} für eine Einheit der von ihm als ideal angesehenen Produktvariante, die demnach auf dem Kundenstandort x positioniert ist.[33] Weicht der Unternehmensstandort von der Position des Kunden

[33]Eine eindimensionale Darstellung der Leistungsdifferenzierung stellt zweifellos eine gewich-

ab, so verringert sich die Zahlungsbereitschaft entsprechend der Distanz Δx und den Transportkosten t auf $v_{max} - t \cdot \Delta x$.

Die Unternehmen des Ringdorfes haben symmetrische Eigenschaften: Sie produzieren jeweils eine Produktvariante, bei deren Herstellung identisch hohe Grenzkosten in Höhe von c anfallen. Zusätzliche Fixkosten in Höhe von F entstehen beim Markteintritt. Diese Fixkosten sorgen dafür, daß die Unternehmenszahl N trotz freiem Markteintritt begrenzt ist. Die genaue Anzahl der Unternehmen ergibt sich aus der Zeitstruktur des Spiels und dem verwendeten Gleichgewichtskonzept: Salop (1979) nimmt an, daß der Preisfestsetzung auf der zweiten Stufe eine simultane Markteintrittsentscheidung der Firmen vorausgeht.

Das gesuchte teilspielperfekte Nash-Gleichgewicht des Spiels soll zwei Bedingungen erfüllen: Es soll invariant gegenüber isomorphen Transformationen sein, also durch das Vertauschen von Spielern sowie die bloße Umbenennung von Strategien nicht beeinflußt werden (siehe Holler und Illing, 1991, S. 130). In symmetrischen Spielen führt die Anwendung dieses Kriteriums dazu, daß sich die Gleichgewichtsauswahl auf symmetrische Gleichgewichte beschränkt. Zudem werden nur Nullgewinn-Gleichgewichte betrachtet, bei denen ein weiterer Markteintritt ausgeschlossen ist.[34]

Zentrale Ergebnisse des Salop-Modells

Die Herleitung des teilspielperfekten Nash-Gleichgewichts erfolgt durch Rückwärtsinduktion. Salop (1979, S. 147) zeigt, daß alle Unternehmen, nachdem sie sich im Markteintrittsspiel äquidistant positioniert haben, einen Preis in Höhe von $p = c + t/N$ festsetzen. Aufgrund der einheitlichen Preissetzung bedienen alle Anbieter ein identisch großes Marktsegment der Länge $1/N$, das sich jeweils zwischen den Positionen der sogenannten „marginalen Konsumenten" erstreckt. Diese Kunden befinden sich (im Ergebnis) genau in der Mitte zwischen zwei benachbarten

tige Einschränkung dar. Allerdings gilt es zu bedenken, daß dem geringen Erkenntnisgewinn bei der Berücksichtigung weiterer Dimensionen ein erheblicher zusätzlicher Rechenaufwand gegenübersteht. An dieser Thematik Interessierten sei der lesenswerte Überblick bei Schackmann (2003, S. 72ff.) empfohlen.

[34] Salop (1979) verwendet dieses Gleichgewichtskonzept, macht aber zugleich (siehe Salop, 1979, S. 155) darauf aufmerksam, daß bei einem sequentiellen Markteintritt nicht das von ihm favorisierte Marktgleichgewicht erreicht wird. Stattdessen würden sich die Unternehmen in (nahezu) doppelt so großen Abständen positionieren, weil auf diese Weise zusätzlicher Markteintritt verhindert, aber zugleich Gewinne erwirtschaftet würden.

Produzenten und sind daher zwischen dem Kauf einer der beiden entsprechenden Varianten unentschieden – alle anderen Konsumenten sind loyale Käufer der ihnen am nächsten gelegenen Produktvariante. Unabhängig von der Gesamtzahl der Unternehmen im Markt stehen die einzelnen Produzenten also nur mit ihren direkten Nachbarn im Wettbewerb. Eine solche Marktstruktur wird auch als „balkanisiert" bezeichnet. Der Gewinn der einzelnen Unternehmen ergibt sich im Gleichgewicht als

$$G = \frac{t}{N^2} - F. \tag{3.49}$$

Da die Unternehmensanzahl durch die Nullgewinnbedingung bestimmt ist, ergeben sich im Marktgleichgewicht unter Berücksichtigung der Markteintrittsstufe folgende Preise und Firmenzahl:

$$p^* = c + \sqrt{Ft} \tag{3.50}$$

$$N^* = \sqrt{\frac{t}{F}} \tag{3.51}$$

Bei vollständiger Markttransparenz – also auf einem Markt ohne Suchkosten – hängt die Zahl der Unternehmen demnach nur von der Höhe der Fixkosten und der Transportkosten ab. Je teurer der Transport – also der Nutzenverlust aufgrund eines nicht optimal an die Kundenbedürfnisse angepaßten Produkts – ist, desto eher sind die Konsumenten bereit, hohe Preise für eine standortnahe Produktvariante zu zahlen.

Aus gesamtwirtschaftlicher Sicht entstehen bedingt durch die heterogenen Präferenzen Zusatzkosten in Höhe von L, die sich aus den Fixkosten der Variantenproduktion und den Transportkosten der Konsumenten zusammensetzen:[35]

$$L = N \cdot F + \left(2N \int_0^{1/2N} \Delta x dx\right) \cdot t \tag{3.52}$$

Im Marktgleichgewicht ergibt sich die Höhe dieses Verlusts mit Hilfe von Gleichung (3.51):

$$L^* = \frac{5}{4}\sqrt{Ft} \tag{3.53}$$

Interessant ist in diesem Zusammenhang die von Salop (1979, S. 155f.) geführte Diskussion, ob bei freiem Markteintritt eine optimale Variantenzahl bereitgestellt

[35] Es handelt sich bei L demnach um die Höhe des Wohlfahrtsverlust im Vergleich zum First-Best-Ergebnis eines äquivalenten homogenen (!) Marktes, auf dem ein gesamtwirtschaftlicher Überschuß in Höhe von $v_{max} - c$ entstehen würde.

wird. Einerseits verursacht nämlich der Bau jeder zusätzlichen Produktvariante weitere Fixkosten, andererseits werden so die anfallenden Transportkosten reduziert, da sich die Entfernungen der Kunden zu der von ihnen konsumierten Produktspezifikation verringert. Ziel eines sozialen Planers ist es, die Gesamtsumme L aus Fixkosten und Transportkosten zu minimieren:

$$\min_N L = N \cdot F + \left(2N \int_0^{1/2N} \Delta x dx \right) \cdot t \tag{3.54}$$

Die Bedingung erster Ordnung für ein Minimum lautet:[36]

$$F - \frac{t}{4N^2} = 0 \tag{3.55}$$

Die optimale Variantenzahl $\hat{N}$ erhält man nach einer einfachen Umformung dieser Gleichung. Indem das Ergebnis in die Verlustfunktion (3.52) eingesetzt wird, ergibt sich der effiziente, also minimierte Wert $\hat{L}$ dieser Funktion:

$$\hat{N} = \frac{1}{2}\sqrt{\frac{t}{F}} \tag{3.56}$$

$$\hat{L} = \sqrt{Ft} \tag{3.57}$$

Ein Vergleich mit dem Marktergebnis (3.51) verdeutlicht, daß die optimale Variantenzahl nur halb so hoch wie im tatsächlichen Gleichgewicht ist. Ohne Eintrittsbeschränkung ist daher die Anzahl der Varianten zu hoch und es entsteht – neben den nicht zu vermeidenden Kosten der Heterogenität – ein zusätzlicher Wohlfahrtsverlust in Höhe von $\sqrt{Ft}/4$.[37]

Marktergebnis bei niedrigen Suchkosten (geringer Variantenzahl)

Die Annahme vollständiger Markttransparenz wird nun fallengelassen. Vor Aufnahme der Suche sei den Konsumenten lediglich die Gesamtzahl der Unternehmen und – als Ergebnis ihrer rationalen Erwartungsbildung – die Preisverteilung im Markt bekannt. Über die einzelnen Produktpreise und den zugehörigen Standort der jeweiligen Produktvarianten sind sie jedoch uninformiert und nehmen deshalb die Suche

[36] Die Bedingung zweiter Ordnung ist mit der zweiten Ableitung $t/2N^3 > 0$ erfüllt.

[37] Dennoch ist an dieser Stelle vor einer Überinterpretation dieses Ergebnisses zu warnen. Der Einwand von Salop (1979, S. 156) macht darauf aufmerksam, daß solche Ergebnisse nicht robust sein müssen.

nach einem für sie geeigneten Produkt auf; annahmegemäß findet diese Suche statt, nachdem die Unternehmen ihre Preisentscheidungen getroffen haben.

Die Suche erfolgt – wie zuvor auf dem homogenen Markt – sequentiell. In jedem Suchschritt müssen die einzelnen Konsumenten identisch hohe Suchkosten in Höhe von s aufwenden und erhalten dafür die Preis- und Standortinformation über eine zufällig der Grundgesamtheit entnommene Produktvariante.

Dieser Teilabschnitt stellt die Ergebnisse für Märkte mit Suchkosten von $s \leq F/2$ dar. Wie sich später zeigen wird, hängt auf solchen Märkten mit vergleichsweise niedrigen Suchkosten das Suchverhalten der Konsumenten von ihrer Lage im Marktsegment zwischen zwei benachbarten Unternehmen ab. Liegen sie eher am Rand eines solchen Marktsegments, also in der Nähe zu einem der beiden das Intervall umschließenden Produzenten, sind sie – wie auf dem transparenten Markt – nur zum Kauf dieser ihnen am nächsten gelegenen Produktvariante bereit und setzen ihre Suche solange fort, bis sie diese entdeckt haben. Diese Kundengruppe wird im folgenden auch als „loyal" bezeichnet.[38] Andere, als „wechselbereit" bezeichnete Konsumenten, deren Standort eher in der Mitte zwischen zwei benachbarten Produktvarianten liegt, berücksichtigen in ihrer Suchentscheidung die von ihnen aus gesehen ungefähr gleichweite Entfernung zu beiden Unternehmen. Die nähergelegene dieser beiden Firmen hat also gegenüber der anderen nur einen geringen Transportkostenvorteil aufzuweisen, weshalb sich eine gezielte Suche nach diesem Anbieter für die wechselbereiten Kunden nicht lohnt. Sie stellen ihre Suche daher schon ein, sobald sie eine der beiden Produktvarianten in ihrer Nachbarschaft gefunden haben.

Das Kalkül der Konsumenten soll nun genauer herausgearbeitet werden, da sich hieraus das Preissetzungsverhalten der Unternehmen ableiten läßt. Zu diesem Zweck wird das (repräsentative) Kundenintervall zwischen einem Hersteller H am Standort 0 und dessen Nachbarn $\bar{H}$ mit Standort $1/N$ (bzw. $-1/N$) betrachtet. Unternehmen H verlangt für seine Produktvariante einen Preis in Höhe von p_H, während seine beiden Nachbarn $\bar{H}$ einen Preis von $p_{\bar{H}}$ erheben, wobei mit Blick auf das symmetrische Gleichgewichtsergebnis angenommen wird, daß $p_{\bar{H}}$ dem Durchschnittspreis im Markt entspricht.[39]

[38]Bitte beachten Sie, daß der Begriff des loyalen oder Stammkunden hier nicht im herkömmlichen Sinne einer bereits bestehenden engen Bindung an ein Unternehmen zu interpretieren ist. Stattdessen handelt es sich hierbei um Konsumenten, die für das betrachtete Gut eine vergleichsweise hohe Zahlungsbereitschaft haben.

[39]Die Beweisführung wird demnach induktiv geführt, indem eine Annahme eingeführt wird, deren

Auch auf differenzierten Produktmärkten treffen die Konsumenten ihre Suchentscheidung gemäß einer – wenn auch modifizierten – Reservationspreisstrategie, bei der sie den Standort des Produzenten berücksichtigen. Der maximale Reservationspreis p_r gilt dann nur für das ideale Produkt, während er ansonsten je nach Entfernung Δx des Herstellers vom Idealstandort nach unten korrigiert wird:

$$r = p_r - t \cdot \Delta x \qquad (3.58)$$

Die Einbeziehung des relativen Unternehmensstandorts in die Reservationspreisstrategie der Konsumenten hat zur Folge, daß intensive Suche selbst bei einer einheitlichen Preissetzung der Unternehmen nicht ausgeschlossen werden kann – etwa wenn Käufer auf ein von ihrem eigenen Standort weit entferntes Produkt treffen und sich erhoffen, bei einer Fortsetzung der Suche eine Produktvariante zu finden, die ihren eigenen Bedürfnissen besser entspricht.

Die loyalen Kunden von H ziehen sogar dem bereits entdeckten Angebot des Nachbarunternehmens $\bar{H}$ die weitere Suche nach der Produktvariante H vor. Abgegrenzt wird dieses Kundensegment vom „marginalen loyalen Konsumenten von H“, der sich am Standort x_H befindet und zwischen einem Kauf bei Anbieter $\bar{H}$ und einer Weitersuche mit dem Ziel, H zu entdecken, indifferent ist. Das Kalkül dieses Kunden unterscheidet sich vom zuvor betrachteten indifferenten Konsumenten eines transparenten Marktes. Zwar berücksichtigt er wie sein Namensvetter aus dem Salop-Modell neben den Transportkosten, die bei einem Kauf bei H oder $\bar{H}$ anfallen würden, auch die Kosten der weiteren Suche und die Preise beider Produktvarianten. Im Gegensatz zum marginalen Konsumenten auf einem transparenten Markt kennt er aber nur den Preis von $\bar{H}$. Für den Angebotspreis der Variante H veranschlagt er p_H^e. Da hier rationale Erwartungsbildung angenommen wird, entspricht p_H^e dem Durchschnittspreis im Markt $p_{\bar{H}}$. Unter Verwendung des aus Gleichung (3.29) bekannten Zusammenhangs ergibt sich dann für den marginalen Konsumenten x_H:

$$s = \gamma(r)F(r) \qquad (3.59)$$

$$= \frac{1}{N}\left(p_{\bar{H}} + t\left(\frac{1}{N} - x_H\right) - p_H^e - tx_H\right) \qquad (3.60)$$

Gültigkeit sich im Ergebnis bestätigt: Wie sich zeigt, setzen im Nash-Gleichgewicht tatsächlich alle Unternehmen einen einheitlichen Gleichgewichtspreis.

Durch Umformung der Gleichung und unter Verwendung von $p_H^e = p_{\bar{H}}$ erhält man dann den Standort des marginalen Kunden x_H:

$$x_H = \frac{1}{2N} - \frac{Ns}{2t} \qquad (3.61)$$

Ein Blick auf dieses Ergebnis verdeutlicht, daß der Standort von x_H von einer marginalen Preisänderung nicht beeinflußt wird; die Preispolitik eines Unternehmens hat demnach keine Auswirkungen auf die Größe des loyalen Kundenstamms dieser Firma. Dafür sind zwei Faktoren verantwortlich: Vor der Aufnahme der Suche ist diesen Kunden der Preis der gesuchten Produktvariante aus verständlichen Gründen nicht bekannt, eine Preisänderung bleibt ihnen daher zunächst verborgen. Erst mit der erfolgreichen Beendigung des Suchvorgangs erfahren sie den tatsächlichen Preis von H. Zu diesem Zeitpunkt sind die Suchkosten aber schon versunken.

Neben den loyalen Kunden von H gibt es auch eine Gruppe wechselbereiter Konsumenten, die ihre Kaufentscheidung davon abhängig machen, welche Produktvariante sie zuerst sichten. Diese Kundengruppe ist demnach zwischen den loyalen Konsumenten von H und den entsprechenden Stammkäufern von $\bar{H}$ plaziert. Von besonderem Interesse ist aus Sicht von Unternehmen H dabei die Lage $x_{\bar{H}}$ des marginalen loyalen Konsumenten von $\bar{H}$, der indifferent ist zwischen einem Kauf bei H und einer weiteren Suche nach $\bar{H}$. Gemäß Gleichung (3.29) müssen die Suchkosten, die diesem Kunden bei einer weiteren Suche anfallen, dem Nutzengewinn entsprechen, den er im Falle einer Fortsetzung der Suche zu erwarten hat:

$$s = \frac{1}{N}\left(p_H + tx_{\bar{H}} - p_{\bar{H}} - t\left(\frac{1}{N} - x_{\bar{H}}\right)\right) \qquad (3.62)$$

Diese Gleichung kann nach $x_{\bar{H}}$ aufgelöst werden und man erhält auf diese Weise den Standort des marginalen loyalen Kunden von $\bar{H}$:

$$x_{\bar{H}} = \frac{1}{2N} + \frac{Ns}{2t} - \frac{p_H - p_{\bar{H}}}{2t} \qquad (3.63)$$

Die Lage dieses Kunden hängt – im Gegensatz zur Position von x_H – von der Preispolitik des Variantenproduzenten H ab. Durch eine Preissenkung ist es H möglich, tiefer in das Marktsegment seines Konkurrenten $\bar{H}$ einzudringen und Kunden, die zunächst das Angebot von H gefunden haben, von einer weiteren Suche nach Gut $\bar{H}$ abzuhalten.

Die Gesamtnachfrage nach H setzt sich also aus zwei verschiedenen Konsumentengruppen zusammen. Neben den loyalen Kunden, deren Umfang unabhängig von der Preispolitik des betrachteten Produzenten ist, und die zwischen dem Unternehmen selbst und dem Standort des marginalen Konsumenten x_H positioniert sind, besteht sie aus einer Gruppe wechselbereiter Konsumenten, die sich im Bereich zwischen den beiden marginalen Konsumenten x_H und $x_{\bar{H}}$ befindet, und deren Ausmaß von der Preissetzung des Unternehmens abhängt. Bei der Aufstellung seiner Gewinnfunktion darf H die letztgenannte Gruppe nur zur Hälfte berücksichtigen: Nur wenn ein Kunde aus dieser Gruppe zuerst auf H trifft, kauft er bei diesem ein. Zieht er stattdessen zuerst ein Angebot des unmittelbaren Konkurrenten, erwirbt er das Produkt dort. Die Überlegungen dieses Absatzes gelten für die Konkurrenzbeziehung mit beiden Unternehmen in unmittelbarer Nachbarschaft von H. Der Unternehmensgewinn von H ergibt sich daher wie folgt:

$$G_H = 2x_H(p_H - c) + (x_{\bar{H}} - x_H)(p_H - c) - F \tag{3.64}$$

$$= \left(\frac{1}{N} - \frac{Ns}{t}\right)(p_H - c) + \left(\frac{Ns}{t} - \frac{p_H + p_{\bar{H}}}{2t}\right)(p_H - c) - F \tag{3.65}$$

$$= \frac{(p_H - c)}{N} + \frac{(p_H - p_{\bar{H}})(p_H - c)}{2t} - F \tag{3.66}$$

Die Bedingung erster Ordnung der Gewinnmaximierung lautet:[40]

$$\frac{1}{N} - \frac{2p_H - c - p_{\bar{H}}}{2t} = 0 \tag{3.67}$$

Das symmetrische Marktgleichgewicht läßt sich nun analog zum Vorgehen des vorangegangenen Abschnitt ermitteln. Aus der Symmetrieannahme folgt, daß die Preise p_H und $p_{\bar{H}}$ identisch sind und dem einheitlichen Gleichgewichtspreis p^* entsprechen.

Mit Hilfe der Nullgewinnbedingung kann sodann die Anzahl der Unternehmen bestimmt werden, die auf der ersten Spielstufe den Markt betritt. Im einzelnen ergibt sich:

$$p^* = c + \sqrt{2Ft} \tag{3.68}$$

$$N^* = \sqrt{\frac{2t}{F}} \tag{3.69}$$

Gleichgewichtspreis und Variantenzahl sind zwar höher als im entsprechenden transparenten Markt, ihre Werte selbst hängen aber nicht von der Höhe der Suchkosten

[40] Die Bedingung zweiter Ordnung ist mit $-2N < 0$ erfüllt.

ab. Anders ist es mit dem Standort x_H des „marginalen loyalen Kunden“ von Unternehmen H, den man durch Einsetzen der Ergebnisse aus (3.68) und (3.69) in Gleichung (3.61) erhält und der mit der Höhe der Suchkosten variiert:

$$x_H = \sqrt{\frac{F^2 - 4s^2}{8Ft}} \tag{3.70}$$

Bei Suchkosten nahe Null ($s = 0^+$) befindet sich der Standort dieses Kunden fast in der Mitte des Intervalls zwischen den zwei benachbarten Unternehmen H und $\bar{H}$. Bei höheren Suchkosten verschiebt sich diese Position in Richtung H und erreicht bei Suchkosten von $F/2$ dessen Standort, d. h. $x_H = 0$. Die Konsequenzen noch höherer Suchkosten werden im Anschluß an diesen Abschnitt diskutiert.

Der Wohlfahrtsverlust des intransparenten Marktes läßt sich in drei Komponenten zerlegen: Neben den Fixkosten der Variantenproduktion handelt es sich hierbei um die Transportkosten der Konsumenten und deren Suchkosten. Fixkosten und Transportkosten fallen auch auf dem transparenten Markt an, allerdings hat sich deren Höhe nun geändert. Die Fixkosten sind höher, da sich die Zahl der Varianten vergrößert hat – ein Vergleich der entsprechenden Ergebnisse aus (3.69) und (3.51) verdeutlicht diese Tatsache. Eine höhere Variantenzahl wirkt sich in der Tendenz transportkostensenkend aus. Aber nicht mehr alle Konsumenten suchen nun ihren nächstgelegenen Produzenten auf. Konkret betrifft dies die Konsumenten im Intervall zwischen x_H und $x_{\bar{H}}$, die ihre Suche beenden, unabhängig davon, auf welches der beiden Unternehmen in ihrer unmittelbaren Nachbarschaft sie gestoßen sind. Folglich liegen die Transportkosten dieser Konsumenten im Erwartungswert jeweils bei $t/(2N)$. Zusätzlich zu diesen Aufwendungen entstehen nun Suchkosten, die bei einem loyalen Kunden – seinem Suchverhalten entsprechend – im Erwartungswert doppelt so hoch sind wie bei einem wechselbereiten Konsumenten. Insgesamt summieren sich diese Kosten im heterogenen Markt auf

$$L^* = NF + \left(2N \int_0^{1/2N} \Delta x dx\right) \cdot t + S_t \tag{3.71}$$

$$= NF + \left(Ntx_H^2 + \frac{t}{2N} - tx_H\right) + \left(N^2 s x_H + \frac{1}{2} Ns\right). \tag{3.72}$$

Im gesamten betrachteten Suchkostenintervall zwischen 0 und $F/2$ steigt dieser Wohlfahrtsverlust mit Zunahme der Suchkosten.[41] Die Größenordnungen, um die

[41] Die Ableitung nach s ergibt sich als $dL/ds = (N + Nt + N^3 s)/(2t)$ und ist damit im gesamten

es sich dabei handelt, ergeben sich durch Einsetzen der entsprechenden Werte aus (3.69) und (3.70) in die Formel (3.72) und sind aus der Tabelle 3.1 ersichtlich, die die drei Quellen des Effizienzverlustes, nämlich die Suchkosten, die Fixkosten des Markeintritts und die Transportkosten, aufgliedert und das Ergebnis eines intransparenten Marktes mit Suchkosten nahe Null bzw. $F/2$ mit dem des transparenten sowie dem erstbesten Ergebnis (siehe die Gleichungen 3.51 bis 3.57) vergleicht. Bei Suchkosten nahe Null ($s = 0^+$) entstehen insgesamt Fixkosten von $\sqrt{2Ft}$ sowie Transportkosten in Höhe von einem Achtel dieses Wertes. Der zusätzliche Wohlfahrtsverlust gegenüber dem Ergebnis des effizienten Marktes beläuft sich dann auf ungefähr $0{,}34\sqrt{Ft}$. Bei Suchkosten von $F/2$ erhöht sich der Wohlfahrtsverlust auf insgesamt $3\sqrt{2Ft}/2$, wobei auf die Suche und den Transport jeweils Kosten in Höhe von $\sqrt{2Ft}/4$ entfallen. Damit übersteigt der Wohlfahrtsverlust sein effizientes Niveau um mehr als das Doppelte.[42]

Situation	Effizienz	Salop	$s = 0^+$	$s = F/2$
Fixkosten	0,50	1,00	1,41	1,41
Transportkosten	0,50	0,25	0,18	0,35
Suchkosten	–	–	0,00	0,35
L	1	1,25	1,59	2,12

Tabelle 3.1: Wohlfahrtsverluste durch Suchkosten

Wie auf dem homogenen Produktmarkt, so stellen auch hier die eigentlichen Suchkosten nur einen geringen Teil der Gesamtkosten der Marktintransparenz dar. Weitere Wohlfahrtsverluste entstehen vor allem aufgrund des übermäßigen Markteintritts, angetrieben durch die hohen Deckungsbeiträge, die auf diesem Markt erzielbar sind. Nur im geringen Umfang entstehen hingegen Anpassungs- bzw. Transportkosten. Auffällig ist, daß der Effizienzverlust nicht linear mit der Suchko-

Bereich positiv.

[42]In Tabelle 3.1 werden die Wohlfahrtsverluste einschließlich der unvermeidlichen Fix- und Transportkosten aufgeführt, die sich bei effizienter Firmenzahl gemäß Gleichung (3.57) auf $(Ft)^{1/2}$ belaufen. Verglichen werden vier Situationen: (V. l. n. r.) Effizienter Markteintritt; Marktgleichgewicht bei Transparenz gemäß dem Ansatz von Salop, bei Suchkosten in Höhe von $s = 0^+$ sowie bei Suchkosten in Höhe von $s = F/2$. Der Skalar $(Ft)^{1/2}$ wurde in der Darstellung auf Eins normiert. Alle Werte sind gerundet.

stenhöhe steigt, sondern schon geringe Suchkosten für eine drastische Verzerrung des Wettbewerbs und entsprechende Wohlfahrtsverluste verantwortlich zeichnen.

Marktergebnis bei hohen Suchkosten (hohe Variantenzahl)

Abweichend von den Annahmen des vorherigen Abschnittes soll nun davon ausgegangen werden, daß die Suchkosten den Wert von $s = F/2$ (deutlich) übersteigen, mit der Konsequenz, daß keine loyalen Kunden mehr existieren – alle Käufer sind nun dazu bereit, eine weniger passende Produktvariante zu erwerben, um auf diese Weise einer nochmaligen Suche zu entgehen und die recht hohen Suchkosten, die damit verbunden sind, einzusparen. Demnach verschwindet die Marktsegmentierung, und mit zunehmender Suchkostenhöhe steigt der Überlappungsgrad der einzelnen Teilmärkte. Nun stehen also die einzelnen Unternehmen nicht mehr nur mit ihren direkten Nachbarn, sondern auch mit entfernteren Unternehmen in Konkurrenz.

Wie sich gleich zeigen wird, entspricht eine Marktsituation dieser Art der von Bakos (1997) beschriebenen, an der sich die folgende Darstellung orientiert. Dieser geht davon aus, daß eine Vielzahl von Unternehmen im Markt tätig ist, was einen hohen Überlappungsgrad der Heimatmärkte der einzelnen Anbieter zur Folge hat. Auf solchen Märkten ist das Suchverhalten der einzelnen Kunden annähernd unabhängig von ihrer relativen Lage auf dem Eigenschaftenkreis.

A priori sei den Konsumenten wiederum die Zahl der Unternehmen N und die Preisverteilung bekannt. Vereinfachend kann nun jedoch angenommen werden, daß die Konsumenten auch nach einer wiederholten Suche ihre a priori getroffene Annahme über die Lage der einzelnen Unternehmen auf dem Salop-Kreis nicht ändern werden: Aufgrund ihrer großen Anzahl sind die einzelnen Produktvarianten nämlich (nahezu) kontinuierlich auf der Kreislinie gleichverteilt; folglich befindet sich auf jedem Differentialsegment dx mit einer Wahrscheinlichkeit von $N \cdot dx$ ein Unternehmen (siehe Bakos, 1997, S. 1679).

Wie bereits im Kontext des differenzierten Produktmarktes mit geringen Suchkosten beschrieben, so folgen die Konsumenten hier ebenfalls einer modifizierten Reservationspreisstrategie (siehe auch 3.58):

$$r = p_r - t \cdot \Delta x \tag{3.73}$$

Gleichung (3.29) kann auch hier genutzt werden, um einen Zusammenhang zwischen den Suchkosten und dem Reservationspreis herzustellen:

$$s = \gamma(r)F(r) \tag{3.74}$$

$$= 2\int_{x=0}^{p_r/t}\int_{p=0}^{p_r-t\cdot\Delta x} F(p)dpdx \tag{3.75}$$

Wiederum wird von einem symmetrischen Gleichgewicht ausgegangen. Dieser Annahme folgend, setzen alle Unternehmen identische Preise von $p = p^*$. Die daraus resultierende Preisverteilung von $F(p) = 0$ für $p < p^*$ sowie $F(p) = 1$ für $p \geq p^*$ spiegelt sich in der (rationalen) Erwartungsbildung der Käufer wider und ermöglicht es, Gleichung (3.75) folgendermaßen umzuformulieren:

$$s = 2\int_{x=0}^{(p_r-p^*)/t} p_r - p^* - t\cdot\Delta x dx \tag{3.76}$$

$$= 2\left[xp_r - xp^* - \frac{1}{2}x^2t\right]_0^{(p_r-p^*)/t} \tag{3.77}$$

$$= \frac{(p_r - p^*)^2}{t} \tag{3.78}$$

Den Reservationspreis p_r für ein Idealprodukt erhält man sodann durch Umformung der Gleichung (3.78):

$$p_r = p^* + \sqrt{st} \tag{3.79}$$

Beachten Sie bitte, daß p_r nur die obere Grenze des Reservationspreises darstellt. Wie bereits oben erläutert wurde, verringert sich der tatsächliche Reservationspreis je nach Entfernung zwischen dem Standort des Produktes und des Kunden.

Den Unternehmen ist es bekanntlich nicht möglich, Einfluß auf die Entdeckungswahrscheinlichkeit zu nehmen, mit der sie in die Stichprobe der Konsumenten gezogen werden. Ihre Preissetzung kann jedoch die Kunden dazu veranlassen, ihr Angebot anzunehmen oder weiterzusuchen. Ist einem Konsumenten der Preis p^* der Konkurrenten des ausgesuchten Unternehmens bekannt, so verzichtet er auf die weitere Suche, sobald die gesamten Kosten des Angebots – einschließlich eventuellen Nutzenverlusts aufgrund der Distanz zum idealen Gut – unterhalb des Reservationspreises liegen:

$$p + t\cdot\Delta x \leq p^* + \sqrt{st} \tag{3.80}$$

Hieraus ist es möglich, die Entfernung x_M des marginalen Konsumenten zum Produzentenstandort zu errechnen:

$$x_M = \frac{1}{t}(p^* - p + \sqrt{st}) \tag{3.81}$$

Da sich die Kunden gleichverteilt auf dem Kreis befinden, steigt der Absatz eines Unternehmers proportional zur Entfernung des marginalen Konsumenten. Unter Berücksichtigung des Überlappungsgrades $2N\sqrt{s/t}$ läßt sich dann die Gewinnfunktion eines repräsentativ herausgegriffenen Produzenten aufstellen:

$$G = \frac{1}{2N\sqrt{s/t}}\left(pp^* - p^2 + p\sqrt{st}\right) - F \tag{3.82}$$

Die Bedingung erster Ordnung der Gewinnmaximierung lautet dann:[43]

$$p^* - 2p + \sqrt{st} = 0 \tag{3.83}$$

Gestützt auf die schon zuvor erwähnte Symmetrieannahme, kann nun der Gleichgewichtspreis sowie die Gesamtzahl der im Markt tätigen Unternehmen ermittelt werden:

$$p^* = \sqrt{st} \tag{3.84}$$

$$N^* = \frac{\sqrt{st}}{F} \tag{3.85}$$

Ferner ergibt sich die Position des marginalen Konsumenten als

$$x_M = \sqrt{s/t}. \tag{3.86}$$

Ähnlich wie in Gleichung (3.71) für einen Markt mit niedrigen Suchkosten, kann nun der Wohlfahrtsverlust L^* berechnet werden, der sich im Falle hoher Suchkosten ergibt. Er setzt sich aus den Fixkosten des Markteintritts, den Transportkosten der Kunden (unter Berücksichtigung des Marktanteils eines einzelnen Unternehmens) und deren Suchkosten zusammen:

$$L^* = NF + \frac{2N}{2N\sqrt{s/t}}\left(\int_0^{x_M} \Delta x dx\right) \cdot t + S_t \tag{3.87}$$

[43] Mit $G''(p) = -2$ ist die Bedingung zweiter Ordnung erfüllt.

Die in Gleichung (3.86) ermittelte Entfernung des marginalen Konsumenten von seinem Unternehmen benötigt man zur Bestimmung der Transportkosten der Konsumenten, die eine Höhe von $\sqrt{st}/2$ erreichen. Darüberhinaus werden mit Hilfe von x_M die Erfolgswahrscheinlichkeit eines Suchschrittes und damit die Gesamtkosten der Suche bestimmt, die sich unter Verwendung von Formel (3.28) als $S_t = \sqrt{st}/2$ ergeben (siehe Bakos, 1997, S. 1682).[44] Schließlich sind die Fixkosten für die Variantenproduktion zu berücksichtigen, die sich – wie aus Gleichung (3.85) ersichtlich – auf $\sqrt{st}$ aggregieren. Der gesamte Wohlfahrtsverlust summiert sich also auf

$$L^* = 2\sqrt{st}. \tag{3.88}$$

Anders als bei niedrigen Suchkosten, gibt es nun keinen Zusammenhang mehr zwischen der Höhe des Effizienzverlustes und den Fixkosten des Markteintritts. Die Ursache für das Fehlen dieses Zusammenhangs findet sich im Suchverhalten der Konsumenten. Während sich die Suche bei geringen Kosten auf einzelne Unternehmen (in unmittelbarer Nachbarschaft der Konsumenten) konzentriert, gilt diese bei hohen Suchkosten einem „Eigenschaftenintervall", wogegen die Entfernung zum nächstgelegenen Unternehmen eine untergeordnete Rolle spielt. Eine geringfügige Änderung der Unternehmenszahl – wie sie sich etwa bei veränderten Fixkosten ergeben würde – hat demnach keine strategische Auswirkung.

Wie Gleichung (3.85) verdeutlicht, hängt die Anzahl der Unternehmen im Markt sowohl von der Höhe der Such- und Transportkosten, als auch von den Fixkosten des Markteintritts ab. Höhere relative Suchkosten führen auch zu einem Anstieg der Variantenzahl, wobei bei sehr hohen Suchkosten ($s >> F/2$) die Unternehmenszahl eines Marktes mit niedrigen Suchkosten beiweiten übertroffen wird. Im Falle moderater Suchkosten, die $s = F/2$ nur geringfügig übersteigen, wird die Marktsituation durch den hier verwendeten Ansatz von Bakos (1997) nicht korrekt wiedergegeben, da die (wenn auch geringe) Marktmacht der einzelnen Anbieter unberücksichtigt bleibt.

Die gesamten, durch den Kauf verursachten (Opportunitäts-)kosten des Kunden spiegeln sich im Reservationspreis p_r für ein ideales Gut wider. Dies ist von besonderer Bedeutung, wenn die Zahlungsbereitschaft v_{max} in der Nähe des Kaufpreises liegt (also $v_{max} \leq 2\sqrt{st}$). In diesem Falle folgert Bakos (1997), daß die Un-

[44] S entspricht in diesem Falle S_t, da für alle Konsumenten konstante Suchkosten angenommen wurden.

ternehmen den Preis von $p^* = \sqrt{st}$ nicht mehr durchsetzen können, da dann die erwarteten Gesamtkosten größer als v_{max} wären. In solchen Fällen läge der Marktpreis bei $p^* = v_{max} - \sqrt{st}$. Unterschreitet die Zahlungsbereitschaft die Schwelle von $v_{max} = \sqrt{st}$, bricht der Markt zusammen.

Auswirkungen eines Suchkostenrückganges

Ziel dieses Abschnittes ist es, die Auswirkungen eines Suchkostenrückganges auf das Ergebnis eines heterogenen Produktmarktes zusammenzufassen. Die Vorarbeiten wurden bereits in den beiden vorangegangenen Abschnitten geleistet, in denen der Zusammenhang zwischen der Suchkostenhöhe für zwei verschiedene Marktsituationen dargestellt wurde: Zunächst wurde ein partiell „balkanisierter" Markt mit vergleichsweise wenigen Produktvarianten betrachtet, im Anschluß folgte die Betrachtung eines polypolistisch strukturierten Marktes.

Bemerkenswert ist in diesem Zusammenhang, daß die Marktstruktur selbst von der relativen Höhe der Suchkosten s im Vergleich zu den fixen Markteintrittskosten F bestimmt wird, während die Höhe der Transportkosten t bedeutungslos ist: Aus relativ hohen Suchkosten $s >> F/2$ resultiert ein Polypol, während sich bei sehr niedrigen Suchkosten ($s < F/2$) der Markt segmentiert und die einzelnen Unternehmen nur noch mit ihren jeweiligen Nachbarn im Wettbewerb stehen. Die Auswirkungen eines (absoluten) Suchkostenrückgangs unterscheiden sich demnach je nach der Höhe der relativen Suchkosten s/F:

- Auf polypolistisch organisierten Märkten ($s >> F/2$) wird durch den Suchkostenrückgang die Suchbereitschaft der Konsumenten erhöht. Daher kommt es im Zuge einer Suchkostensenkung nur zu einem unterproportionalen Rückgang des Gesamtaufwandes für die Informationsbeschaffung. Zudem sinken die Transportkosten, da die Käufer nun besser an sie angepaßte Produktvarianten erwerben. Daneben profitieren die Nachfrager vom härteren Wettbewerb um Kunden und dem damit einhergehenden Preisrückgang. Da also bei niedrigeren Suchkosten geringere Deckungsbeiträge erzielt werden, etablieren sich auf solchen Märkten auch weniger Unternehmen, als dies auf Märkten mit höheren Suchkosten der Fall ist (siehe die Gleichungen 3.84 bis 3.88).

- Auf – partiell balkanisierten – Märkten mit hohen Markteintrittskosten (bzw. relativ niedrigen Suchkosten) beschränkt sich der Effizienzgewinn eines Suchkostenrückgang auf den direkten Effekt des gesunkenen Suchaufwandes und auf die gesunkenen Transport- bzw. Anpassungskosten der Konsumenten (siehe die Gleichungen 3.68 bis 3.72). Die Existenz loyaler Kundengruppen festigt aber gerade bei niedrigen Suchkosten die Marktmacht der einzelnen Produzenten mit der Konsequenz, daß ein Rückgang der Suchkosten unter den Wert von $s = F/2$ keine weiteren Preissenkungen zur Folge hat.

- In beiden Marktsituationen führt ein Rückgang der Suchkosten zu einem gesamtwirtschaftlichen Wohlfahrtsanstieg, wobei dieser durch die indirekten Folgewirkungen der Suchkostensenkung verstärkt wird. Auf polypolistisch strukturierten Märkten fallen diese Folgewirkungen besonders ins Gewicht – im komparativ statischen Vergleich kommt es hier bei einem Rückgang der Suchkosten zu einer Ausdünnung der Variantenzahl, weshalb auch weniger Fixkosten anfallen. Von den Effizienzgewinnen profitieren allerdings nur die Konsumenten, die besser angepaßte Produkte zu günstigeren (bzw. gleichbleibenden) Preisen erhalten. Unter Berücksichtigung der Markteintrittskosten erwirtschaften die Unternehmen unabhängig von den Suchkosten nur Nullgewinne.

Die Einführung einer neuen, die Informationsbeschaffung vereinfachende Kommunikationstechnologie hat demnach je nach Marktstruktur unterschiedliche Auswirkungen auf die Effizienz eines differenzierten Produktmarktes. In einem polypolistischen Marktumfeld kommt es zu einem Preisrückgang, in dem sich – ähnlich wie auf homogenen Märkten – der Rückgang der Produktionskosten widerspiegelt. Ein zusätzlicher Effizienzanstieg ist darauf zurückzuführen, daß die Konsumenten nun Produkte erwerben, die ihren individuellen Präferenzen eher entsprechen. Bei relativ niedrigen Suchkosten gewinnt dieser Effekt gegenüber dem erstgenannten an Bedeutung.

Kommt es im Zuge des Technologiesprungs zu einem ausreichend starken Suchkostenrückgang, ist auch ein Wandel der Marktstruktur hin zu einem segmentierten Markt denkbar. Eine vermehrte Marktmacht der einzelnen Anbieter wäre die Folge – und hier ausnahmsweise ein Indiz für eine gesteigerte Leistungsfähigkeit des Marktes.

3.3 Fazit

Im dritten Kapitel wurden die beiden Möglichkeiten zur Übermittlung von Marktinformation auf die – zunächst unwissende – Nachfrageseite, nämlich Werbung und Suche, vorgestellt und jeweils erörtert, wie sich diese Wege der Informationsübertragung auf das Marktergebnis auswirken. Ausgehend von der These, daß die Einführung moderner Kommunikationssysteme die Kosten der Informationsübertragung reduziert, wurden die Konsequenzen dieser Informationskostensenkung auf die Effizienz eines Produktmarktes und die Aufteilung der Renten analysiert.

Prinzipiell ist Werbung ein effizienter Informationsträger, da durch Werbung unabhängig von der Höhe der Informationskosten ein funktionsfähiger Wettbewerb hergestellt und ineffiziente Produzenten vom Markteintritt abgehalten werden. Hohe Suchkosten behindern dagegen den Wettbewerb um Kunden, was dazu führt, daß auch unproduktive Güterhersteller im Markt bestehen können und durch ineffiziente Produktion Wohlfahrtsverluste entstehen, die die direkten Suchkosten meistens übersteigen.

Auf elektronischen Märkten verliert Werbung allerdings ihren Effizienzvorteil: Weil die Übertragungskosten nun niedriger sind, werden von den Werbetreibenden vermehrt Anzeigen geschalten, ohne dabei den negativen externen Effekt auf die Rezipienten von Werbung zu berücksichtigen. Jede Anzeige verursacht bekanntlich Lesekosten, und deren Höhe hat sich – im Gegensatz zu den Kosten der Informationsübermittlung – im Zuge des Technologiesprungs nicht verändert. Der Anstieg der Werbeintensität verursacht demzufolge einen Effizienzverlust, der umso höher ausfällt, je deutlicher die Informationskostensenkung ausfällt. Besonders drastisch zeigt sich dieser Effizienzverlust in den zahlreichen Werbe-E-Mails („Spam"), die jedes Jahr einen gesamtwirtschaftlichen Schaden in Milliardenhöhe verursachen.

Verringerte Suchkosten sorgen im Gegensatz dazu dafür, daß die Funktionsfähigkeit des Marktes besser gewährleistet wird und aus diesem Grund auch geringere Folgekosten auftreten. Zusammen mit den direkten Suchkosten sinken also auch die indirekt durch die Suche verursachten Kosten.

Empfehlungen für die Wettbewerbspolitik ergeben sich nur mit Blick auf den Werbemarkt: Das Versenden von Werbe-E-Mails sollte entweder verboten oder mit einer Strafsteuer belegt werden, um die negativen Externalitäten dieser Form der Informationsübertragung aufzufangen – zumal als Alternative das Einstellen von

Werbung auf Internetportalen offensteht. Eine andere Frage ist, ob sich ein solches Verbot vor allem gegenüber grenzüberschreitenden Werbe-E-Mails überhaupt durchsetzen ließe.

Kapitel 4

Kostensenkung und Produktdifferenzierung durch elektronische Koordination in Oligopolmärkten

Elektronische Koordination ermöglicht eine Innovation der Produktionstechnologie. Dieses Kapitel greift diesen Gedankengang auf und untersucht die Folgen für das Marktergebnis in Oligopolen. Dabei wird berücksichtigt, daß Innovation in verschiedene Richtungen erfolgen kann:

- Als Prozeßinnovation ändert sie den Vorgang der Leistungserstellung mit dem Ziel, Kosten einzusparen. Bezogen auf elektronische Koordination liegen denkbare Einsparungen hierbei im Bereich der Produktion und des Gütertransports, insbesondere zum Konsumenten.

- Ziel einer Produktinnovation ist dagegen eine Änderung der Güterqualität, bis hin zur Schaffung völlig neuer Güter, wobei das Ausmaß der Produktdifferenzierung als Indikator der Güterqualität dient. Hierbei ist zwischen horizontaler und vertikaler Differenzierung zu unterscheiden. Vertikale Produktdifferenzierung liegt vor, wenn alle Konsumenten bei identischen Preisen das Gut hoher Qualität gegenüber dem Gut mit geringerer Qualität bevorzugen. Als horizontale Produktdifferenzierung wird dagegen eine Qualitätsdifferenzierung gleichwertiger Güter bezeichnet. Ferreira und Thisse (1996) weisen darauf hin, daß in einem solchen Fall auf alle Güter eine positive Nachfrage entfällt, sofern sie zum gleichen Preis angeboten werden.[1]

In einem Oligopolmodell wird zunächst die Wirkung einer – als Kostensenkung dargestellten – Prozeßinnovation diskutiert, wobei sowohl ein differenzierter Preis- als auch ein differenzierter Mengenwettbewerb in Betracht gezogen wird, um sowohl digitale als auch physische Produktmärkte und die damit verbundenen spezifischen strategischen Effekte abbilden zu können. Ich gehe jeweils sowohl auf den Fall einer exogenen Kostensenkung als auch auf den Fall ein, in der eine (private) Investition in Kostensenkung erfolgt; im letzteren Fall wird insbesondere auf den marginalen Investitionsanreiz fokussiert. Von Interesse ist sowohl die Effizienz- als auch die Verteilungswirkung der zu untersuchenden Maßnahmen: Welche Auswirkungen auf die Gewinne der Unternehmen und auf die Konsumentenrente sind zu erwarten?

Eine Konkretisierung der Fragestellung erfolgt in den daran anschließenden Abschnitten des Kapitels. Hierbei wird auf die transportkostensenkende Wirkung elektronischer Koordination abgestellt, die einen Eintritt von Unternehmen in ferne Märkte begünstigt. Anhand eines stilisierten Dyopolmodells mit räumlich teilseparierten Gebieten werden der Investitionsanreiz und die Effizienz einer solchen transportkostensenkenden Maßnahme analysiert. Der Rahmen der konkretisierten Darstellung bietet sich zudem an, Aussagen über Kollusionsgefahren zu treffen, die für die Wirtschaftspolitik von Interesse sind.

Im letzten Teil des Kapitels soll mit Bezug auf die zuvor diskutierte Transportkostensenkung der Zusammenhang zwischen Produkt- und Prozeßinnovation beleuchtet werden. Die damit verbundene Fragestellung, ob die verminderte Markttrennung die Unternehmen zu einer vermehrten horizontalen Produktdifferenzierung veranlaßt und ob die Differenzierungsstrategie der Unternehmen effizient ist, wird am Schluß des Kapitels aufgeworfen.

4.1 Kostensenkung im Oligopol

Zahlreiche industrieökonomisch orientierte Aufsätze des letzten Vierteljahrhunderts, die sich mit Forschung, Entwicklung und Innovation beschäftigen, thematisieren die

[1] Zur Konzeption von horizontaler und vertikaler Produktdifferenzierung siehe auch Lancaster (1979, S. 26ff.).

Auswirkung von Kostensenkungen auf das Marktergebnis. Jedoch eignen sich nicht alle Ansätze für die Untersuchung der angesprochenen Fragestellungen: Der Idee des Innovations- oder Patentrennens (vgl. Shy, 2000, S. 224ff.) liegt beispielsweise zugrunde, daß Innovation ein stochastischer Prozeß ist und lediglich die Entdeckungswahrscheinlichkeit beeinflußt werden kann. Häufig wird zudem davon ausgegangen, daß die erfolgte Innovation drastisch ist – die damit verbundene Kostensenkung des Innovators hätte also eine Änderung der Marktstruktur zur Folge, die im Extremfall eine Monopolisierung des Marktes bedeutete.

Die Einführung elektronischer Koordination stellt sich hingegen als eine Innovation weniger drastischer Natur dar. Als organisatorische Restrukturierungsmaßnahme ist sie lediglich mit einem mäßigen Kostenrückgang verbunden, der aber mit weniger Unsicherheit über den Erfolg behaftet und somit verläßlicher prognostizierbar ist als eine drastische Innovation. Da mit dem Aufbau elektronischer Koordination Wissen nicht generiert, sondern umgesetzt bzw. angewendet wird, ist auch die Diskussion freiwilligen oder unfreiwilligen Wissenstransfers, wie sie beispielsweise von D'Aspremont und Jacquemin (1988) angesprochen wird, nur von untergeordneter Bedeutung.

Gerade im Oligopolwettbewerb spielt aber der strategische Effekt einer Kostensenkung eine wichtige Rolle zur Erklärung des Investitionsverhaltens von Unternehmen. Dies wird bereits von Brander und Spencer (1983) betont, die für den Fall des homogenen Cournot-Dyopols einen erhöhten Anreiz zur Investition in Kostensenkung feststellen. Dieses Ergebnis wird von Okuno-Fujiwara und Suzumura (1993) auf das Oligopol verallgemeinert. Die beiden japanischen Autoren untersuchen zudem die Effizienzwirkung des überhöhten Investitionsanreizes und stellen fest, daß schon bei einer geringen Unternehmenszahl Überinvestition zwangsläufig erfolgt. Bester und Petrakis (1993) schließlich weiten die Analyse auf differenzierte Produkte im Preis- und Mengenwettbewerb aus. Im Gegensatz zu den vorgenannten Autoren vergleichen sie den privaten Investitionsanreiz der Dyopolisten mit der erstbesten Lösung, in der nicht nur die Investitionshöhe, sondern auch die Ausbringungsmenge reguliert wird.

Im nun folgenden Abschnitt werden zunächst die Marktergebnisse des Preis- und Mengenwettbewerbs für ein Oligopol mit differenzierten Produkten und linearer Spezifikation berechnet, um im Anschluß die Effizienz einer asymmetrischen Kostensenkung, bei der lediglich die Produktionskosten eines Unternehmens reduziert werden, und deren Wirkung auf die Industriegewinne zu bestimmen. Es folgt eine Analyse der Effizienz einer Investition in (durch elektronische Koordination erzielte) Kostensenkung. Allerdings geht diese im Gegensatz zur Untersuchung von Bester und Petrakis (1993) davon aus, daß die einer Investitionsentscheidung nachgelagerte Outputstufe unreguliert bleibt – auf Oligopolmärkten ist eine direkte Regulierung der Produktionsmengen unüblich. Die aus der Literatur bekannten Ergebnisse werden dabei im wesentlichen bestätigt und erweitert. Mißverständnisse, denen die Interpretation der unterschiedlichen Investitionsanreize im Preis- und Mengenwettbewerb bisweilen unterliegt, werden dabei geklärt.

4.1.1 Modellrahmen

Die Darstellung des Oligopolmarktes, die das Fundament für die nachfolgenden Analysen bietet, folgt dem Ansatz von Spence (1976) sowie Dixit und Stiglitz (1977), nach dem jedes der N Unternehmen einer Industrie eine Variante eines symmetrisch differenzierten Produktes anbietet. Die Konsumentenseite wird anhand der linear-quadratischen Nutzenfunktion eines repräsentativen Konsumenten dargestellt:

$$U(x_1, \ldots, x_N; x_0) = \alpha \sum_{i=1}^{N} x_i - \frac{1}{2} \left(\sum_{i=1}^{N} x_i^2 + b \sum_{i=1}^{N} \sum_{i \neq j} x_i x_j \right) + x_0 \qquad (4.1)$$

Die Varianten des differenzierten Produktes werden hierbei durch die Indizes $i = 1, \ldots, N$ gekennzeichnet, während x_0 ein Numéraire darstellt, das außerhalb des betrachteten Sektors produziert wird und aufgrund der linearen Verknüpfung einen gleichbleibenden Grenznutzen des Einkommens gewährleistet. Von Einkommenseffekten wird somit abstrahiert.[2] Der Parameter α (es gilt $\alpha > 0$) kennzeichnet die Marktgröße, während b ($0 \leq b \leq 1$) der Kreuzableitung $\partial U/(\partial x_i \partial x_j)$ entspricht und für alle $i \neq j$ den Grad der Produktdifferenzierung mißt: Bei einem Wert von $b = 1$ stellen die Varianten perfekte Substitute dar; dies entspricht dem Fall eines homoge-

[2]Eine solche Annahme ist für Partialmarktbetrachtung üblich und findet sich (beispielsweise) bei Dixit (1979, S. 21f.). Wie bereits auf S. 4 erwähnt wurde, schreibt Friedman (1983, S. 52) zur Partialanalyse selbst: „Many economists believe that isolating economic phenomena for study is valid, arguing that the answers obtained will remain largely valid when placed in a wider context. Often this claim is true. Isolating certain economic phenomena and concentrating on others (i. e. partial versus general equilibrium) is no different in principle than isolating economic phenomena and ignoring the political."

nen Produktmarktes. Bei $b = 0$ besteht dagegen keine Substitutionsbeziehung mehr. Bei den Anbietern handelt es sich dann um N unabhängige Monopole.[3]

Zur Vereinfachung der Darstellung wird die Marktgröße auf $\alpha = 1$ normiert. Ferner sei angenommen, daß alle Unternehmen eine linear-homogene Produktionstechnologie verwenden. Folglich sind die Grenzkosten c_i jedes Produzenten konstant und entsprechen seinen Durchschnittskosten.

Das Nutzenmaximierungskalkül des repräsentativen Konsumenten erzeugt ein lineares inverses Nachfragesystem:

$$p_i = 1 - x_i - b \sum_{j \neq i} x_j \tag{4.2}$$

Die direkte Nachfrage als alternative Form der Darstellung erhält man durch eine Umformung dieses Gleichungssystems:

$$x_i = \frac{(1-b) - (1 - 2b + Nb)p_i + b \sum_{j \neq i} p_j}{(1-b)(1-b+Nb)} \tag{4.3}$$

Auf Grundlage der Nachfragefunktion und der Preisabsatzfunktion lassen sich nun die gleichgewichtigen Marktergebnisse des Preis- und Mengenwettbewerbs ermitteln.

Das Marktgleichgewicht des differenzierten Cournot-Wettbewerbs

Das Marktgleichgewicht des statischen Spiels wird im Mengenwettbewerb durch das Cournot-Nash-Gleichgewicht beschrieben. Dabei legen die N Unternehmen im Markt simultan ihre Produktionsmenge fest. Im vorliegenden, linearen Nachfragesystem kann zur Berechnung des Gleichgewichts die Aggregationsmethode eingesetzt

[3]Explizit werden hier nur Substitute betrachtet, auf die sich sämtliche Resultate dieses und des folgenden Kapitels beziehen. Bei komplementären Gütern ergeben sich hierzu symmetrische Resultate: Werden auf einem Gütermarkt (imperfekte) Komplemente gehandelt, also $-1 \leq b < 0$, so stellen die im Cournot-Wettbewerb getroffenen strategischen Mengenentscheidungen der Unternehmen strategische Komplemente dar, während die Preisentscheidungen des Bertrand-Wettbewerbs strategische Substitute sind. Wenn (wie im hier analysierten Fall) auf dem Markt Substitute gehandelt werden, sind Preisstrategien strategische Komplemente, während Mengenstrategien strategische Substitute darstellen (siehe Bulow et al., 1985, S. 494f.). Daher entspricht die strategische Preisentscheidung im Falle von Komplementen der Mengenstrategie bei Substituten. Analog gleichen sich die Ergebnisse für Komplemente im Mengenwettbewerb und Substitute im Preiswettbewerb.

werden.[4] Jeder Marktteilnehmer ist bestrebt, seinen Gewinn g_i zu maximieren:

$$\max_{x_i} g_i(x_i, x_{-i}) = p_i(x_i, x_{-i}) \cdot x_i - c_i \cdot x_i \tag{4.4}$$

Unter Verwendung von Gleichung (4.2) lautet die Bedingung erster Ordnung zur Maximierung des Unternehmensgewinnes wie folgt:[5]

$$1 - 2x_i - b\sum_{j \neq i} x_j - c_i = 0 \tag{4.5}$$

Als Reaktionsfunktion[6] $R_i(x_{-i})$ ergibt sich:

$$R_i(x_{-i}) = \frac{1}{2}\left(1 - c_i - b\sum_{j \neq i} x_j\right) \tag{4.6}$$

Im Marktgleichgewicht entspricht die aggregierte Reaktionsmenge aller Produzenten der gesamten Ausbringungsmenge:

$$\sum_{i=1}^{N} x_i = \frac{1}{2}\left(N - \sum_{i=1}^{N} c_i - b\sum_{i=1}^{N}\sum_{j \neq i} x_j\right) \tag{4.7}$$

Nach einer Umformung wird die gesamte Produktionsmenge des Marktgleichgewichtes ersichtlich:

$$\sum_{i=1}^{N} x_i = \frac{N - \sum_{j=1}^{N} c_j}{2 - b + Nb} \tag{4.8}$$

[4]Diese Methodik läßt sich immer dann anwenden, wenn die Auszahlung eines Spielers (also eines Unternehmens) in Abhängigkeit eines Aggregates sämtlicher Strategien abbildbar ist. Dieselbe Logik ermöglicht es in solchen Spielen, die Strategien der Gegenspieler in einer einzigen Variablen $x_{-i} = \sum_{j \neq i} x_j$ abzubilden. Eine praktische Einführung in die Methodik der Aggregationsbildung findet sich beispielsweise bei Wolfstetter (1999, S. 89ff.). Weiterführende Hinweise finden Sie auch im Abschnitt 5.1 dieser Arbeit.

[5]Die allgemeingültigen Kuhn-Tucker-Bedingungen für das Cournot-Marktgleichgewicht leitet beispielsweise Wolfstetter (1999, S. 90f.) her. Auf eine genaue Darstellung dieser Bedingungen wird an dieser Stelle verzichtet, da hier von strikt positiven Produktionsmengen aller Oligopolisten ausgegangen wird. Unter dieser Voraussetzung ist eine Vereinfachung der Maximalbedingung möglich, wie sie hier vorgenommen wird. Eine analoge Vorgehensweise findet sich bei Shapiro (1989, S. 334ff.) Die Bedingung zweiter Ordnung ist global mit $-2 < 0$ erfüllt.

[6]Die Reaktionsfunktion eines Spielers erfaßt dessen „beste Antworten“ auf eine beliebige (erwartete) Strategienkombination seiner Mitspieler (siehe Holler und Illing, 1991, S. 60). Im statischen Spiel ist eine dynamische Interpretation, wie sie u. a. von von Stackelberg (1951, S. 206ff.) geprägt wurde, unzulässig.

Ein Anstieg der Grenzkosten oder der Produkthomogenität verringert die gesamte Ausbringungsmenge des Marktes. Das Einsetzen dieses Wertes in die Reaktionsfunktionen aus Gleichung (4.6) liefert die gleichgewichtigen Produktionsmengen x_i^C der einzelnen Unternehmen i. Diese Ergebnisse können in Gleichung (4.2) zur Kalkulation der Marktpreise, sowie zur Berechnung des Gewinns herangezogen werden. Im einzelnen ergibt sich:[7]

$$x_i^C = \frac{2-b+b\sum_{j=1}^{N} c_j - (2-b+Nb)c_i}{(2-b)(2-b+Nb)} \tag{4.9}$$

$$p_i^C = \frac{2-b+b\sum_{j=1}^{N} c_j + (1-b)(2-b+Nb)c_i}{(2-b)(2-b+Nb)} \tag{4.10}$$

$$g_i^C = \left(x_i^C\right)^2 \tag{4.11}$$

Wenig überraschend ist die Beziehung zwischen der Produktionsmenge und der Höhe der Grenzkosten: Mit einem Anstieg der eigenen Grenzkosten c_i eines Unternehmens i geht die Absatzmenge und damit auch der Preisaufschlag auf die Grenzkosten der Produktion dieser Variante i zurück, während höhere durchschnittliche Grenzkosten $\bar{c} = \sum_{i=1}^{N} c_i/N$ auf dem Markt bei gleichbleibenden Kosten c_i des betrachteten Unternehmens zu einer Erhöhung von dessen Produktionsmenge führen.[8] Der Markteintritt unterbleibt bei Grenzkosten oberhalb von

$$c_i = \frac{2-b+\bar{c}}{2-b+Nb}. \tag{4.12}$$

Der Zusammenhang zwischen den Grenzkosten der Produktion c_i einer Firma i und den durchschnittlichen Herstellungskosten im Markt $\bar{c}$ wird auch anhand der folgenden Darstellung verdeutlicht, bei der $\tau_i^C(N,b) = x_i/\sum_{j=1}^{N} x_j$ den Marktanteil eines Produzenten i kennzeichnet:

$$\tau_i^C(N,b) = \frac{1}{N} + \frac{\bar{c}-c_i}{(2-b)\sum_{j=1}^{N} x_j} \tag{4.13}$$

[7] Nahezu identische Herleitungen dieses Marktgleichgewichts finden Sie in zahlreichen Aufsätzen, etwa bei Belleflamme (2001, S. 233).

[8] Beachten Sie bitte, daß die Höhe der durchschnittlichen Grenzkosten nicht den durchschnittlichen Produktionskosten $\sum_i(c_i x_i)/\sum x_i$ im Markt entspricht, da die einzelnen Unternehmen je nach Höhe ihrer individuellen Grenzkosten unterschiedlich viel produzieren. Soweit keine Verwechslungsgefahr besteht, wird hier der Begriff der Durchschnittskosten synonym für die durchschnittlichen Grenzkosten verwendet. Dieselbe Notation verwendet Wolfstetter (1999, S. 91).

Ein Unternehmen, das mit Grenzkosten in Höhe des Marktdurchschnitts $\bar{c}$ produziert, bedient $1/N$ des Marktes, während bei höheren Grenzkosten der Marktanteil darunter, bei Grenzkosten unterhalb des Durchschnittswertes darüber, liegt.

Das Marktgleichgewicht im differenzierten Preiswettbewerb

Das Marktgleichgewicht im differenzierten Preiswettbewerb ohne Kapazitätsbeschränkung wird analog ermittelt.[9] Die strategische Entscheidungsvariable der N Unternehmen ist jeweils der Produktpreis, den diese gewinnbringend festlegen:[10]

$$\max_{p_i} g_i(p_i, p_{-i}) = p_i \cdot x_i(p_i, p_{-i}) - c_i x_i \tag{4.14}$$

Die Bedingung erster Ordnung für ein Gewinnmaximum, die unter Verwendung von (4.3) hergeleitet wird, nimmt nun folgende Form an:[11]

$$\frac{1 - b - 2(1 - 2b + Nb)p_i + (1 - 2b + Nb)c_i + b\sum_{j \neq i} p_j}{(1 - b)(1 - b + Nb)} = 0 \tag{4.15}$$

Folgende Reaktionsfunktionen $R_i(p_{-i})$ resultieren daraus:

$$R_i(p_{-i}) = \frac{1 - b + (1 - 2b + Nb)c_i + b\sum_{j \neq i} p_j}{2(1 - 2b + Nb)} \tag{4.16}$$

Auch hier läßt sich das Marktgleichgewicht ermitteln, indem die Reaktionsfunktionen aller i Unternehmen aufsummiert werden:

$$\sum_{i=1}^{N} p_i = \frac{1}{2(1 - 2b + Nb)} \left((1 - b)N + (1 - 2b + Nb) \sum_{i=1}^{N} c_i + b \sum_{i=1}^{N} \sum_{j \neq i} p_j \right) \tag{4.17}$$

Den Mittelwert der Angebotspreise $\bar{p} = \sum_{i=1}^{N} p_i/N$ erhält man dann nach einer Umformung dieser Gleichung:

$$\bar{p} = \frac{(1 - b) + (1 - 2b + Nb)\bar{c}}{2 - 3b + Nb} \tag{4.18}$$

$$= \frac{(1 - b)(1 - \bar{c})}{2 - 3b + Nb} + \bar{c} \tag{4.19}$$

[9] Eine allgemeinere Darstellung des differenzierten Bertrand-Wettbewerbs finden Sie bei Shapiro (1989, S. 343).

[10] Analog zum Vorgehen von oben werden nun unter p_{-i} die Strategien der Gegenspieler des Unternehmens i subsummiert.

[11] Die Bedingung zweiter Ordnung ist mit $-2(1-2b+Nb)/((1-b)(1-b+Nb))$ für alle $b \in [0, 1[$ und $N \geq 1$ global erfüllt.

Der Durchschnittspreis steigt bei höheren Durchschnittskosten, er sinkt dagegen bei einer Zunahme der Substituierbarkeit. Die Gesamtproduktion der betrachteten Industrie errechnet sich als

$$\sum_{i=1}^{N} x_i = \frac{(1-\bar{c})(1-2b+Nb)N}{(2-3b+Nb)(1-b+Nb)}. \tag{4.20}$$

Wie zuvor im Mengenwettbewerb wirken sich höhere Produktionskosten auch im Preiswettbewerb absatzmindernd und preiserhöhend aus. Eine Zunahme des Grades der Produkthomogenität verschärft den Preiswettbewerb, weil bei hohen Werten von b der Zusatznutzen einer Produktvariante geringer ist und dies die entsprechende Nachfragekurve nach unten verschiebt. Dadurch sinken die Preise. Da die Preissenkung die Nachfrage stimuliert, ist der Mengeneffekt einer Erhöhung von b im Dyopol ambivalent. Die minimale Ausbringungsmenge wird dort bei $b = 1/2$ erreicht. In Oligopolen mit mehr als zwei Unternehmen dominiert der Effekt der Nachfrageausweitung den der Preissenkung. Daher wirkt sich eine Verringerung der Substituierbarkeit auf solchen Märkten absatzsteigernd aus.

Die individuellen Preisstrategien der Unternehmen erhält man wiederum durch Einsetzen in die entsprechende Reaktionsfunktion (4.16). Mit Hilfe von Gleichung (4.3) lassen sich zudem die Absatzmengen und Gewinne der einzelnen Anbieter bestimmen:

$$\begin{aligned} p_i^B &= \frac{(1-b)(2-3b+2Nb)}{(2-3b+2Nb)(2-3b+Nb)} \\ &\quad + \frac{b(1-2b+Nb)\sum_{j=1}^{N} c_j + (2-3b+Nb)(1-2b+Nb)c_i}{(2-3b+2Nb)(2-3b+Nb)} \end{aligned} \tag{4.21}$$

$$\begin{aligned} x_i^B &= \frac{(1-2b+Nb)((1-b)(2-3b+2Nb)+b(1-2b+Nb)\sum_{j=1}^{N} c_j)}{(1-b)(2-3b+Nb)(1-b+Nb)(2-3b+2Nb)} \\ &\quad - \frac{(1-2b+Nb)(2-3b+Nb)(1-b+Nb)c_i}{(1-b)(2-3b+Nb)(1-b+Nb)(2-3b+2Nb)} \end{aligned} \tag{4.22}$$

$$\begin{aligned} g_i^B &= x_i^B(p_i^B - c_i) \\ &= \left(x_i^B\right)^2 \cdot \frac{(1-b)(1-b+Nb)}{1-2b+Nb} \end{aligned} \tag{4.23}$$

Die qualitativen Resultate ähneln auch hier dem zuvor untersuchten Cournot-Spiel: Der Preis für eine Produktvariante ist mit der Höhe der Grenzkosten korreliert, während der Preisaufschlag auf die Kosten und die Absatzmenge bei einem Anstieg von c_i zurückgehen. Die Gewinne des betrachteten Produzenten sinken demnach, wenn c_i steigt. Eine umgekehrte Wirkung auf ein einzelnes Unternehmen hat ein Anstieg der Durchschnittskosten des Gesamtmarktes. Die Höhe der eigenen Produktionskosten spielen auch eine entscheidende Rolle bei der Markteintrittsentscheidung. Ein Markteintritt findet nur statt bei Grenzkosten unterhalb von

$$c_i = \frac{(1-b)(2-3b+Nb)+b(1-2b+Nb)\bar{c}}{(2-3b+Nb)(1-b+Nb)}. \tag{4.24}$$

Wie im Mengenwettbewerb hängt der Marktanteil eines Unternehmens von der relativen Höhe seiner Grenzkosten ab. Dies wird durch die folgende Formel konkretisiert, die analog zur Darstellung in Gleichung (4.13) mit $\tau_i^B(N,b) = x_i / \sum_{i=1}^N x_i$ den Marktanteil eines Variantenherstellers i bezeichnet.

$$\tau_i^B(N,b) = \frac{1}{N} + \frac{(\bar{c}-c_i)(1-2b+Nb)}{(1-b)(2-3b+Nb)\sum_{j=1}^N x_j} \tag{4.25}$$

4.1.2 Wirkungen einer Kostensenkung im Oligopol

Während auf polypolistisch organisierten Märkten eine Produktionskostensenkung allgemein als wohlfahrtsverbessernd angesehen werden kann, gilt dies für Oligopolmärkte nur eingeschränkt. Auf solchen Märkten treten im Zusammenhang mit der Kostensenkung eines Produzenten strategische Effekte auf, die zusätzlich zu berücksichtigen sind:

- Mankiw und Whinston (1986) weisen darauf hin, daß ein Oligopolist im Zuge einer Kostensenkung seinen Marktanteil auch zu Lasten seiner Konkurrenten vergrößert. Dieses „business stealing" (im folgenden auch als „Nachfrageumlenkungseffekt" der Kostensenkung bezeichnet) kann wohlfahrtsschädlich sein, wenn auf diese Weise Nachfrage von effizienteren Produzenten weggelenkt wird und somit die durchschnittlichen Produktionskosten steigen.

- Ferner internalisiert ein Unternehmen weder die negative Auswirkung seiner Kostensenkung auf die Gewinne der Konkurrenten, noch den positiven Effekt für die Konsumenten, die von niedrigeren Preisen profitieren. Infolgedessen sind die Investitionsanreize der Firmen bei Entscheidungen über kostensenkende Maßnahmen verzerrt.

Die potentiell negative Wirkung einer Kostensenkung, wie sie infolge einer Nachfrageumlenkung auftritt, beschreibt schon Schmalensee (1976), dessen Fallbeispiel hier in leicht veränderter Form angeführt wird:

Schmalensee betrachtet ein homogenes Cournot-Dyopol, das durch die Preisabsatzfunktion $p = 1 - x_1 - x_2$ dargestellt wird. Die Indizes $\{1, 2\}$ kennzeichnen die beiden Firmen mit asymmetrischer Produktionstechnologie: Unternehmen 1 produziert als effizientes Unternehmen zu normierten Grenzkosten von 0, während sich die Grenzkosten des Konkurrenzunternehmens auf $c_2 \in (0; 1/2)$ belaufen. Oberhalb von $c_2 = 1/2$ folgt Marktaustritt.

Die Lösung der beiden Gewinnmaximierungsprobleme ergibt ein lineares Gleichungssystem, bestehend aus den beiden Reaktionsfunktionen $R_1(x_2) = (1 - x_2)/2$ sowie $R_2(x_1) = (1 - x_1 - c_2)/2$. Das Cournot-Nash-Gleichgewicht wird durch die Strategien $x_1^C = (1 + c_2)/3$ und $x_2^C = (1 - 2c_2)/3$, sowie den Marktpreis $p^C = (1 + c_2)/3$ charakterisiert. Die Gesamtwohlfahrt setzt sich aus der Konsumentenrente $(x_1^C + x_2^C)^2/2$ und der Produzentenrente $(x_1^C)^2 + (x_2^C)^2$ zusammen.

Die Gesamtwohlfahrt liegt im Dyopol bei $(8 - 8c_2 + 11c_2^2)/18$, während im Monopol ein sozialer Überschuß in Höhe von 3/8 erzielt wird. Wie ein Vergleich dieser Werte verdeutlicht, werden bei Grenzkosten zwischen $5/22 < c_2 < 1/2$ im Monopol die höheren Renten geschaffen. In diesem Bereich wirkt ein (diskreter) Anstieg von c_2 wohlfahrtserhöhend, da damit ein Rückgang des Marktanteils des ineffizienten Produzenten verbunden ist.

Eine ähnliche Effizienzanalyse wird nun für das oben dargestellte Oligopolmodell durchgeführt, wobei – im Gegensatz zu Schmalensees Fallbeispiel – auch differenzierte Produktmärkte mit Preis- und Mengenwettbewerb berücksichtigt werden. Untersucht wird die Effizienz- und Verteilungswirkung einer (zunächst) exogenen Grenzkostensenkung dc_i eines Variantenherstellers. Um auch die strategischen Effekte zu berücksichtigen, gehe ich davon aus, daß die Kostensenkung auch von den anderen Marktteilnehmern beobachtet werden kann. Erst im zweiten Schritt wählen alle Marktteilnehmer simultan die Strategien des Wettbewerbsspiels. Anstelle einer diskreten – wie bei Schmalensee (1976) – stellt hier eine marginale Kostensenkung den Ausgangspunkt der folgenden Untersuchung dar. Folgen eventueller Marktaustritte, die etwa bei einer genügend drastischen diskreten Kostenreduktion auftreten könnten, müssen dann nicht berücksichtigt werden.

Wirkung einer exogenen Kostensenkung

Sowohl im Cournot-Oligopol als auch im Preiswettbewerb treten bei einem Kostenrückgang dc_i neben dem Gewinnanstieg beim direkt betroffenen Unternehmen i weitere Wohlfahrtseffekte auf, und zwar sowohl in Form sinkender Gewinne bei der Konkurrenz als auch in Form eines Anstiegs der Kosumentenrente. Beide Externalitäten werden durch die Preissenkungen hervorgerufen:

$$\frac{dW}{dc_i} = \frac{dg_i}{dc_i} + \frac{dKR}{dc_i} + \sum_{j \neq i} \frac{dg_j}{dc_i} \tag{4.26}$$

Obwohl der Wert der Konsumentenrente nur durch direktes Einsetzen in die linear-quadratische Nutzenfunktion berechnet werden kann (vgl. Vives, 1985), läßt sich die Ableitung dKR/dc_i sehr viel einfacher bestimmen: Da die Variation eines optimierten Konsumplans betrachtet wird, ist es gemäß dem Umhüllendentheorem ausreichend, lediglich den direkten Effekt der Preisänderung auf die Konsumentenrente zu berücksichtigen, der sich in der Lockerung der Budgetrestriktion widerspiegelt. Beim vorgegebenen konstanten Grenznutzen des Einkommens von eins entspricht die marginale Zunahme der Konsumentenrente also gerade der Kostenersparnis $x_i \cdot \partial p_i / \partial c_i + \sum_{j \neq i} x_j \cdot \partial p_j / \partial c_i$. Der enge Zusammenhang zwischen dem Preisaufschlag $p - c$ der einzelnen Unternehmen und deren Output x (vgl. die Gleichungen 4.11 bzw. 4.23) ermöglicht es zudem, die Gewinnänderung von i als $2x_i \cdot \partial(p_i - c_i)/\partial c_i$ und die einer Firma j als $2x_j \cdot \partial(p_j - c_j)/\partial c_i$ zu schreiben.[12] Gleichung (4.26) kann nun in folgende Form gebracht werden:[13]

$$\frac{dW}{dc_i} = 2x_i \cdot \frac{\partial(p_i - c_i)}{\partial c_i} + \sum_{j \neq i} 2x_j \cdot \frac{\partial(p_j - c_j)}{\partial c_i} - x_i \cdot \frac{\partial p_i}{\partial c_i} - \sum_{j \neq i} x_j \cdot \frac{\partial p_j}{\partial c_i} \tag{4.27}$$

Da ein Rückgang von c_i keinerlei Auswirkung auf die Grenzkosten der Konkurrenten hat, gilt $\partial c_j / \partial c_i = 0$. Außerdem ist $\partial c_i / \partial c_i = 1$. Nach geringfügigen Umstellungen ergibt sich dann folgende Effizienzbedingung für eine Kostensenkung:

$$2x_i \cdot \left(\frac{\partial p_i}{\partial c_i} - 1 \right) - x_i \cdot \frac{\partial p_i}{\partial c_i} + \frac{\partial p_j}{\partial c_i} \cdot \sum_{j \neq i} x_j \leq 0 \tag{4.28}$$

[12] Aus $g_i = (p_i - c_i)x_i$ und Gleichung (4.11) geht hervor, daß im Cournot-Nash-Gleichgewicht $x_i^C = p_i^C - c_i$ ist. Für den Preiswettbewerb folgt aus (4.23) der Zusammenhang $p_i^B - c_i = (1 - b)(1 - b + Nb)x_i^B / (1 - 2b + Nb)$.

[13] Um eine Mehrfachschreibung zu vermeiden, habe ich bei den folgenden Gleichungen, die sowohl für Preis- als auch Mengenwettbewerb gelten, auf die zugehörigen Indizes $\{B, C\}$ verzichtet.

Ist diese Bedingung nicht erfüllt, wäre ein Kostenanstieg wohlfahrtserhöhend – was gleichbedeutend mit einer Wohlfahrtsreduktion bei sinkenden Grenzkosten c_i eines Unternehmens ist.

Für den Mengenwettbewerb sind die Ableitungen $\partial p_i^C / \partial c_i$ und $\partial p_j^C / \partial c_i$ aus der Gleichung (4.10) herleitbar. Letztere entspricht nach einer Umwidmung der Variablen i und j der marginalen Preisänderung, die aus einer Variation der Kosten c_j eines fremden Unternehmens resultiert, die sich zwar auf die Kostensumme $\sum_{j=1}^{N} c_j$, nicht aber auf die Grenzkosten des betrachteten Unternehmens i auswirkt. Die Ableitungen lauten folgendermaßen:

$$\frac{\partial p_i^C}{\partial c_i} = \frac{2-b+(1-b)(N-1)}{(2-b)(2-b+Nb)} \tag{4.29}$$

$$\frac{\partial p_j^C}{\partial c_i} = \frac{b}{(2-b)(2-b+Nb)} \tag{4.30}$$

Durch Einsetzen dieser Werte in die Effizienzbedingung (4.28) läßt sich nun der Zusammenhang zwischen der Effizienz einer Kostenreduktion und dem Marktanteil des direkt betroffenen Unternehmens darstellen:

$$\tau_{i(k)}^C(N,b) \geq \frac{b}{(3-b)(2-b+Nb)} \tag{4.31}$$

Liegt der Marktanteil unterhalb dieses kritischen Wertes, reduziert sich die Gesamtwohlfahrt bei einem Grenzkostenrückgang des betrachteten Herstellers i. Der Einfluß der Produktheterogenität auf die Effizienz einer Kostenreduktion wird durch die Differenzierung des kritischen Wertes $\tau_{i(k)}^C(N,b)$, also der Untergrenze des Marktanteils, nach b deutlich:

$$\frac{\partial \tau_{i(k)}^C(N,b)}{\partial b} = \frac{6+(N-1)b^2}{(3-b)^2(2-b+Nb)^2} \tag{4.32}$$

Durch Augenschein ist erkennbar, daß der Wert dieser Ableitung im Definitionsbereich größer als Null ist. Mit zunehmender Produktheterogenität verliert die negative Externalität des „business stealing" an Bedeutung. Je stärker die Produkte voneinander differenziert sind, desto geringer muß also der Anteil eines Unternehmens am gesamten Industrieoutput sein, damit eine Kostensenkung dieses Produzenten auch gesamtwirtschaftlich effizient ist.

Bemerkung 4.1 $\tau_{i(k)}^C(N,b) < 1/(2N)$. *Die Obergrenze* $1/(2N)$ *des kritischen Marktanteils* $\tau_{i(k)}^C$ *ergibt sich im homogenen Cournot-Oligopol für eine große Un-*

ternehmensanzahl ($N \to \infty$).[14] *Auf differenzierten Produktmärkten ist die gesamtwirtschaftliche Effizienz einer Kostensenkung schon bei niedrigeren Marktanteilen gesichert.*

Im Preiswettbewerb werden die entsprechenden Ableitungen $\partial p_i^B/\partial c_i$ und $\partial p_j^B/\partial c_i$ durch die Differenzierung der Gleichung (4.21) nach den Argumenten c_i und c_j hergeleitet. Im einzelnen ergibt sich:

$$\frac{\partial p_i^B}{\partial c_i} = \frac{(1-2b+Nb)(2-2b+Nb)}{(2-3b+Nb)(2-3b+2Nb)} \tag{4.33}$$

$$\frac{\partial p_j^B}{\partial c_i} = \frac{b(1-2b+Nb)}{(2-3b+Nb)(2-3b+2Nb)} \tag{4.34}$$

Der Marktanteil eines kostenreduzierenden Unternehmens, den dieses erreichen muß, damit die marginale Reduktion seiner Grenzkosten die gesamtwirtschaftliche Effizienz steigert, wird wiederum durch Einsetzen der Ableitungswerte in Gleichung (4.28) ausgerechnet:

$$\tau_{i(k)}^B(N,b) = \frac{b(1-2b+Nb)}{(2-3b+Nb)(3-4b+3Nb)} \tag{4.35}$$

Die gesamtwirtschaftliche Wohlfahrt wird reduziert, wenn die Grenzkosten c_i eines Unternehmens um einen infinitesimalen Betrag sinken und dessen Marktanteil unterhalb des kritischen Wertes $\tau_{i(k)}^B(N,b)$ liegt. Die Ableitung von $\tau_{i(k)}^B(N,b)$ nach dem Grad der Produktsubstituierbarkeit b ergibt:

$$\frac{\partial \tau_{i(k)}^B(N,b)}{\partial b} = \frac{(1-b)(6(1-b)+12b(N-1)) + b^2(2(N-1)+6(N-1)^2)}{(2-3b+Nb)^2(3-4b+3Nb)} \tag{4.36}$$

Auch hier ist durch Augenschein zu erkennen, daß eine Zunahme von b einen Anstieg des kritischen Wertes $\tau_{i(k)}^B(N,b)$ bewirkt. Bei differenzierten Produkten ist die Effizienz einer Kostensenkung also schon bei einem vergleichsweise niedrigeren Marktanteil der entsprechenden Variante gewährleistet.

[14] Praktisch erfolgt mit wachsendem N ein Übergang zu vollkommener Konkurrenz. Der hier betrachtete Grenzfall ist demnach nur von theoretischer Bedeutung. Der Grenzwert $1/(2N)$ wird auch auf konzentrierten Märkten nahezu erreicht: Für $b = 1$ und $N = 10$ ergibt sich ein exakter Wert von $\tau_{i(k)}^C(N,b) = 1/22$, wobei der Näherungswert von $1/20$ nur unwesentlich unterschritten wird. Man beachte, daß ein Oligopol mit zehn Anbietern den Herfindahl-Indexwert von 0,1 übersteigt und damit gemäß der Definition des US-Justizministeriums als „moderately concentrated" gilt.

Bemerkung 4.2 $\tau^B_{i(k)}(N,b) < 1/(3N)$. *Der obere Grenzwert $1/(3N)$ für den kritischen Marktanteil $\tau^B_{i(k)}$ ergibt sich in einem Preisoligopol mit großer Unternehmenszahl ($N \to \infty$). Im Vergleich zu Märkten mit Mengenwettbewerb wird das Effizienzkriterium hier schon bei einem niedrigeren Marktanteil des Unternehmens mit gesunkenen Grenzkosten erreicht.*

Sowohl auf Märkten mit Preis- als auch mit Mengenwettbewerb verschlechtert eine Kostensenkung eines einzelnen Unternehmens das gesamtwirtschaftliche Ergebnis nur dann, wenn der Marktanteil dieses Produzenten sehr gering ist und unterhalb des Durchschnittswertes von $1/N$ liegt. Aus den Gleichungen (4.13) und (4.25) geht hervor, daß in beiden betrachteten strategischen Wettbewerbssituationen ein linearer Zusammenhang zwischen dem Marktanteil und der relativen Produktionseffizienz eines Herstellers besteht: Je höher die Grenzkosten der Produktion einer Variante sind, desto geringer ist der Anteil des betreffenden Herstellers am gesamten Industrieabsatz. Eine marginale Kostensenkung eines Unternehmens führt demnach nur dann zu einem Rückgang der Gesamtwohlfahrt, wenn die Grenzkosten dieser Firma deutlich über dem Marktdurchschnitt liegen.

Kimmel (1992) untersucht die Wirkung einer exogenen Kostensenkung eines Einzelunternehmens auf die Gewinne der Branche.[15] Um eine solche Untersuchung auch im Rahmen des hier dargestellten Oligopolmodells durchzuführen, wird aus Gleichung (4.26) die Wirkung einer Kostensenkung auf die Konsumentenrente ausgeblendet. Ein Gewinnanstieg der Branche infolge eines exogenen Kostenschocks auf ein Einzelunternehmen ist also dann festzustellen, wenn

$$2x_i \cdot \left(\frac{\partial p_i}{\partial c_i} - 1\right) + \sum_{j \neq i} 2x_j \cdot \frac{\partial (p_j - c_j)}{\partial c_i} \leq 0. \tag{4.37}$$

Für Preis- und Mengenwettbewerb soll nun untersucht werden, bei welchem Marktanteil des von der exogenen Kostensenkung betroffenen Unternehmens diese sich nicht auf den Industriegewinn auswirkt. Dies ist dann der Fall, wenn der Gewinnanstieg des Produzenten i mit marginal gesunkenen Grenzkosten gerade dem Gewinnrückgang entspricht, der sich aufgrund der aggressiveren Strategie dieses Unternehmens bei dessen Konkurrenten einstellt. Im Cournot-Wettbewerb ergibt sich

[15] Kimmel (1992) betrachtet allerdings ein homogenes Cournot-Oligopol mit konstanter Preiselastizität der Nachfrage, während hier die Untersuchung auf den Preiswettbewerb und differenzierte Produkte ausgedehnt wird.

dieser Marktanteil $\tau^{C}_{i(g)}(N,b)$ durch Einsetzen der Ableitungen $\partial p^C_i/\partial c_i$ und $\partial p^C_j/\partial c_i$ aus den Gleichungen (4.29) und (4.30) in Formel (4.37):

$$\tau^{C}_{i(g)}(N,b) = \frac{b}{2-b+Nb} \tag{4.38}$$

Unterhalb dieses Schwellenwerts sinkt der Branchengewinn. Für jede beliebige Anzahl an Oligopolisten ist $\tau^{C}_{i(g)}(N,b)$ umso höher, je höher der Grad der Substituierbarkeit b zwischen den Varianten ist:

$$\frac{\partial \tau^{C}_{i(g)}(N,b)}{\partial b} = \frac{2}{(2-b+Nb)^2} \tag{4.39}$$

Bemerkung 4.3 $\tau^{C}_{i(g)}(N,b) < 1/N$. *Für den Schwellenwert* $\tau^{C}_{i(g)}$ *ergibt sich der obere Grenzwert* $1/N$ *(annähernd) im homogenen Cournot-Oligopol und einer großen Unternehmenszahl* $(N \to \infty)$. *In engen Oligopolen und auf differenzierten Produktmärkten ist schon bei einem niedrigeren Marktanteil ein zumindest gleichbleibender Industriegewinn gesichert. Im homogenen Dyopol liegt dieser Wert beispielsweise bei* $1/3$.

Für Märkte mit Preiswettbewerb kann der Marktanteil analog berechnet werden, indem die entsprechenden Werte für $\partial p^B_i/\partial c_i$ und $\partial p^B_j/\partial c_i$ aus den Gleichungen (4.33) und (4.34) in die Marginalbedingung (4.37) eingesetzt werden und diese nach $\tau^{B}_{i(g)}(N,b)$ aufgelöst wird:

$$\tau^{B}_{i(g)}(N,b) = \frac{b(1-2b+Nb)}{(2-3b+Nb)(1-b+Nb)} \tag{4.40}$$

Auch hier wächst der kritische Wert $\tau^{B}_{i(g)}(N,b)$ mit steigender Homogenität der Produktvarianten. Ersichtlich wird dies bei einer Inspektion der entsprechenden Ableitung $\partial \tau^{B}_{i(g)}/\partial b$:

$$\frac{\tau^{B}_{i(g)}(N,b)}{\partial b} = \frac{2(1-b)^2 + 4b(1-b)(N-1) + b^2(2(N-1)^2 + N - 1)}{(2-3b+Nb)^2(1-b+Nb)^2} \tag{4.41}$$

Bemerkung 4.4 $\tau^{B}_{i(g)}(N,b) < 1/N$. *Die Obergrenze* $1/N$ *des Schwellenwertes* $\tau^{B}_{i(g)}$ *ergibt sich für beliebige* N *bei nahezu homogenen Produktvarianten.*[16] *Im Dyopol liegt die Obergrenze des kritischen Marktanteils* $\tau^{B}_{i(g)}$ *des kostensenkenden Unternehmens bei* $1/2$ *und wird für den Fall nahezu homogener Produkte annähernd erreicht.*

[16]Bitte beachten Sie, daß im Preiswettbewerb der homogene Produktmarkt $b = 1$ einen Grenzfall darstellt und als solcher nicht definiert ist.

Im Preiswettbewerb muß ein Unternehmen einen vergleichsweise hohen Marktanteil halten, damit seine Kostensenkung sich nicht zu Lasten des Branchengewinns auswirkt. Dies wirft ein Schlaglicht auf die unterschiedlichen strategischen Situationen des Preis- und Mengenwettbewerbs: Kostensenkungen eines Unternehmens werden im Preiswettbewerb zu einem größeren Teil an die Konsumenten weitergegeben, die davon profitieren. Leidtragende sind stärker als im Mengenwettbewerb die Konkurrenten, die aufgrund der gesteigerten Marktaggressivität Gewinnrückgänge hinnehmen müssen.

Anreize zur Investition in Kostensenkung

Die Annahme einer exogenen Kostensenkung wird nun fallengelassen. Stattdessen gehe ich davon aus, daß ein betrachtetes Unternehmen i in einer ersten Stufe eines zweistufigen Spiels eine private Investition vornimmt, um seine Produktionskosten zu senken. Diese Kostensenkung wird dann in der zweiten Stufe des Preis- oder Mengenwettbewerbs wirksam. Als $I_i(c_i)$ wird nun die zugehörige Investitionskostenfunktion von Firma i bezeichnet. Sie ist für alle $c_i \geq 0$ definiert und beschreibt die Höhe der Investitionskosten, die anfallen, um die Grenzkosten der betroffenen Firma auf den Wert c_i zu senken. Die Produktionskosten der Konkurrenten $j \neq i$ werden von dieser Investition nicht beeinflußt – Spillovers treten also nicht auf. Da die Investitionskosten umso niedriger ausfallen, je höher die Grenzkosten der Herstellung, c_i, verbleiben, gilt $I_i'(c_i) < 0$. Ferner wird angenommen, daß zusätzliche Investitionen die verbliebenen Grenzkosten mit abnehmender Rate senken, d. h. $I_i''(c_i) \geq 0$. Eine solche Annahme wird der Tatsache gerecht, daß bei Investitionen in Prozeßinnovation aus einem Bündel von Maßnahmen, die zur Kostensenkung geeignet sind, gemäß dem ökonomischen Prinzip zunächst diejenigen mit vergleichsweise hoher Effektivität zur Anwendung kommen.

Die im vorangegangenen Abschnitt eingeführte Marginalanalyse soll hier fortgeführt werden. Es wird also angenommen, daß die Höhe der verbleibenden Grenzkosten c_i eines Produzenten i die innere Lösung seines Gewinnmaximierungsproblems darstellt,[17] in dem sowohl die Investitionskosten der ersten Stufe als auch die Ge-

[17]Beachten Sie bitte, daß bei der vorliegenden Gestalt der Investitionskostenfunktion die Bedingung zweiter Ordnung für ein Gewinnmaximum nicht zwingend erfüllt ist. Genauso wenig ist die Erfüllung der Bedingung erster Ordnung gesichert.

winne des Wettbewerbsspieles auf Stufe 2 berücksichtigt sind:[18]

$$\frac{dG_i}{dc_i} = \frac{dg_i}{dc_i} - \frac{dI_i}{dc_i} = 0 \tag{4.42}$$

Es stellt sich nun die Frage, ob die private Investitionsentscheidung von Firma i auch sozial optimal ist. Ausgehend von dieser Investitionsentscheidung bleibt bei einer marginalen Senkung von c_i – anders als im zuvor untersuchten Fall einer exogenen Reduktion von c_i – der Gewinn des Unternehmens i selbst unverändert.[19] Die externen Effekte auf die Konsumentenrente und die Gewinne der übrigen Unternehmen bleiben gleichwohl bestehen. Ausgehend von der Referenzformel (4.26), die die Wohlfahrtswirkung einer Kostensenkung beschreibt, kann nun die Gewinnänderung $-dg_i/dc_i$ des investierenden Unternehmens in der formalen Analyse ignoriert werden. Anstelle der Effizienzbedingung (4.28) ergibt sich nun die folgende:

$$\frac{\partial p_j}{\partial c_i} \cdot \sum_{j \neq i} x_j - x_i \cdot \frac{\partial p_i}{\partial c_i} = 0 \tag{4.43}$$

Zu beachten ist, daß diese Bedingung mit Gleichheit erfüllt sein muß, da sowohl ein zu geringes Maß an kostensenkender Investition (also eine Unterinvestition) als auch eine zu hohe Investition (dies wird als Überinvestition bezeichnet) die gesamtwirtschaftliche Wohlfahrt reduzieren.

Im Mengenwettbewerb ergibt sich nun unter Verwendung der Ableitungen (4.29) und (4.30) folgender Marktanteil $\tau^C_{i(i)}(N,b)$ des kostensenkenden Unternehmens, der die Effizienzbedingung (4.43) erfüllt:

$$\tau^C_{i(i)}(N,b) = \frac{b}{2 + b(1-b)(N-1)} \tag{4.44}$$

Auch hier steigt dieser Marktanteil mit zunehmendem b:

$$\frac{\partial \tau^C_{i(i)}(N,b)}{\partial b} = \frac{2 - b^2 + Nb^2}{(2 + b(1-b)(N-1))^2} \tag{4.45}$$

Bemerkung 4.5 $\tau^C_{i(i)}(N,b) \leq 1/2$. *Auf homogenen Produktmärkten und Mengenwettbewerb ist bei einem Marktanteil $\tau^C_{i(i)}$ von 1/2 die marginale private Investitionsentscheidung auch gesamtwirtschaftlich effizient. Liegt der Marktanteil darunter, wird aus gesamtwirtschaftlicher Sicht zu viel investiert („Überinvestition"), bei*

[18] Als G_i wird der Gesamtgewinn des Unternehmens i bezeichnet. Auf eine zusätzliche Kennzeichnung der Lösung des Maximierungsproblems, c_i, wird hier aufgrund fehlender Verwechslungsmöglichkeiten verzichtet.

[19] Dies folgt unmittelbar aus der Gültigkeit der Bedingung (4.42).

höheren Marktanteilen zu wenig („Unterinvestition"). Ausgehend von der privaten Investitionsentscheidung eines Unternehmens, wäre eine weitergehende Investition in Kostensenkung immer dann wohlfahrtsverbessernd, sobald dieses Unternehmen einen Marktanteil von 1/2 überschreitet. Bei heterogenen Gütern ist dies schon bei einem niedrigeren Marktanteil gewährleistet.

Der Marktanteil $\tau^B_{i(i)}(N,b)$, bei dem eine (marginale) private Investitionsentscheidung bei Preiswettbewerb gerade effizient ist, ergibt sich, indem die zugehörigen Ableitungen $\partial p^B_i/\partial c_i$ und $\partial p^B_j/\partial c_i$ (siehe Gleichungen 4.33 und 4.34) in die Marginalbedingung (4.43) eingesetzt werden. Man erhält:

$$\tau^B_{i(i)}(N,b) = \frac{b}{2-b+Nb} \tag{4.46}$$

Ein marginaler Anstieg von b wirkt sich positiv auf diesen Marktanteil aus (siehe Gleichung 4.39).

Bemerkung 4.6 $\tau^B_{i(i)}(N,b) < 1/N$. *Die Obergrenze* $1/N$ *des Schwellenwerts* $\tau^B_{i(i)}(N,b)$ *wird im Preiswettbewerb für nahezu homogene Güter* ($b \to 1$) *und eine große Anzahl Unternehmen* ($N \to \infty$) *annähernd erreicht. In engen Oligopolen und auf differenzierten Produktmärkten ist schon bei einem niedrigeren Marktanteil eine marginale Investition effizient.*

4.1.3 Bewertung der Ergebnisse

Vergleich der kritischen Marktanteile

Die Zusammenfassung der soeben berechneten „kritischen" Marktanteile zu einer Ungleichungskette erleichtert den Vergleich dieser Werte und vereinfacht somit die Interpretation der Ergebnisse. Abhängig vom Grad der Substituierbarkeit erhält man folgende Ketten:[20]

$$\tau^C_{i(k)} \leq \tau^B_{i(k)} \leq \tau^B_{i(i)} = \tau^C_{i(g)} \leq \tau^B_{i(g)} \leq \tau^C_{i(i)} \quad \text{falls} \quad b \leq 1/(N-2) \tag{4.47}$$

$$\tau^B_{i(k)} < \tau^C_{i(k)} < \tau^B_{i(i)} = \tau^C_{i(g)} \leq \tau^B_{i(g)} \leq \tau^C_{i(i)} \quad \text{falls} \quad b > 1/(N-2) \tag{4.48}$$

[20] Da b zwischen 0 (unabhängige Güter) und 1 (homogene Güter) liegt, ist der Fall (4.48) nur für $N \geq 4$ definiert. Bei der Interpretation der Ungleichungskette ist zu beachten, daß ein gleicher Marktanteil im Preis- und Mengenwettbewerb im allgemeinen nicht auf identische (relative) Grenzkosten der betrachteten Unternehmen zurückzuführen ist.

Aus einer gesamtwirtschaftlichen Perspektive heraus läßt sich die Auswirkung einer exogenen Kostensenkung dc_i unabhängig von der Wettbewerbsstrategie in zwei Teile zerlegen: Der Kosteneffekt besteht darin, daß das Unternehmen mit gesunkenen Kosten die gleiche Produktionsmenge nun mit einem geringeren Aufwand herstellen kann. Als Nachfrageumlenkung wird dagegen die mit der Kostenreduktion verbundene Ausweitung des Marktanteils zu Lasten der Konkurrenten bezeichnet.[21] Sie führt zu Wohlfahrtsverlusten, wenn die Produktion weg von effizienteren Unternehmen hin zu einem ineffizienten Produzenten verlagert wird, wenn also die Produktionsgrenzkosten c_i der betrachteten Firma über dem Industriedurchschnitt $\bar{c}$ liegen.

Bei einem Unternehmen mit einem sehr geringen Marktanteil $\tau_i < \tau_{i(k)}$ dominiert der negative Wohlfahrtseffekt der Nachfrageumlenkung: Anhand der Gleichungen (4.13) und (4.25) wurde bereits erläutert, daß der geringe Absatz eines solchen Produzenten auf seine überdurchschnittlich hohen Herstellungskosten zurückzuführen ist, die Kluft zu den Durchschnittskosten also besonders ausgeprägt ist, während die positive Wirkung des Kosteneffekts aufgrund der geringen Produktionsmenge des von der Kostensenkung betroffenen Unternehmens nur eine geringe Rolle spielt.

Durchweg positiv wirkt sich der durch die Kostensenkung induzierte Preisrückgang für die Kunden aus: Er verursacht eine Umverteilung der Rente zugunsten der Konsumenten, aber auch einen zusätzlichen Wohlfahrtsgewinn durch eine Ausweitung der Produktionsmengen.

Bei einem Marktanteil des kostensenkenden Unternehmens von $\tau_{i(k)}$ halten sich die negative Auswirkung eines Anstiegs der Gesamtkosten und der positive Effekt einer marginalen Preissenkung auf die Konsumentenrente die Waage. Steigt der Marktanteil des Kostensenkers über dieses Niveau hinaus, schwindet die Bedeutung des Kostenargumentes oder verkehrt sich sogar ins Gegenteil, wenn die Kostensenkung bei einem Unternehmen mit unterdurchschnittlich hohen Produktionskosten auftritt und dieses damit Nachfrage von weniger effizienten Produzenten an sich

[21] Um Mißverständnissen vorzubeugen, sei hier darauf hingewiesen, daß der Nachfrageumlenkungseffekt nicht mit dem „strategischen Effekt“ übereinstimmt, welcher je nach Form des Wettbewerbs unterschiedlich ausfällt, während der Effekt der Nachfrageumlenkung – bezogen auf eine asymmetrische Kostensenkung – immer positiv ist. So wird auch im Preiswettbewerb Nachfrage auf das Unternehmen mit reduzierten Kosten gelenkt; der Absatz der Konkurrenzunternehmen mit unverändert hohen Grenzkosten sinkt daher. Der negative strategische Effekt besteht darin, daß aufgrund der strategischen Verhaltensänderung dieser Unternehmen (also ihrer aggressiveren Preisstrategien) ihr Absatzrückgang abgefedert wird.

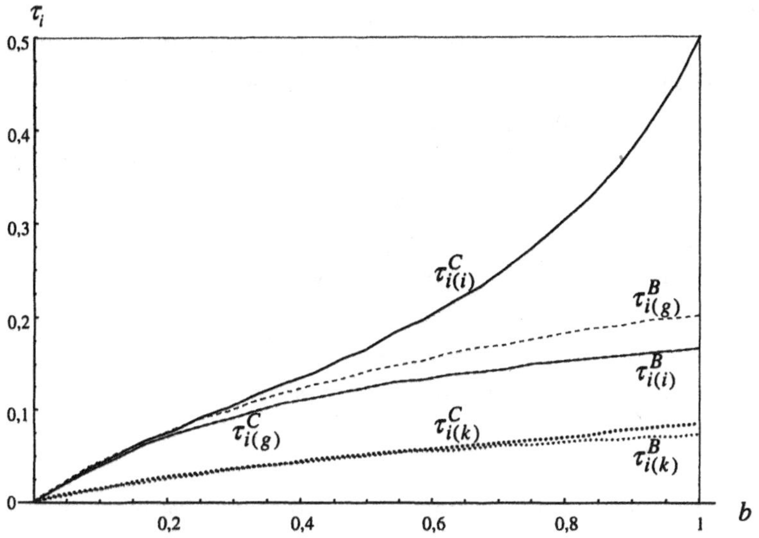

Abbildung 4.1: Kritische Marktanteile im engen Oligopol ($N = 5$)

zieht. Der Wohlfahrtsgewinn einer Kostensenkung nimmt folglich mit dem Marktanteil des entsprechenden Unternehmens zu.

Wie auch aus der Abbildung 4.1 zu ersehen ist – in dieser Abbildung wird beispielhaft für ein enges Oligopol ein Markt mit fünf Unternehmen betrachtet – liegen die kritischen Werte $\tau_{i(g)}$ und $\tau_{i(i)}$ jeweils oberhalb des Schwellenwertes $\tau_{i(k)}$. Dies liegt daran, daß bei deren Berechnung positive externe Effekte außer Acht gelassen werden bzw. weitere negative Effekte hinzukommen: Wenn das Effizienzkriterium am Branchengewinn bemessen wird ($\tau_{i(g)}$), so wird die positive Auswirkung einer Kostensenkung auf die Konsumentenrente ignoriert, und bei der Kalkulation des kritischen Wertes $\tau_{i(i)}$ wurde zusätzlich der negative Wohlfahrtseffekt der kostensenkenden Investition berücksichtigt. Anhand der Gleichungen (4.47) und (4.48) werden aber auch Unterschiede zwischen Preis- und Mengenwettbewerb erkennbar, die es zu erklären gilt.

Unterschiede zwischen Preis- und Mengenwettbewerb

Der Anreiz zur Kostensenkung ist auf Märkten mit Preiswettbewerb geringer als bei strategischer Mengensetzung. Begründet wird dies mit dem strategischen Effekt einer Kostensenkung, der im Cournot-Wettbewerb positiv, und damit dem direkten Effekt der Kostensenkung gleichgerichtet ist (vgl. Lin und Saggi, 2002, S. 206). Da Mengenstrategien im hier analysierten Markt strategische Substitute darstellen, reagieren die Konkurrenzunternehmen auf eine Kostensenkung – und dem damit einhergehenden Anstieg der Ausbringungsmenge des Unternehmens mit reduzierten Kosten – mit einer Zurücknahme ihrer eigenen Aggressivität. Im Preiswettbewerb (also im Falle strategischen Komplementen) erhöhen die Wettbewerber dagegen nach einem Rückgang von c_i ihre Aggressivität, indem sie die Preise senken.[22] Der strategische Effekt dieses Preisrückgangs wirkt dann der Kosteneinsparung entgegen.

Die unterschiedlichen Richtungen des strategischen Effektes im Bertrand- und Cournot-Modell können auch mit Blick auf die Änderung der Residualnachfrage erklärt werden: Diese verschiebt sich im Mengenwettbewerb nach oben, während im Preiswettbewerb eine umgekehrte Bewegung zu verzeichnen ist. Direkte Folge der unterschiedlichen strategischen Effekte ist dann die Tatsache, daß aufgrund der aggressiveren Reaktionen auf eine Kostensenkung im Bertrand-Wettbewerb eher mit einem Rückgang der Branchengewinne zu rechnen ist, als im Cournot-Spiel.

Die Stärke eines Investitionsanreizes im Vergleich zu einer nicht strategischen Situation läßt dennoch keine Rückschlüsse auf eine Über- oder Unterinvestition im Vergleich zum sozialen Optimum zu. Um festzustellen, ob eine private Investition in Kostensenkung aus gesamtwirtschaftlicher Sicht exzessiv oder zu gering ausfällt, müssen alle externen Effekte einer Preis- und Kostensenkung in die Kalkulation einbezogen werden. Im Preiswettbewerb ist sowohl die negative Externalität, die eine Kostensenkung auf die Gewinne der restlichen Unternehmen ausübt, als auch der positive Effekt auf die Konsumentenrente stärker ausgeprägt als auf Märkten mit Mengenwettbewerb. Eine eindeutige Identifikation einer bestimmten Wettbewerbssituation mit Über- oder Unterinvestition ist daher nicht möglich.

[22]Werden im betrachteten Markt Substitute gehandelt (das entspricht dem hier analysierten Fall von $0 < b \leq 1$), so handelt es sich bei Preisstrategien um strategische Komplemente, während Mengenstrategien strategische Substitute sind. Bei imperfekten Komplementen ($b < 0$) ist das Gegenteil der Fall (siehe auch die entsprechende Fußnote auf S. 99).

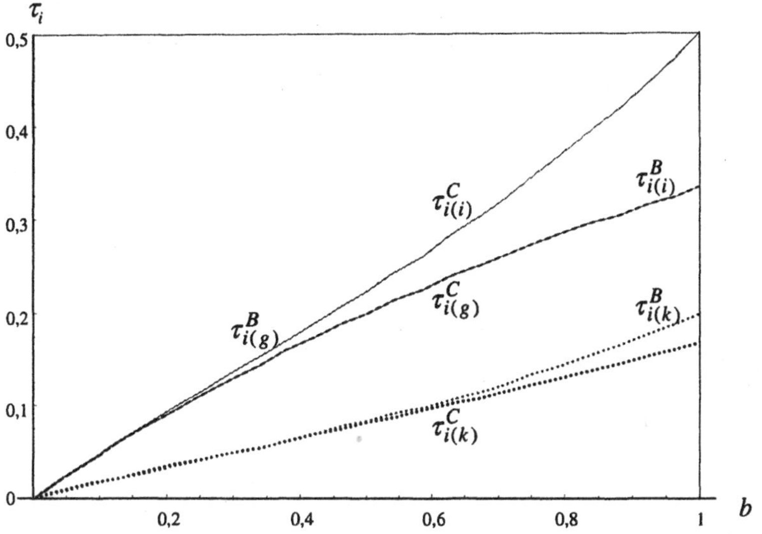

Abbildung 4.2: Kritische Marktanteile im Dyopol

Weite Oligopole vs. Dyopol

Ein weiterer Unterschied zwischen Preis- und Mengenwettbewerb spielt nur in Oligopolen mit mehr als zwei Teilnehmern eine nennenswerte Rolle. Er wird durch Vergleich der Abbildungen 4.2 und 4.3 deutlich. Während sich die kritischen Marktanteile im Preisoligopol jeweils an der Unternehmenszahl N orientieren, gilt dies im Mengenwettbewerb nicht für die Grenzlinie effizienter Investition: Im homogenen Cournot-Wettbewerb ist unabhängig von N eine Investition in Kostensenkung dann effizient, wenn der Marktanteil des entsprechenden Unternehmens bei $1/2$ liegt. In weiten Mengenoligopolen werden solche Investitionen demnach nur von Produzenten mit (je nach Anzahl N der Wettbewerber mehr oder weniger deutlich) unterdurchschnittlich hohen Grenzkosten im effizienten Ausmaß durchgeführt. Unternehmen mit durchschnittlichen Produktionskosten investieren hingegen aus gesamtwirtschaftlicher Sicht zu viel in Kostensenkung.

Während im homogenen Cournot-Oligopol eine Strategieänderung dx_i eines Unternehmens mit reduzierten Produktionskosten einen gleichmäßigen Preisrückgang

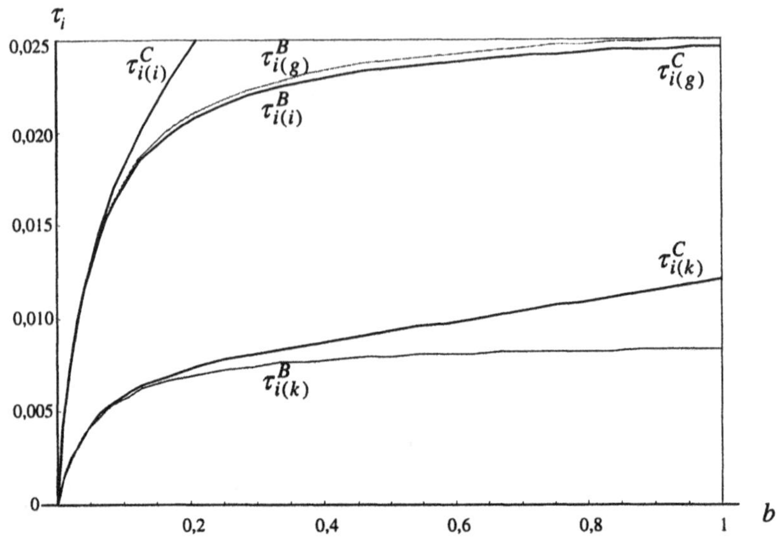

Abbildung 4.3: Kritische Marktanteile im weiten Oligopol ($N = 40$)

sämtlicher Hersteller – also auch der Konkurrenten mit unverändert hohen Grenzkosten – zur Folge hat, fällt im Preiswettbewerb die Preisreduktion des Anbieters mit gesunkenen Kosten im allgemeinen deutlicher aus als die Preisreaktion seiner Konkurrenten, und je mehr Unternehmen auf diesem Markt aktiv sind, desto weniger wird deren Angebotsverhalten von der Preissetzung eines einzelnen Anbieters beeinflußt. Insbesondere in weiten Oligopolen mit Preiswettbewerb profitieren daher die Konsumenten vor allem vom Preisrückgang dp_i des Anbieters mit niedrigeren Grenzkosten, aber im vergleichsweise bescheidenen Ausmaß von der Verhaltensreaktion (also den niedrigeren Preisen) der Konkurrenzanbieter. Im Gegensatz zur erzwungenen Preisanpassung dieser Konkurrenten ist der Preisrückgang dp_i Indiz für eine tatsächliche Kosteneinsparung, die an die Konsumenten weitergereicht wird. Je höher N ist, desto stärker ist bei einem gleichbleibenden Marktanteil des kostensenkenden Unternehmens die relative Bedeutung dieses positiven externen Effektes, während der Einfluß des negativen externen Effektes einer Kostensenkung, der Gewinnrückgang der Unternehmen mit gleichbleibend hohen Grenzkosten, im weiten

Preisoligopol schwindet. Überinvestition ist daher im Preiswettbewerb unabhängig von N auf Unternehmen mit einem Marktanteil unter $1/N$, also auf überdurchschnittlich teure Produzenten, beschränkt.

Ein wesentlicher Unterschied zwischen den Ergebnissen des Preis- und des Mengenwettbewerbs besteht demzufolge darin, daß bei letzterem eine Zunahme der Anzahl der Wettbewerber mit einer Tendenz zur Unterinvestition einhergeht, während auf Märkten mit Preiswettbewerb solche Tendenzen nicht festzustellen sind. Die qualitativen Ergebnisse bleiben dennoch jeweils bestehen. Dies wird anhand der beiden Gleichungen (4.47) und (4.48) deutlich: Die Reihung der kritischen Werte bleibt unabhängig von der Unternehmenszahl N unverändert. Damit einhergehend unterscheidet sich zwar der exakte Verlauf der einzelnen Grenzlinien je nach Unternehmensanzahl N, die Aussage über die Wirkungszusammenhänge der einzelnen Effekte bleibt jedoch davon unberührt.

4.2 Transportkostensenkung durch elektronische Koordination

4.2.1 Technologie und Transportkosten

Die wirtschaftliche Bedeutung der Transporttechnologie wurde insbesondere von deutschsprachigen Ökonomen wie beispielsweise von von Thünen (1966) und Launhardt (1963, S. 149ff.) schon frühzeitig erkannt.[23] Dabei mag es auch eine Rolle gespielt haben, daß Güter in diesen Ländern meist über den teuren Landweg transportiert werden mußten. In der heutigen Zeit bestehen kaum noch Zweifel, daß der dramatische Rückgang der Frachtkosten in der letzten Hälfte des 19. Jahrhunderts, die der Nutzbarmachung der Dampfkraft und den damit verbundenen technologischen Neuerungen zu verdanken war, eine der wesentlichen Antriebskräfte für das damalige Wachstum des Außenhandelsvolumens war und damit einen wichtigen Beitrag zur Industrialisierung Kontinentaleuropas und Nordamerikas geleistet hat (siehe Rostow, 1960, S. 55). Auch heute läßt sich mit der unterschiedlichen Leistungsfähigkeit der Transportinfrastruktur in Industrie- und Entwicklungsländern ein gewichti-

[23] Bei den zitierten Quellen handelt es sich um Nachdrucke früherer Auflagen. „Der isolierte Staat in Beziehung auf Landwirtschaft und Ökonomie“ erschien erstmalig im Jahre 1826, Launhardts „Mathematische Begründung der Volkswirtschaftslehre“ im Jahre 1885.

ger Teil des Wohlstandsgefälles zwischen diesen Ländern erklären (vgl. Economist, 2002, S. 67).

Aus mikroökonomischer Sicht entsteht einem marktfernen Unternehmen durch dessen Transportkosten ein Wettbewerbsnachteil. Hierbei sind nicht nur die Frachtkosten des Gütertransports zu beachten. Andere Kosten fallen zunächst bei den Konsumenten einer Leistung an, beispielsweise in Form von Wegekosten, um zum Friseur oder zur Bank zu gelangen, oder sie machen sich in der verminderten Qualität des Kundendienstes bemerkbar. Diese Kosten reduzieren die Zahlungsbereitschaft eines Kunden und können diesen sogar dazu veranlassen, trotz ungünstigerer Konditionen statt des marktfernen einen lokalen Anbieter zu wählen. Unabhängig davon, bei wem diese Kosten anfallen, wird die Traglast von Transportkosten also zwischen Produzenten und Konsumenten aufgeteilt. Im Verständnis dieser Arbeit werden aus diesem Grunde sämtliche im weitesten Sinne entfernungsabhängige Kosten als Transportkosten aufgefaßt.

Elektronische Koordination vermag es, Transportkosten zu senken. Besonders offensichtlich ist dies bei digitalen Gütern: Wenn Musikstücke oder Software von der Website eines Anbieters heruntergeladen werden, erübrigt sich der Transport einer CD vom Softwareproduzenten zum Käufer. Auf diese Weise werden die (variablen) Stückkosten für den Transport des digitalisierten Gutes nahezu komplett eingespart. Die quantitative Bedeutung dieses Effekts hängt davon ab, welchen Anteil die Transportkosten des herkömmlichen Vertriebsweges an den Gesamtkosten haben: Bei geringwertigen Gütern wie einzelnen Musiktiteln oder Software-Ergänzungsprogrammen, die als perfekte Komplemente häufig im Preis eines Software-Paketes inbegriffen sind, wäre ein herkömmlicher Vertrieb in vielen Fällen prohibitiv teuer – insbesondere, wenn neben den Frachtkosten beim Kunden Wege- oder Installationskosten anfallen, die bei einer Distribution auf elektronischem Wege vermieden werden. Auch durch die Abwicklungen von Banktransaktionen über das Internet werden Transportkosten reduziert (siehe Simon und Crameri (1998), insbesondere S. 74, und Dzienziol et al. (2002)): Der zusätzliche Vertriebskanal ermöglicht es dem Kunden, Bankgeschäfte von zu Hause aus zu erledigen und somit Zeit- und Wegekosten einzusparen. Vor allem für entfernt wohnende Kunden steigert dies die Attraktivität einer solchen Bank.

Nicht immer ist die transportkostensenkende Wirkung elektronischer Koordination so offensichtlich. Berger und DeYoung (2002) belegen beispielsweise für das

US-amerikanische Bankensystem, daß aufgrund des technologischen Fortschritts im Zeitraum zwischen 1985 und 1998 ein Rückgang von entfernungsabhängigen Agency-Kosten festzustellen war. Dieser Rückgang habe dazu geführt, daß die meisten Geschäftsbanken über die Jahre hinweg ihr Filialnetz räumlich ausgedehnt haben[24] und gleichzeitig die Kontrolle der Zentrale über die Filialbanken zugenommen hat. Petersen und Rajan (2000) dokumentieren ähnliche Ergebnisse mit Blick auf die Kreditvergabepraxis an kleine mittelständische Unternehmen. Betrug die mittlere Entfernung eines Kleinunternehmers zur kreditvergebenden Bank in den 70er Jahren etwas mehr als 25 km, so ist diese inzwischen auf über hundert Kilometer angewachsen. Petersen und Rajan (2000) begründen diese Entwicklung vor allem mit den Fortschritten der Datenverarbeitung, die es ermöglichen, Firmendaten zeitnah zu erhalten, zu verwerten und zu kommunizieren. Dies verbessert eine objektive Überwachung und Kontrolle von Schuldnern, insbesondere wenn diese aufgrund der Entfernung zur Gläubigerbank deren Mitarbeitern nicht persönlich bekannt sind.

Bei physischen Produkten wie Computern oder Kleidung ist eine Online-Zustellung natürlich nicht möglich. Elektronischer Handel ist bei solchen Produkten gewöhnlich mit einer geänderten Form der Distribution verbunden: Meist werden diese Güter im Direktvertrieb zugesandt. Im Gegensatz zur Situation bei digitalen Gütern ist hier allerdings nicht ohne weiteres klar, welcher Effekt bei einer Umstellung auf Direktvertrieb zu erwarten wäre. Einerseits sind die Transportstückkosten bei einer Einzelbelieferung der Kunden eventuell sogar teurer als der Gütertransport in einzelne Geschäftsstellen. Andererseits können durch softwaregestützte Logistikplanung Frachtpläne aufeinander abgestimmt und auf diese Weise Transportkosten eingespart werden.[25] Zudem ist zu bedenken, daß die Opportunitätskosten der Kunden durch eine Direktzustellung reduziert werden. Mit Sicherheit fällt jedoch ein Rückgang der variablen Transportkosten bescheidener aus als bei digitalen Produkten.

[24]Berger und DeYoung (2002, S. 1) stellen einen Zuwachs der mittleren Entfernung zwischen der größten Geschäftsstelle und den übrigen Filialen von knapp 200 km im Jahr 1985 auf über 300 km im Jahr 1998 fest.

[25]Beispielsweise wird mit Hilfe von Programmen wie etwa dem Software-Paket „Georoute“ die Routenplanung im Vergleich zur händischen Berechnung erheblich vereinfacht (vgl. Lapalme et al., 1992). Wie Lapalme et al. (1992, S. 81) hervorheben, bedienen sich auch diese Programme heuristischer Algorithmen, da eine allgemeine Lösung für das sogenannte „Problem eines Handelsreisenden“ bislang noch nicht gefunden ist.

Im vorangegangenen Abschnitt 4.1 wurde gezeigt, daß aufgrund der damit verbundenen Nachfrageumlenkung eine Grenzkostensenkung im Oligopol nicht immer effizient ist. Transportkosten können als eine spezifische Art von Grenzkosten interpretiert werden. Mit Hilfe der Ergebnisse aus Abschnitt 4.1 soll nun die Effizienzwirkung einer Transportkostensenkung analysiert werden, wie sie durch elektronische Koordination herbeigerufen werden kann. In der Modellierung werden die Unterschiede zwischen digitalen und nicht-digitalen Gütern berücksichtigt: Bei physischen Produkten stellt die Kapazitätsentscheidung in der Regel eine wichtige strategische Entscheidungsvariable dar. Somit dürfte Mengenwettbewerb angemessen sein, da dieser als reduzierte Form eines zweistufigen Spiels mit Kapazitätswahl in der ersten und Preiswettbewerb in der zweiten Stufe interpretierbar ist (siehe Kreps und Scheinkman (1983), sowie Güth (1995) für den Fall differenzierter Produkte). Digitale Güter können dagegen nahezu unbegrenzt zu vernachlässigbaren Kosten vervielfältigt werden. Da die Kapazitätsentscheidung hierbei nur eine untergeordnete Rolle spielt, ist es für diese Gütermärkte plausibel, den Produktpreis als die strategische Entscheidungsvariable anzusehen. Die Produzenten digitaler Güter befinden sich also im Preiswettbewerb. Zudem wird das unterschiedliche Ausmaß der Transportkostensenkung digitaler und physischer Produkte berücksichtigt: Während die Transportkosten digitaler Güter theoretisch bis auf Null reduziert werden können, existiert bei physischen Produkten aufgrund deren Beschaffenheit eine natürliche Untergrenze größer als Null.

Zwei Faktoren sind für einen Transportkostenrückgang verantwortlich: Zum einen der Technologieschock selbst – also die Invention elektronisch koordinierter Märkte –, auf den das betrachtete Unternehmen keinen Einfluß hat. Diese neue Technik steht allen Unternehmen gleichermaßen zur Verfügung. Zum anderen kann das Ausmaß der tatsächlich erfolgten Transportkostensenkung davon abhängen, in welcher Höhe der jeweilige Unternehmer bereit ist, in komplementäre Technologien zu investieren. Dies sei am Beispiel eines Buchhändlers demonstriert: Zur Registrierung einer eigenen E-Mail-Adresse ist von Seiten des Händlers keine private Investition in signifikanter Höhe nötig. Dennoch wird es dadurch seinen Kunden ermöglicht, ihm Bestellwünsche zuzuschicken und somit Wegekosten oder zumindest die Zeit eines Telephonats einzusparen. Eine Eingabemaske auf der Homepage dieses Händlers, mit deren Hilfe der Bestellvorgang automatisch durchgeführt und die Lieferadresse des Käufers erfaßt wird, erspart diesem auch die Abholung und damit den Weg zum Händler. Allerdings erfordert ein solches System vom Händler deutlich höhere private Investitionen. In einem weiteren Schritt könnte der Buchhändler seinen Kunden die Möglichkeit einer Kreditkartenzahlung über das Internet anbieten. Auf diese Weise wird den Käufern der Weg zur Bank erspart.

Der Modellansatz berücksichtigt beide Möglichkeiten: Zunächst wird die Effizienzwirkung analysiert, wenn elektronische Koordination die Transportkosten eines Anbieters mindert, ohne daß private Investitionen erforderlich sind. Im Anschluß daran wird davon ausgegangen, daß eine (weitergehende) Transportkostensenkung nur möglich ist, wenn das betreffende Unternehmen in einem ersten Schritt Investitionen in den Aufbau eines elektronischen Koordinationssystems vornimmt. Die Effizienz einer solchen Investition wird insbesondere mit Blick auf einen marginalen Investitionsanreiz analysiert.

4.2.2 Darstellung des Grundmodells

Modellrahmen

Der Analyserahmen geht auf eine Modellstruktur zurück, die ursprünglich von Morasch und Welzel (2000) entwickelt wurde: Zwei geographisch voneinander getrennte Teilmärkte[26] identischer Größe werden jeweils von einem lokalen Unternehmen mit auf Null normierten Transportkosten und, sofern die Transportkosten nicht prohibitiv sind, von seinem Konkurrenten aus dem anderen Markt bedient. Jedes Unternehmen produziert dabei eine Variante eines symmetrisch differenzierten Gutes, wobei die Konsumenten eine Präferenz für Produktdifferenzierung haben und der Grad der Produktdifferenzierung exogen gegeben ist. Zur Anwendung kommt dabei das von Dixit und Stiglitz (1977) und Spence (1976) entwickelte Konzept einer linear-quadratischen Spezifizierung, das bereits im Abschnitt 4.1 vorgestellt wurde. Ferner wird angenommen, daß die Produktionskostenfunktionen linear homogen sind und Arbitrage zwischen den Märkten nicht möglich ist.[27] Unter diesen Voraussetzungen

[26] Als Teilmarkt wird im folgenden der lokale Markt eines Unternehmers bezeichnet, sofern eine Unterscheidung zum Gesamtmarkt oder zum Produktmarkt notwendig erscheint.

[27] Zumindest bei physischen Produkten scheint Arbitrage aufgrund verbleibender Transportkosten ausgeschlossen. Zudem ist bei Dienstleistungen eine Leistungsübertragung in der Regel nicht möglich. Bei digitalen Produkten, deren kostenfreier Transport in den gebietsfremden Markt durch die Einführung elektronischer Koordination ermöglicht würde, ist Arbitrage zwar durchführbar, aber – zumindest im Ergebnis – aufgrund identischer Preise auf beiden Märkten nicht rentabel.

werden die Preis- bzw. Produktionsentscheidungen auf den einzelnen Märkten unabhängig voneinander getroffen.[28] Die formale Analyse kann daher auf einen dieser beiden Teilmärkte beschränkt werden, ehe die Modellinterpretation wieder auf das Gesamtmodell Bezug nimmt.

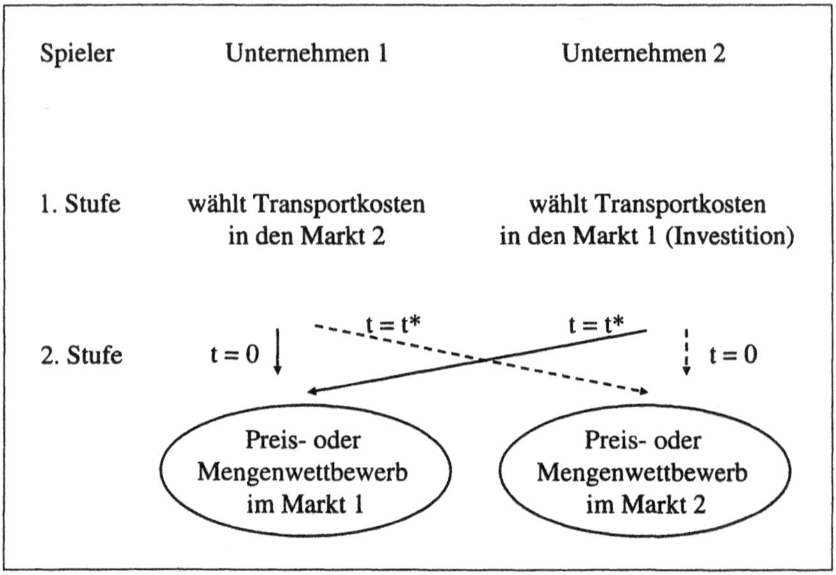

Abbildung 4.4: Aufbau des zweistufigen Modells

Wie aus Abbildung 4.4 ersichtlich wird, besteht das Modell aus zwei aufeinanderfolgenden Stufen:

- Auf der ersten Stufe wird die Höhe der Transportkosten des Unternehmens aus dem geographisch entfernten Markt, Unternehmen 2, festgesetzt. Diese Festsetzung erfolgt exogen (also aufgrund der verfügbaren Technologie) bzw. endogen, indem das marktferne Unternehmen (also Unternehmen 2) über sein Investitionsniveau I und damit über die Höhe seiner Transportkosten entscheidet. Der lokale Wettbewerber, der als Unternehmen 1 bezeichnet wird, ist in dieser Stufe inaktiv, da auch in der Ausgangssituation keine Transportkosten

[28] Diese Erkenntnis geht auf Brander und Krugman (1983) zurück, die eine ähnliche Modellstruktur zur Analyse wechselseitigen Dumpings verwenden.

anfallen. Im Gesamtmodell werden in dieser Stufe auch die Transportkosten dieses Unternehmens in den anderen Markt festgesetzt. Diese Entscheidung ist allerdings für den Wettbewerb im lokalen Markt von Unternehmen 1 ohne Bedeutung.

- Auf der zweiten Stufe befinden sich die Dyopolisten je nach Wettbewerbssituation im differenzierten Preis- oder Mengenwettbewerb und setzen ihre Strategien fest. Über die Höhe der verbleibenden Transportkosten des marktfernen Unternehmens, die sich aus der Entscheidung der ersten Stufe ergibt, sind die Unternehmen zum Zeitpunkt der Strategiewahl informiert. Falls die Transportkosten von Unternehmen 2 nicht auf Null reduziert wurden, ergibt sich dann ein Wettbewerb mit asymmetrischer Kostenstruktur.

Zunächst wird das Marktergebnis der zweiten Stufe für ein gegebenes Transportkostenniveau t des zweiten Unternehmens betrachtet. Die Nachfrageseite wird hierbei durch die linear-quadratische Nutzenfunktion des repräsentativen Konsumenten

$$U(x_1, x_2; x_0) = \alpha(x_1 + x_2) - \frac{1}{2}(x_1^2 + x_2^2 + 2bx_1x_2) + x_0 \tag{4.49}$$

abgebildet, wobei x_1 und x_2 den Konsum der jeweiligen Variante des differenzierten Gutes darstellen, die von Unternehmen 1 bzw. 2 hergestellt wird, und x_0 bezeichnet den entsprechenden Konsum eines Numéraire, das in einem anderen Sektor der Ökonomie produziert wird und eine Normierung des Grenznutzens des Einkommens auf eins sicherstellt. Der Parameter α ist ein Maß für die Marktgröße, während b den Grad der Substituierbarkeit angibt und zwischen $b = 0$ bei unabhängigen Gütern und $b = 1$ bei perfekten Substituten liegt. Die hier betrachtete Nutzenfunktion stellt also eine Konkretisierung der in Gleichung (4.1) formulierten Nutzenfunktion für den Dyopolfall dar.

Zur Vereinfachung der Berechnung wird der Marktgrößenparameter α auf eins normiert. Desweiteren werden die variablen Durchschnittskosten der Produktion auf Null normiert, d. h. $c_1(x_1) = c_2(x_2) = 0$, da auf die Wirkung der Transportkostensenkung fokussiert werden soll.[29] Ausgehend von der eben beschriebenen Nutzenfunktion mit einem Parameterwert von $\alpha = 1$, ergibt die Nutzenmaximierung der

[29] Wird lediglich ein Markt betrachtet, so stellt dieser also eine Konkretisierung des Oligopolmodells aus Abschnitt 4.1 mit $N = 2$, $c_i = 0$ und Grenzkosten $c_j = 0 + t = t$ dar. Die nun folgenden Berechnungen erhält man somit auch durch Einsetzen dieser Werte $N = 2$, $c_i = 0$ und $c_j = t$ in die Resultate des Unterabschnitts 4.1.1.

Konsumenten nun folgende lineare Preisabsatzfunktionen (siehe Bandulet und Morasch, 2003a, S. 6):

$$p_i = 1 - x_i - bx_j \qquad \text{mit} \qquad j \neq i \tag{4.50}$$

Mit deren Hilfe ist eine Berechnung des simultanen Nash-Gleichgewichts im differenzierten Cournot-Wettbewerb möglich. Die direkten Nachfragefunktionen, die zur Ermittlung des Ergebnisses des Preiswettbewerbs benötigt werden, erhält man durch einfache Umformung dieses Gleichungssystems:

$$x_i(p_1, p_2) = \frac{1}{1-b^2}((1-b) - p_i + bp_j) \tag{4.51}$$

Mit g_i werden die Unternehmensgewinne der zweiten Stufe im Heimatmarkt von Unternehmen 1 bezeichnet – die (versunkenen) Investitionskosten der ersten Stufe werden hierbei also nicht berücksichtigt.[30] Die Gewinnfunktionen im Mengenwettbewerb lauten dann:

$$g_1^C(x_1, x_2) = x_1(1 - x_1 - bx_2) \tag{4.52}$$

$$g_2^C(x_1, x_2) = x_2(1 - x_2 - bx_1) - t(x_2) \tag{4.53}$$

Analog ergeben sich für den Preiswettbewerb folgende Gewinnfunktionen:

$$g_1^B(p_1, p_2) = p_1\left(\frac{1}{1-b^2}((1-b) - p_1 + bp_2)\right) \tag{4.54}$$

$$g_2^B(p_1, p_2, t) = (p_2 - t)\left(\frac{1}{1-b^2}((1-b) - p_2 + bp_1)\right) \tag{4.55}$$

Marktergebnisse der Produktionsstufe

Auf dieser Grundlage lassen sich nun für gegebene Transportkosten t die Gleichgewichte der zweiten Stufe ermitteln. Dazu müssen die Bedingungen erster Ordnung jeweils simultan nach den strategischen Entscheidungsvariablen (x_1, x_2) des Mengenwettbewerbs bzw. (p_1, p_2) des Preiswettbewerbs aufgelöst werden (siehe Bandulet und Morasch, 2003a, S. 6f.). Für den Cournot-Wettbewerb ergeben sich dann folgende Gleichgewichtspreise und -mengen:

$$x_1^C = \frac{(2-b) + tb}{4 - b^2} \tag{4.56}$$

[30] Für Unternehmen 1 gilt also $G_1 = g_1$, da die Gewinne des zweiten Marktes hier keine Beachtung erhalten.

$$p_1^C = \frac{(2-b)+tb}{4-b^2} \tag{4.57}$$

$$x_2^C = \frac{(2-b)-2t}{4-b^2} \tag{4.58}$$

$$p_2^C = \frac{(2-b)+t(2-b^2)}{4-b^2} \tag{4.59}$$

Die entsprechenden Gleichgewichtsergebnisse für den Preiswettbewerb lauten:

$$x_1^B = \frac{(1-b)(2+b)+tb}{(1-b^2)(4-b^2)} \tag{4.60}$$

$$p_1^B = \frac{(1-b)(2+b)+tb}{4-b^2} \tag{4.61}$$

$$x_2^B = \frac{(1-b)(2+b)-t(2-b^2)}{(1-b^2)(4-b^2)} \tag{4.62}$$

$$p_2^B = \frac{(1-b)(2+b)+2t}{4-b^2} \tag{4.63}$$

Diese Marktergebnisse gelten für den Fall, daß das marktferne Unternehmen in der zweiten Spielstufe einen positiven Gewinn erzielt.[31] Bleiben die Transportkosten zu hoch, ist das marktferne Unternehmen nicht wettbewerbsfähig und verzichtet auf den Eintritt in den lokalen Markt von Unternehmen 1. Die Schwellenwerte für die Transportkosten $\bar{t}^C$ und $\bar{t}^B$, unterhalb denen ein positiver Gewinn und somit Eintritt des marktfernen Unternehmens gesichert ist, ergeben sich aus der Auflösung der entsprechenden Nullgewinnbedingung für dieses Unternehmen $g_2^B = 0$ bzw. $g_2^C = 0$ nach t. Mit $g_i^C = (x_i^C)^2$ und $g_i^B = (1-b^2)(x_i^B)^2$ ergibt sich in Verbindung mit den Gleichungen (4.62) und (4.58):

$$\bar{t}^C = \frac{2-b}{2} \tag{4.64}$$

$$\bar{t}^B = \frac{(1-b)(2+b)}{2-b^2} \tag{4.65}$$

Bei Transportkosten oberhalb von $\bar{t}^C$ entspricht das Verhalten des lokalen Anbieters dem eines unrestringierten Monopolisten. Unbeeinflußt von der Strategie des entfernten Preis- oder Mengenwettbewerbers setzt er die Monopolmenge ab. Liegen die Transportkosten unterhalb von $\bar{t}^C$, hängt das Verhalten beider Unternehmen von der strategischen Form des Wettbewerbs ab: Im Mengenwettbewerb erfolgt dann Markteintritt des entfernten Produzenten.

[31] Für Unternehmen 1 ist ein positiver Gewinn in seinem Heimatmarkt ohnehin sichergestellt, weil bei seiner Produktion keine (Grenz-)Kosten anfallen.

Im Preiswettbewerb erfolgt der Markteintritt des fernen Konkurrenten dagegen erst unterhalb von $\bar{t}^B$, da dieser aufgrund der höheren Aggressivität des Preiswettbewerbs bei höheren Transportkosten keinen Gewinn mehr erzielen würde. Liegen die Transportkosten zwischen $t \in [\bar{t}^B, \bar{t}^C]$, setzt das marktferne Unternehmen einen Preis in Höhe von $p_2 = t$, um die Kosten des Transports zu decken. Obwohl das Unternehmen nicht als aktiver Marktteilnehmer in Erscheinung tritt (im Gleichgewicht verkauft es keine Güter in den aus seiner Sicht distanzierten Markt), diszipliniert es den lokalen Anbieter, der einen Eintrittssperrenpreis p_1^L unterhalb des Monopolniveaus festsetzt, um einen Markteintritt des potentiellen Konkurrenten zu verhindern:

$$p_1^L = \frac{b+t-1}{b} \tag{4.66}$$

Da dieser Preis über dem des differenzierten Preiswettbewerbes liegt, ist der Marktausschluß von Unternehmen 2 rentabel. Der Gewinn des lokalen Anbieters ergibt sich durch Einsetzen der Werte $x_2 = 0$ und $p_2 = t$ in die Gewinnfunktion (4.54) des Preiswettbewerbs:

$$g_1^L = \frac{(1-t)(b+t-1)}{b^2} \tag{4.67}$$

Anhand dieser Ergebnisse lassen sich nun – unter Berücksichtigung beider Märkte – die Gewinn- und Wohlfahrtswirkung einer transportkostensenkenden Einführung elektronischer Koordination ermitteln. Zudem ist es möglich, Erkenntnisse über das Investitionsverhalten der Anbieter zu gewinnen und zu interpretieren.

4.2.3 Exogene Transportkostensenkung durch elektronische Koordination

Die Auswirkung einer exogenen Transportkostensenkung auf das Marktergebnis diskutieren bereits Morasch und Welzel (2000), die von zunächst vollständig separierten Märkten ausgehen. In der Ausgangslage agiert demzufolge jedes Unternehmen auf seinem lokalen Markt als Monopolist und setzt bei einem Monopolpreis von $p_i^M = 1/2$ die Menge $x_i^M = 1/2$ ab. In beiden Märkten setzt sich dann der Handelsgewinn aus der Monopolrente in Höhe von $1/4$ sowie der Konsumentenrente von $1/8$ zusammen.

Durch den exogenen Rückgang der Transportkosten wird auch der vom jeweiligen Anbieter entfernte Markt gewinnbringend bedient. Morasch und Welzel (2000, S. 6f.) weisen auf die beiden positiven Effekte des Eintritts des marktfernen Anbieters auf die Höhe der Konsumentenrente hin: Zum einen wird ein zusätzliches Produkt verfügbar, das sich vom Angebot des alteingesessenen Unternehmers unterscheidet und somit für die Konsumenten von zusätzlichem Wert ist. Zum anderen wird im Zuge des Markteintritts der Wettbewerb erhöht und die Marktmacht des Altsassen reduziert. Der mit dieser Entwicklung verbundene Preisrückgang kommt den Konsumenten zugute. Bei unabhängigen Produkten (d. h. $b = 0$) tritt nur der erstgenannte Effekt auf, während im Falle homogener Güter lediglich der Preisrückgang von Bedeutung ist.

Für die Firmen sind dagegen die Folgen des Markteintritts ambivalent. Zwar wird im Zuge der Transportkostensenkung ein neuer Teilmarkt erschlossen; Einfluß auf die Größe des Gesamtmarktes hat dies aber nur, wenn die Produkte der beiden Anbieter auch voneinander differenziert sind. Negativ auf die Gewinne wirkt sich dagegen der Wettbewerb mit dem neuen Marktteilnehmer aus. Zudem ist der Einfluß der verbleibenden Transportkosten zu beachten. Wie bereits im Abschnitt 4.1 dargelegt wurde, erhöhen die gesunkenen Transportkosten eines Produzenten nicht nur dessen Gewinne, sondern verursachen auch – bedingt durch den strategischen Effekt der Nachfrageumlenkung – einen Gewinnrückgang beim Konkurrenten. Bleiben die Transportkosten hoch, dominiert der strategische Effekt des Gewinnrückgangs die direkte Wirkung der Kostensenkung. Morasch und Welzel (2000) geben zu bedenken, daß bei einer allgemeinen Transportkostensenkung jedes der beiden Unternehmen von beiden Effekten betroffen ist. Beim Verkauf in den jeweils entfernten Markt profitieren diese Unternehmen vom Rückgang ihrer Transportkosten, während sie in ihrem Heimatmarkt von den negativen Folgen des strategischen Effektes betroffen sind.

Auswirkung auf Gewinne und Wohlfahrt

Aufgrund des symmetrischen Modellansatzes ist eine einfache Berechnung des Gesamtgewinns jedes Unternehmens möglich: Er setzt sich jeweils aus dem Gewinn, den das Unternehmen auf seinem Heimatmarkt erzielt, und dem, den es auf dem entfernten Markt erzielt, zusammen. Dies entspricht dem Gesamtgewinn, den beide Anbieter zusammengenommen auf einem Teilmarkt erwirtschaften. Es reicht also aus, sich in der formalen Analyse auf einen Teilmarkt – nämlich den lokalen Markt von Unternehmen 1 – zu konzentieren.

Maßgeblich für die Gewinnentwicklung ist natürlich auch die Wettbewerbsstrategie der Unternehmen. Befinden sich die beiden Produzenten nach dem Markteintritt des jeweiligen Konkurrenten im Mengenwettbewerb, so erhöht sich der Gewinn $g^C = g_1^C + g_2^C$ eines dieser Unternehmen im Vergleich zur Ausgangslage, wenn

$$\left(x_1^C\right)^2 + \left(x_2^C\right)^2 \geq \frac{1}{4}. \tag{4.68}$$

Durch Einsetzen der Werte aus den Gleichungen (4.56) und (4.58) und Auflösung nach t ergibt sich der vom Grad der Produktdifferenzierung abhängige Schwellenwert t_g^C. Es handelt sich hierbei um den nach der Kostensenkung verbliebenen Transportaufwand, der die Bereiche eines Gewinnrückgangs im Falle einer Transportkostensenkung (hier ist der strategische Effekt entscheidend) und eines Gewinnanstiegs (hierbei dominiert die direkte Wirkung des Transportkostenrückgangs) voneinander abgrenzt:

$$t_g^C = \frac{(2-b)(4-4b-b^2)}{8+2b^2} \tag{4.69}$$

Diese Ergebnisse lassen sich in einem (t, b)-Diagramm visualisieren (vgl. Abbildung 4.5): Bei hohen Werten von b ändert sich die Marktgröße kaum und der Anstieg des Wettbewerbs führt in der Regel zu einem Gewinnrückgang. Bei unabhängigen Gütern ($b = 0$) ist selbst bei hohen verbleibenden Transportkosten der Effekt der Nachfrageumlenkung unbedeutend und die Marktteilnehmer profitieren von der Ausweitung des Gesamtmarktes. Abgesehen von diesem Grenzwert liegt t_g^C unterhalb der Markteintrittsschranke prohibitiv hoher Transportkosten von $\bar{t}^C$. Liegen die Transportkosten nach ihrem Rückgang im keilförmigen Bereich zwischen t_g^C und $\bar{t}^C$, ist also Markteintritt sichergestellt, der aber auf Branchenebene mit einem Gewinnrückgang verbunden ist.

Die entsprechenden Berechnungen für den Preiswettbewerb wurden bereits von Morasch und Welzel (2000) durchgeführt, die zu qualitativ ähnlichen Resultaten kommen. Analog zur Gleichung (4.68) lautet die Bedingung für höhere Gewinne im Preis-Dyopol als im lokalen Monopol der Ausgangslage nun:

$$\left(1-b^2\right)\left(x_1^B\right)^2 + \left(1-b^2\right)\left(x_2^B\right)^2 \geq \frac{1}{4} \tag{4.70}$$

Unter Verwendung der entsprechenden Ergebnisse aus den Gleichungen (4.60) und (4.62) erhält man nun die Transportkostenwerte t_g^C, die gleiche Gewinne wie im Monopol gewährleisten (vgl. Morasch und Welzel, 2000, S. 10):

$$t_g^B = \frac{2(1-b)^2(2+b)^2 + \sqrt{b^2(4-b^2)^2(1-b^4)}}{2(4-3b^2+b^4)} \tag{4.71}$$

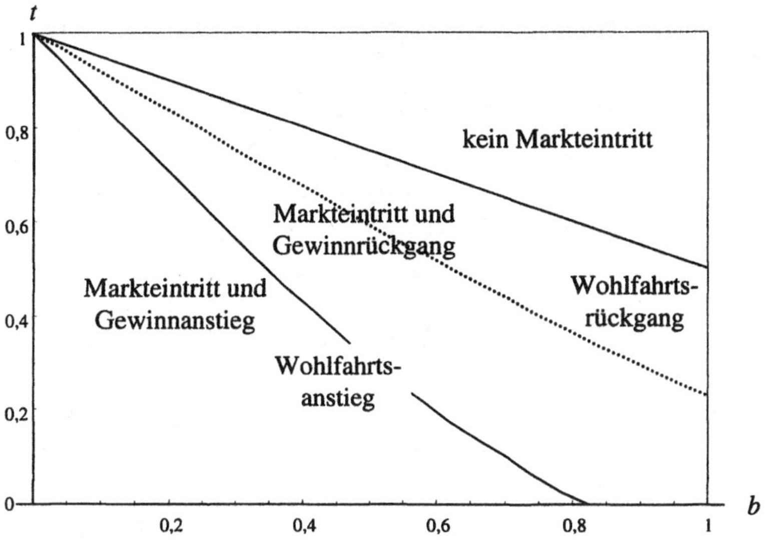

Abbildung 4.5: Transportkosten, Produktdifferenzierung, Gewinne und Wohlfahrt im Mengenwettbewerb

Auch im Preiswettbewerb wirkt sich der exogene Schock einer Transportkostensenkung vor allem dann positiv auf die Unternehmen aus, wenn die Produkte differenziert und die verbleibenden Transportkosten gering sind. Bei Transportkosten knapp unterhalb der Markteintrittsschranke gehen die Gewinne dagegen zurück. Im Vergleich zur Situation bei Mengenwettbewerb ist jedoch im Preiswettbewerb schon bei einem niedrigeren Homogenitätsgrad der Produkte mit einem solchen Gewinnrückgang im Markt zu rechnen – entsprechend fällt der Parameterbereich steigender Gewinne in Abbildung 4.6 kleiner aus. Zudem muß die Möglichkeit des Limit-Pricing berücksichtigt werden, wenn die Transportkosten nach Einführung des elektronischen Marktes zwischen $\bar{t}^B$ und $\bar{t}^C$ liegen: Dies hat zur Folge, daß die Gewinne auf den Heimatmärkten sinken, da die Unternehmen einen Teil ihrer Monopolmacht einbüßen, während ein Eintritt in den fremden Markt nicht erfolgt.

Deutlicher werden die unterschiedlichen Folgen einer Transportkostensenkung, wenn die Auswirkungen auf die gesamtwirtschaftliche Wohlfahrt bei Preis- und Mengenwettbewerb miteinander verglichen werden. Diese setzt sich aus den Gewinnen der Unternehmen und der Konsumentenrente zusammen und ergibt für einen Teilmarkt[32]

$$w = x_1 + (1-t)\,x_2 - \frac{1}{2} \cdot \left(x_1^2 + x_2^2 + 2bx_1x_2\right). \tag{4.72}$$

Werden die entsprechenden Ausbringungsmengen des Cournot-Gleichgewichts eingesetzt, mit der gesamtwirtschaftlichen Rente des Monopols gleichgesetzt und nach t aufgelöst, ergibt sich der Schwellenwert t_k^C. Bei Transportkosten in dieser Höhe ist die Wohlfahrt genauso hoch wie im ursprünglichen lokalen Monopol:

$$t_k^C = \frac{(2-b)(12-4b-3b^2)}{24-2b^2} \tag{4.73}$$

Dieser Wert liegt unterhalb der Markteintrittsschranke $\bar{t}^C$. Im Falle nicht prohibitiver, aber weiterhin hoher Transportkosten ist demnach eine gesamtwirtschaftliche Effizienz eines allgemeinen Transportkostenrückganges nicht garantiert.

Im Preiswettbewerb ist dagegen immer eine positive Wohlfahrtswirkung eines diskreten Transportkostenrückganges gewährleistet. Dies liegt daran, daß das marktfremde Unternehmen zwar erst bei vergleichsweise niedrigen Transportkosten im entfernten Teilmarkt aktiv wird, aber im Falle hoher Transportkosten disziplinierend auf die Preispolitik des lokalen Unternehmens wirkt und damit Allokationsverzerrungen entgegenwirkt, ohne daß es dabei zu einer wohlfahrtsschädlichen Nachfrageverschiebung zugunsten des entfernten Anbieters mit höheren Kosten kommt.

Interpretation der Ergebnisse

Zur Interpretation der Ergebnisse sei nochmals auf den oben hergestellten Zusammenhang zwischen der Produktbeschaffenheit und der strategischen Form des Wettbewerbs hingewiesen. Schon Morasch und Welzel (2000, S. 11) konstatieren, daß nach einer exogenen Transportkostensenkung nur dann die Gewinne von den Herstellern digitaler Produkte steigen, wenn diese Güter hinreichend deutlich voneinander differenziert sind. Bei annähernd homogenen Produkten oder auch relativ hohen verbleibenden Transportkosten müssen dagegen beide Anbieter sinkende Gewinne befürchten, da auf ihren jeweiligen Heimatmärkten der Ertragsrückgang höher ausfällt als

[32]Entsprechend der Logik der Notation bezeichnet hier w die „einstufige" Rentenhöhe, also ohne Berücksichtigung einer zuvor geleisteten Investition. Der Leser verwechsle w bitte nicht mit den im vorherigen Kapitel eingeführten Anzeigenkosten.

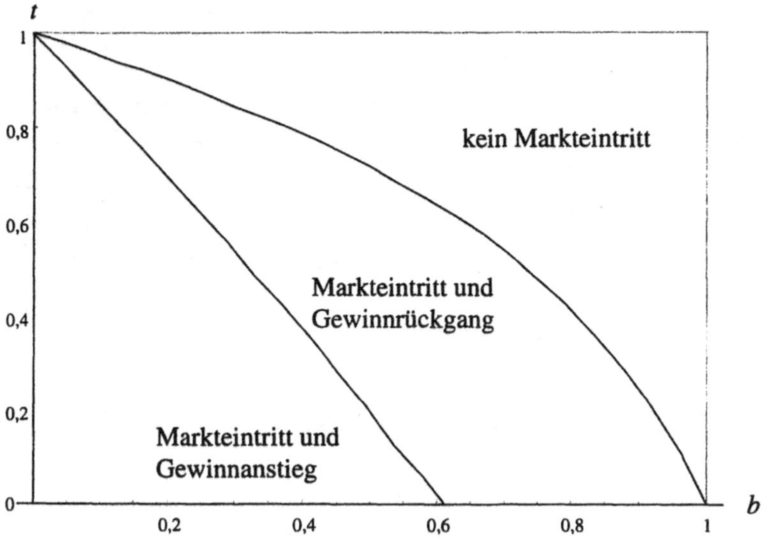

Abbildung 4.6: Transportkosten, Produktdifferenzierung, Gewinne und Wohlfahrt im Preiswettbewerb (eigene Darstellung nach Morasch und Welzel, 2000, S. 11)

der gegenläufige Gewinnanstieg auf dem fremden Markt. Dennoch ist die Einführung eines elektronischen Marktes auch bei wenig differenzierten digitalen Produkten gesamtwirtschaftlich von Vorteil: Ein möglicher Rückgang der Unternehmensgewinne wird durch den Anstieg der Konsumentenrente überkompensiert.

Demgegenüber profitieren Produzenten physischer Güter eher vom Transportkostenrückgang, weil im Mengenwettbewerb die Intensität des Wettbewerbs weniger stark ausgeprägt ist als bei strategischer Preissetzung. Der geringere Wettbewerbsdruck ermöglicht den Herstellern von nicht-digitalen Gütern allerdings auch, in einen fernen Teilmarkt einzutreten, obwohl deutliche Kostennachteile gegenüber dem lokalen Produzenten bestehen bleiben. Da aufgrund der Natur dieser Produkte ein vollständiger Transportkostenrückgang nicht zu erwarten ist, dürfte dies dem Regelfall des Markteintrittes bei physischen Produkten entsprechen. Eine solche Konstellation ist aber sowohl aus Sicht der Unternehmen, als auch aus gesamtwirtschaftlicher Sicht negativ zu bewerten, wenn bei hohen Transportkosten oder auch homogenen Produkten die negative Wirkung der Nachfrageumlenkung zugunsten des ineffizienten marktfernen Anbieters die positiven Gewinn- und Wohlfahrtswirkungen des Markteintritts überwiegt.

Während also bei digitalen Gütern (und Preiswettbewerb) die Einführung elektronischer Koordination uneingeschränkt zu befürworten ist – auch wenn Produzenten nicht immer vom Wohlfahrtsanstieg profitieren – wirkt sich elektronische Koordination auf physische Produktmärkte nur dann positiv aus, wenn der resultierende Kostennachteil des marktfernen Anbieters gering und die Produkte hinreichend differenziert sind.

4.2.4 Privater Anreiz zur Investition in Transportkostensenkung

Morasch und Welzel (2000, S. 11) weisen darauf hin, daß gewöhnlich beträchtliche Investitionen von Seiten der Unternehmen nötig sind, damit diese von den Vorteilen elektronischer Koordination, insbesondere dem Transportkostenrückgang, profitieren können. Die Gewinnentwicklung, mit der nach Einführung elektronischer Koordination zu rechnen ist, ist dennoch kein aussagekräftiger Indikator, wenn es darum geht, Aussagen über private Investitionsanreize der Unternehmen zu treffen – ein Vergleich des Endergebnisses mit der Ausgangslage wäre deshalb unzureichend, da er die strategische Situation des Spiels ignorieren würde. Der Anreiz eines Unternehmens, in elektronische Koordination zu investieren, um seine Transportkosten in den entfernten Markt zu reduzieren, soll daher innerhalb des vorgestellten Modellrahmens genauer und im Hinblick auf seine Effizienz analysiert werden. Die Vorgehensweise dieser Analyse orientiert sich an den Ausführungen von Bandulet und Morasch (2003a).

Aufgrund des symmetrischen Modellaufbaus und der Tatsache, daß beiden Anbietern die gleiche Technologie zur Verfügung steht, um die gewünschte Senkung der Transportkosten herbeizuführen, ist wiederum eine Konzentration auf einen Markt – den lokalen Teilmarkt von Unternehmen 1 – möglich. Während Unternehmen 1 in der ersten Spielstufe inaktiv bleibt, investiert Unternehmen 2, um seine eigenen Transportkosten in den Heimatmarkt von Unternehmen 1 zu senken – die Transportkosten von Unternehmen 1 bleiben von dieser Investition unbeeinflußt. Die Kostensenkung wird dann im nachfolgenden Preis- oder Mengenwettbewerb wirksam.[33] Zu beachten ist, daß diese Investition Merkmale eines strategischen Zuges aufweist: Da auch der lokale Anbieter über die Kostensenkung informiert ist, ändert er in der nachfolgenden Spielstufe sein Wettbewerbsverhalten.[34] Dies wird vom investierenden Unternehmen berücksichtigt.

Zunächst wird von einer allgemeinen Investitionskostenfunktion $I(t)$ analog zu der auf S. 111 dargestellten ausgegangen:[35] Höhere Investitionen senken die Transportkosten des marktfernen Unternehmens, d. h. $I'(t) < 0$, allerdings mit abnehmender Rate; damit gilt $I''(t) \geq 0$. Die innere Lösung t^* des Gewinnmaximierungsproblems stellt sich dann analog zur Gleichung (4.42) dar, wobei mit $G_2(t) = g_2(t) - I(t)$ nun der Gewinn des marktfernen Unternehmens unter Berücksichtigung der Investitionskosten der ersten Stufe bezeichnet wird (siehe Bandulet und Morasch, 2003a, S. 7):

$$\frac{\partial G_2(t^*)}{\partial t} = \frac{\partial g_2(t^*)}{\partial t} - \frac{\partial I(t^*)}{\partial t} = 0 \tag{4.74}$$

Das marktferne Unternehmen ignoriert jedoch bei seiner Investitionsentscheidung die positive Externalität einer Transportkostensenkung auf die Konsumentenrente und den negativen externen Effekt, den seine Investitionsentscheidung auf den Gewinn des lokal ansässigen Konkurrenten ausübt. Im Kalkül eines sozialen Planers werden diese Auswirkungen dagegen berücksichtigt. Dies wird anhand folgender Marginalbedingung deutlich, die die effiziente Transportkostenhöhe $\hat{t}$ in impliziter Form angibt (vgl. Bandulet und Morasch, 2003a, S. 8):

$$\frac{\partial W(\hat{t})}{\partial t} = \frac{\partial g_1(\hat{t})}{\partial t} + \frac{\partial g_2(\hat{t})}{\partial t} + \frac{\partial KR(\hat{t})}{\partial t} - \frac{\partial I(\hat{t})}{\partial t} = 0 \tag{4.75}$$

Die private Investitionsentscheidung ist nur dann gesamtwirtschaftlich effizient (d. h. $\hat{t} = t^*$), wenn beide Marginalkalküle (4.74) und (4.75) übereinstimmen, also die

[33] Im Globalmodell investiert zudem Unternehmen 1 in Kostensenkung in Markt 2. Auf das Gleichgewicht im Markt 1 hat dies keine Auswirkung, sofern die Unternehmen mit linear-homogener Technologie produzieren und keine Arbitrage zwischen den beiden Märkten stattfindet. Die erste Bedingung ist annahmegemäß erfüllt. Arbitrage findet nicht statt, da im Marktgleichgewicht die Preisunterschiede zwischen den beiden Märkten unterhalb der Transportkosten liegen.

[34] Die unterschiedlichen strategischen Effekte des Preis- und Mengenwettbewerbs wurden bereits im Abschnitt 4.1.3 diskutiert.

[35] Auf die Indizierung wird fortan verzichtet, da im betrachteten Markt 1 ohnehin nur die Investitionskosten des – marktfernen – Unternehmens 2 von Interesse sind.

externen Effekte der Transportinvestition sich gegenseitig neutralisieren:

$$\frac{\partial g_1(\hat{t})}{\partial t} + \frac{\partial KR(\hat{t})}{\partial t} = 0 \tag{4.76}$$

Die hier analysierte Situation entspricht demnach der auf Seite 111 dargestellten Investitionsentscheidung. In Analogie zur Effizienzbedingung (4.43) ergibt sich daher folgende notwendige Effizienzbedingung:[36]

$$2x_1 \cdot \frac{\partial p_1}{\partial t} - x_1 \cdot \frac{\partial p_1}{\partial t} - x_2 \cdot \frac{\partial p_2}{\partial t} = 0. \tag{4.77}$$

Unter der Verwendung der Ergebnisse aus (4.56) und (4.58) bzw. (4.60) und (4.62) läßt sich diese Gleichung nach t auflösen. Somit können diejenigen Transportkostenwerte ermittelt werden, die als Ergebnis einer privaten Investitionsentscheidung auch dem gesamtwirtschaftlichen Effizienzkriterium genügen. Die resultierenden Transportkosten $t_{(i)}$ hängen vom Grad der Produktdifferenzierung b ab, aber nicht davon, ob die Unternehmen in Preisen oder in Mengen miteinander konkurrieren.[37]

$$t_{(i)} = 1 - b \tag{4.78}$$

Gemeinsam mit den jeweiligen Markteintrittsbedingungen ist diese Effizienzbedingung in Abbildung 4.7 wiedergegeben.

Ergebnisse im allgemeinen Modellierungsansatz

Überinvestition in elektronische Koordination liegt demnach bei Werten von $t^* > 1-b$ vor, während im Bereich von $t^* < 1-b$ die Unternehmen vom gesamtwirtschaftlichen Standpunkt aus zu geringe Investitionen in Transportkostensenkung tätigen. Vor der Interpretation dieser Ergebnisse sei nochmals darauf hingewiesen, daß sowohl t^* als auch $\hat{t}$ eine innere Lösung des Gewinn- und Wohlfahrtsmaximierungsproblems darstellen. Eine solche existiert aber nur dann, wenn die Investitionskostenfunktion selbst hinreichend konvex ist. Nur unter diesen Einschränkungen ist also die Interpretation der Ergebnisse zu verstehen (vgl. Bandulet und Morasch, 2003a, S. 9f.):

[36] Für beliebige Funktionen ist die Bedingung zweite Ordnung nicht immer erfüllt. Weiter unten (siehe S. 138ff. dieser Arbeit) wird anhand einer konkreten Investitionsfunktion diskutiert, unter welcher Voraussetzung diese Bedingung verletzt wird.

[37] Eine alternative Herleitung finden Sie auch im bereits zitierten Aufsatz von Bandulet und Morasch (2003a, S. 9).

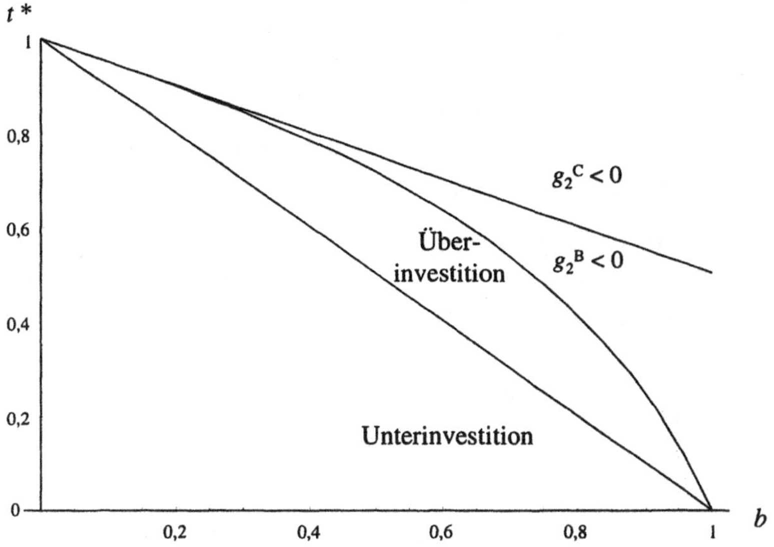

Abbildung 4.7: Effizienz der Investitionsentscheidung in Abhängigkeit von b und t^* (eigene Darstellung nach Bandulet und Morasch, 2003a, S. 10)

- Bei imperfekten Substituten (d. h. $0 < b < 1$) kann es – abhängig von den Parameterkonstellationen – sowohl im Preis- als auch im Mengenwettbewerb sowohl zu Unter- als auch zu Überinvestition kommen. Liegen die verbleibenden Transportkosten nahe an den Markteintrittsbarrieren, kommt es in der Regel zur Überinvestition. In der Realität dürfte dieser Fall vor allem für den Wettbewerb zwischen Anbietern physischer Produkte zutreffen, da diese Güter auch nach Einführung elektronischer Koordination zum Konsumenten geliefert werden müssen. Unterinvestition ist demgegenüber dann vorherrschend, wenn die Transportkosten nach Einführung elektronischer Koordination vergleichsweise niedrig sind. Dies trifft insbesondere auf digitale Produkte zu, die über das Internet weltweit zu geringen Kosten vertrieben werden. Allerdings ist als Grenzfall auch eine effiziente Reduktion auf $t^* = 0$ denkbar, wenn mit der Einführung der neuen Distributionstechnologie jegliche Wettbewerbsnachteile des marktfernen Anbieters entfallen.

- Im Mengenwettbewerb investieren Anbieter homogener Produkte aus Effizienzsicht zuviel (außer im Grenzfall $t^* = 0$). Die Konsumenten erzielen in diesem Falle keinen Zusatznutzen, wenn sie das Gut des marktfernen Anbieters konsumieren. Sie profitieren lediglich vom intensiveren Wettbewerb. Der lokale Unternehmer muß dagegen einen Gewinnrückgang hinnehmen, der deutlicher ausfällt als bei differenzierten Produkten.

  Im homogenen Preiswettbewerb bestehen keinerlei Investitionsanreize des marktfernen Anbieters, da auch im günstigsten Falle – bei vollständigem Wegfall der Transportkosten nach der Investition – im nachfolgenden Wettbewerbsspiel keine Gewinne zu erzielen sind. Gleichwohl wäre eine solche Investition wohlfahrtsfördernd, wenn sie den Rentenverlust, der andernfalls aus der monopolistischen Verzerrung resultiert, nicht übersteigen würde.

- Obwohl die Grenzlinie zwischen Über- und Unterinvestition bei Preis- und Mengenwettbewerb identisch ist, ist eine Überinvestition auf Märkten mit Preiswettbewerb weniger wahrscheinlich, weil die Gewinne aufgrund des intensiveren Wettbewerbs geringer ausfallen und aus diesem Grund die Nullgewinnbedingung schon bei vergleichsweise niedrigen Transportkosten greift. Im Bereich zwischen $\hat{t}^B$ und $\hat{t}^C$ besteht auf solchen Märkten kein marginaler Anreiz zur Transportkostensenkung, obwohl diese die Monopolmacht des lokal ansässigen Produzenten weiter einschränken würde und somit wohlfahrtsverbessernd wäre. Die Entscheidung des marktfernen Anbieters, nicht zu investieren, kann daher als eine besondere Form von Unterinvestition angesehen werden.

Investitionsentscheidung bei einer quadratischen Investitionskostenfunktion

Diese Überlegungen sollen anhand eines konkreten Beispiels einer quadratischen Investitionskostenfunktion nochmals verdeutlicht werden. Es ist dann auch möglich, auf Randlösungen, etwa eine Komplettreduktion der Transportkosten im Marktgleichgewicht, genauer einzugehen und zu klären, unter welchen Umständen solche Lösungen zu erwarten sind. Randlösungen ergeben sich beispielsweise, wenn eine weitere Transportkostensenkung technisch nicht machbar ist oder die Bedingung zweiter Ordnung für ein Maximum nicht erfüllt wird.

Da sowohl die Konsumentenrente als auch die Unternehmensgewinne der zweiten Periode konvex in t sind, würde eine lineare Investitionskostenfunktion immer zu solchen Randlösungen führen. Aus zuvor genannten Gründen ist es zudem unwahrscheinlich, daß eine lineare Funktion den tatsächlichen Verlauf solcher Investitionskosten auch nur annähernd stilisiert wiedergibt. Daher gehe ich von einer quadratischen Investitionskostenfunktion $I(t) = (t^0 - t)^2$ aus.[38] Aufgrund der Konvexität dieser Funktion existiert für den Fall des Mengenwettbewerbs immer und im Fall des Preiswettbewerbs bei nicht zu engen Substituten eine innere Lösung des Maximierungsproblems.

Der Parameter t^0 stellt dabei die Transportkosten zur Belieferung des unternehmensfernen Marktes in der Ausgangslage, also vor der privaten Investition, dar. Diese Annahme schließt nicht aus, daß schon diese Transportkosten t^0 das Ergebnis einer öffentlichen Investition in elektronische Koordination sind. Die Transportkosten t, die nach Erfolg der privaten Investition erreicht werden, seien im Falle digitaler oder digitalisierbarer Produkte im gesamten Bereich $t \in [0, t^0]$ definiert: Prinzipiell ist bei solchen Produkten eine komplette Kompensation des Kostennachteils durch eine Umstellung der Distribution möglich. Bei physischen Produkten ist dagegen davon auszugehen, daß auch nach einer Investition in elektronische Koordination ein Kostennachteil des entfernten Anbieters bestehen bleibt, da eine physische Lieferung der Ware unumgänglich ist. Die Diskussion des Mengenwettbewerbes berücksichtigt daher auch die Wirkung einer Transportkostenuntergrenze $t > 0$.

Den Ausführungen von Bandulet und Morasch (2003a, S. 11) folgend, werden hier zunächst die Wohlfahrts- und die Gewinnfunktion der ersten Stufe für Unternehmen 2 ermittelt, welche die Investitionskosten in elektronische Koordination beinhalten. Beide Funktionen hängen sowohl von b, t und $I(t)$ ab und können mit Hilfe der Marktergebnisse für die Wettbewerbsstufe, die in den Gleichungen (4.56)

[38] Ich folge damit den Ausführungen von Bandulet und Morasch (2003a, S. 11ff.). Es ist durchaus üblich, Kostenfunktionen zu spezifizieren, um auf diese Weise explizite Lösungen herleiten zu können. Ein ähnliches Vorgehen findet sich beispielsweise bei Carlson und McAffee (1983, S. 482), die ihrerseits die Verwendung einer quadratischen Kostenfunktion mit dem pragmatischen Argument begründen, die so erhaltenen expliziten Ergebnisse ermöglichten die Ableitung überprüfbarer Hypothesen.

bis (4.63) zu finden sind, errechnet werden:[39]

$$G_2^C = (1 - x_2^C - bx_1^C)x_2^C - tx_2^C - (t^0 - t)^2 = \tag{4.79}$$

$$\left[\frac{1 - (t^0)^2(2+b)^2}{(2+b)^2}\right] - \left[\frac{4 - t^0[2(2-b)(2+b)^2]}{(2-b)(2+b)^2}\right] t - \left[\frac{(2-b^2)(6-b^2)}{(2-b)^2(2+b)^2}\right] t^2$$

$$G_2^B = 1/(1-b^2)[(1-b) - p_2^B + bp_1^B](p_2^B - t) - (t^0 - t)^2 = \tag{4.80}$$

$$\left[\frac{(1-b) - (t^0)^2[(1+b)(2-b)^2]}{(1+b)(2-b)^2}\right] - \left[\frac{2(2-b^2) - t^0[2(1+b)(2+b)(2-b)^2]}{(1+b)(2+b)(2-b)^2}\right] t$$

$$- \left[\frac{12 - 20b^2 + 8b^4 - b^6}{(1+b)(1-b)(2+b)^2(2-b)^2}\right] t^2$$

$$W^C = x_1^C + (1-t)x_2^C - 1/2[(x_1^C)^2 + (x_2^C)^2 + 2bx_1^C x_2^C] - (t^0 - t)^2 = \tag{4.81}$$

$$\left[\frac{(3+b) - (t^0)^2(2+b)^2}{(2+b)^2}\right] - \left[\frac{(3+b) - t^0[2(2+b)^2]}{(2+b)^2}\right] t - \left[\frac{20 - 15b^2 + 2b^4}{2(2+b)^2(2-b)^2}\right] t^2$$

$$W^B = x_1^B + (1-t)x_2^B - 1/2[(x_1^B)^2 + (x_2^B)^2 + 2bx_1^B x_2^B] - (t^0 - t)^2 = \tag{4.82}$$

$$\left[\frac{(3-2b) - (t^0)^2[(1+b)(2-b)^2]}{(1+b)(2-b)^2}\right] - \left[\frac{(3-2b) - t^0[2(1+b)(2-b)^2]}{(1+b)(2-b)^2}\right] t$$

$$- \left[\frac{20 - 39b^2 + 16b^4 - 2b^6}{(1+b)(1-b)(2+b)^2(2-b)^2}\right] t^2$$

Wie sich zeigt, handelt es sich bei den hier dargestellten Gewinn- und Wohlfahrtsfunktionen um quadratische Gleichungen der Form $F = A - Bt - Ct^2$. Als Marginalbedingung erhält man daher $\partial F/\partial t = -B - 2Ct = 0$ und als Bedingung zweiter Ordnung für ein Maximum $-2C < 0$. Letztere ist erfüllt, falls $C > 0$. Wie ein Blick auf die Formeln zeigt, ist diese Anforderung im Mengenwettbewerb immer erfüllt, während dies im Preiswettbewerb nur bei hinreichend differenzierten Produkten der Fall ist. Die genauen Anforderungen ergeben sich nach einer Betrachtung des letzten Terms der Formeln (4.80) und (4.82):

$$12 - 20b^2 + 8b^4 - b^6 > 0 \tag{4.83}$$

[39]Im Gegensatz zur Wohlfahrt der zweiten Stufe (4.72) werden nun die davor anfallenden Investitionskosten berücksichtigt.

$$\iff \quad b^{G_2^B} < \sqrt{\frac{1}{3}\left(8-\left(46-6\sqrt{57}\right)^{1/3}-\frac{22^{2/3}}{\left(23-3\sqrt{57}\right)^{1/3}}\right)} \approx 0.932526$$

$$20-39b^2+16b^4-2b^6>0 \tag{4.84}$$

$$\iff \quad b^{W^B} < \sqrt{\frac{1}{6}\left(16-\left(440-66\sqrt{42}\right)^{1/3}-\frac{22^{2/3}}{\left(20-3\sqrt{42}\right)^{1/3}}\right)} \approx 0.832203$$

Anhand der Bedingungen erster Ordnung wird nun berechnet, auf welche Höhe t^* der Unternehmer 2 seine Transportkosten im ersten Spielzug tatsächlich reduziert – implizit wird dadurch auch der Investitionsaufwand $I(t^*) = (t^0 - t^*)^2$ bestimmt. Zudem kann die effiziente Transportkostenhöhe $\hat{t}$ ermittelt werden. Im Preiswettbewerb – also bei digitalen Gütern – gelten diese Ergebnisse nur mit der eben dargestellten Einschränkung:

$$t^{C*} = \frac{-2(2-b)+t^0[(4-b^2)^2]}{(2-b^2)(6-b^2)} \tag{4.85}$$

$$t^{B*} = \frac{-(1-b)(2-b^2)(2+b)+t^0[(1-b^2)(2-b)^2(2+b)^2]}{12-20b^2+8b^4-b^6} \tag{4.86}$$

$$\hat{t}^C = \frac{-(3+b)(2-b)^2+t^0[2(2-b)^2(2+b)^2]}{20-15b^2+2b^4} \tag{4.87}$$

$$\hat{t}^B = \frac{-(3-2b)(1-b)(2+b)^2+t^0[2(1-b^2)(2-b)^2(2+b)^2]}{20-39b^2+16b^4-2b^6} \tag{4.88}$$

Um die genauen Marktergebnisse des Preis- und Mengenwettbewerbs zu erhalten und um einen Vergleich mit der gesamtwirtschaftlich effizienten Lösung durchzuführen, müssen allerdings noch weitere Nebenbedingungen berücksichtigt werden: Sind die Transportkosten t^0 in der Ausgangslage niedrig, würden im unrestringierten Gleichgewicht negative Transportkosten erreicht. Hier greift die Nebenbedingung, derzufolge Transportkosten nicht negativ sein dürfen. Bei hohen Werten von t^0 ist zudem zu berücksichtigen, daß es nicht möglich ist, die Transportkosten durch eine Disinvestition zu erhöhen, d. h. $t^* \leq t^0$. In der gewählten Spezifikation kommt diese Bedingung der Markteintrittsbarriere gleich.[40]

[40]Das heißt, $t^0 = t^* \iff t^0 = \bar{t}$ für Preis- und Mengenwettbewerb.

Effizienz der Investitionsentscheidung

Für den Mengenwettbewerb werden nun diejenigen Kombinationen aus b und t^0 ermittelt, bei denen die gewinnmaximale Investition mit dem Wohlfahrtsoptimum übereinstimmt, ein Unternehmer also eine effiziente Investitionsentscheidung trifft. Mit Blick auf die Randlösungen wird zudem untersucht, bei welchen Werten von t^0 die Restriktionen $t^{C*} = 0$, $t^{C*} = t^0$, $\hat{t}^C = 0$ und $\hat{t}^C = t^0$ binden:

$$t^{C*} = \hat{t}^C \iff t^0 = \frac{16 - 14b - 8b^2 + 8b^3 + b^4 - b^5}{(4 - b^2)^2} \tag{4.89}$$

$$t^{C*} = 0 \iff t^0 = \frac{2}{(2 - b)(2 + b)^2} \tag{4.90}$$

$$t^{C*} = t^0 \iff t^0 = \frac{2 - b}{2} \tag{4.91}$$

$$\hat{t}^C = 0 \iff t^0 = \frac{3 + b}{2(2 + b)^2} \tag{4.92}$$

$$\hat{t}^C = t^0 \iff t^0 = \frac{(3 + b)(2 - b)^2}{12 - b^2} \tag{4.93}$$

Mit Hilfe der Funktionen (4.89) bis (4.93) lassen sich nun die Regionen mit effizienter Investition, sowie mit Unter- und Überinvestition identifizieren. Das Ergebnis ist im (b, t^0)-Diagramm der Abbildung 4.8 ersichtlich – im Unterschied zur Abbildung 4.7 bezieht sich dieses Schaubild nicht auf die gleichgewichtigen (endogenen) Transportkosten nach der Investition, sondern auf die ursprüngliche (exogen gegebene) Transportkostenhöhe:

- Bei ursprünglich niedrigen Transportkosten kommt es zu einer effizienten Transportkostenreduktion auf $t^{C*} = \hat{t}^C = 0$.

- Bei höheren Ausgangswerten von t^0 und einem demzufolge höheren Investitionsaufwand, um ein bestimmtes Transportkostenniveau zu erreichen, hängt es vor allem vom Grad der Produktdifferenzierung ab, ob Unter- oder Überinvestition zu beobachten ist: Im homogenen Cournot-Wettbewerb wird immer zuviel investiert, während die Produzenten unabhängiger Güter zu wenig investieren. Zwischen diesen beiden Extremfällen ist Unterinvestition vor allem bei mäßig hohen t^0-Werten zu beobachten, während zuviel investiert wird, wenn

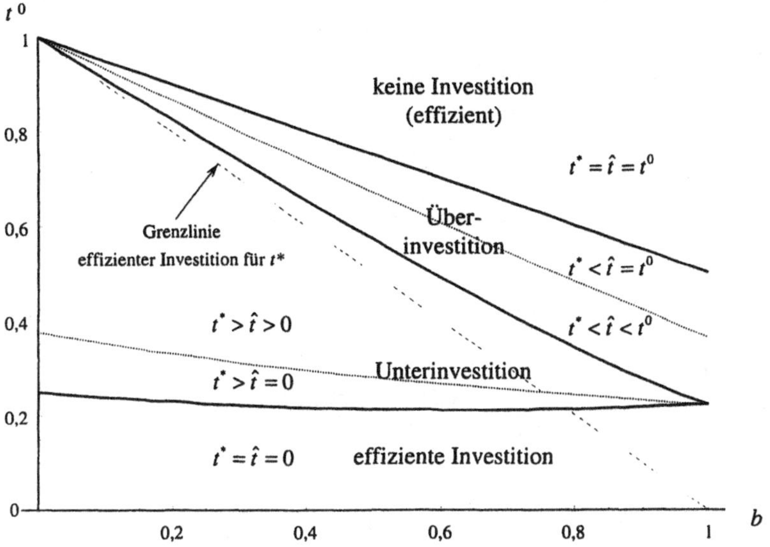

Abbildung 4.8: Effizienz der Investitionsentscheidung bei Mengenwettbewerb und quadratischer Kostenfunktion (eigene Darstellung nach Bandulet und Morasch, 2003a, S. 14)

die Transportkosten in der Ausgangslage nur wenig unterhalb der Markteintrittsschranke liegen.

- Die marktferne Firma verzichtet auf eine Investition in Transportkostensenkung, wenn die Transportkosten ursprünglich oberhalb der Eintrittsschranke liegen, d. h. bei einer Verletzung der Nullgewinnbedingung. Dieser Verzicht ist effizient, da ein Markteintritt zu Wohlfahrtsverlusten führen würde: Dem hohen Investitionsaufwand stünde in der zweiten Stufe nur ein geringer Anstieg (oder gar ein Rückgang) der aggregierten Konsumenten- und Produzentenrente gegenüber.

Im Falle physischer Produkte ist zudem davon auszugehen, daß die Transportkosten auch nach Einführung elektronischer Koordination nicht gänzlich wegfallen. Diesem Sachverhalt wird nun Rechnung getragen, indem – exemplarisch – unterstellt wird, daß auch nach der Investition die zugehörigen Transportkosten 50% des Ausgangsniveaus nicht unterschreiten. Maximal kann folglich allenfalls eine Halbierung der Transportkosten erreicht werden. Die Randbedingungen $t^* = t^0/2$ and $\hat{t} = t^0/2$ ersetzen daher die Grenzwerte $t^* = 0$ und $\hat{t} = 0$ von zuvor:

$$t^{C*} = \frac{t^0}{2} \iff t^0 = \frac{4(2-b)}{20-8b^2+b^4} \tag{4.94}$$

$$\hat{t}^C = \frac{t^0}{2} \iff t^0 = \frac{2(2-b)^2(3+b)}{44-17b^2+2b^4} \tag{4.95}$$

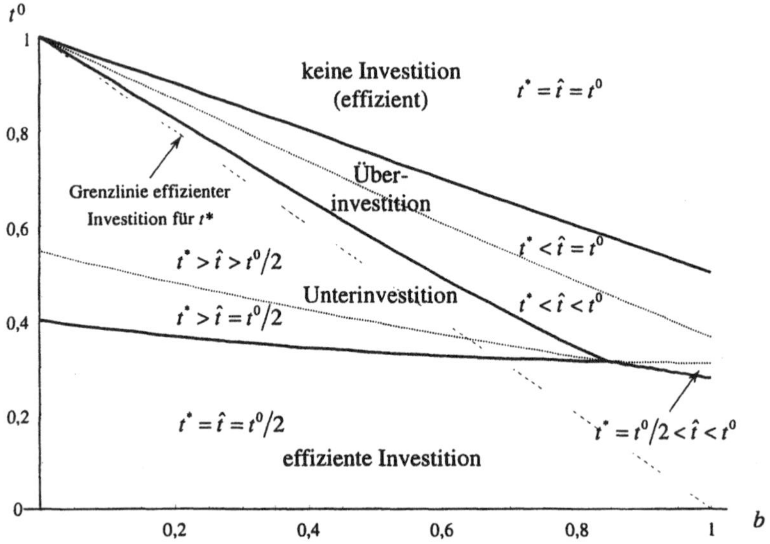

Abbildung 4.9: Effizienz der Investitionsentscheidung bei Mengenwettbewerb und Transportkostenuntergrenze $t^0/2$ (eigene Darstellung nach Bandulet und Morasch, 2003a, S. 15)

Abbildung 4.9 gibt die Ergebnisse für diese alternative Formulierung wieder. Im Vergleich zur vorherigen Abbildung 4.8 werden zwei wesentliche Unterschiede deutlich:

- Der (b, t^0)-Bereich effizienter Investition hat sich nach oben hin ausgedehnt, da sich die untere Nebenbedingung verschärft hat.

- Bei nahen Substituten muß eine maximal mögliche Transportkostenreduktion nun nicht mehr effizient sein: Dies liegt daran, daß die Kostennachteile nicht gänzlich beseitigt werden können und die Nachfrageumlenkung somit den schon beschriebenen negativen Effekt erzeugt.

Bei der nun folgenden Berechnung der Ergebnisse für den Preiswettbewerb – also der adäquaten Darstellung des Wettbewerbs zwischen Erzeugern digitaler Güter – ist zu beachten, daß die Bedingungen zweiter Ordnung nicht für alle b-Werte erfüllt werden. Analog zu den Berechnungen von oben, werden nun die Kombinationen von b und t^0 ermittelt, bei denen die inneren Lösungen t^{B^*} und $\hat{t}^B$ übereinstimmen, sowie diejenigen Werte von t^0, aus denen sich die Randlösungen $t^{B^*} = 0$, $t^{B^*} = t^0$, $\hat{t}^B = 0$ und $\hat{t}^B = t^0$ ergeben:

$$t^{B^*} = \hat{t}^B \iff t^0 = \frac{16 - 14b - 8b^2 + 7b^3 + b^4 - b^5}{(4 - b^2)^2} \tag{4.96}$$

$$t^{B^*} = 0 \iff t^0 = \frac{2 - b^2}{(2 - b)^2(2 + 3b + b^2)} \tag{4.97}$$

$$t^{B^*} = t^0 \iff t^0 = \frac{(1 - b)(2 + b)}{2 - b^2} \tag{4.98}$$

$$\hat{t}^B = 0 \iff t^0 = \frac{-3 + 2b}{2(2 - b)^2(1 + b)} \tag{4.99}$$

$$\hat{t}^B = t^0 \iff t^0 = \frac{(1 - b)(3 - 2b)(2 + b)^2}{12 - 9b^2 + 2b^4} \tag{4.100}$$

Wenn die entsprechenden Bedingungen zweiter Ordnung verletzt sind, markieren $\hat{t}^B$ und t^{B^*} dagegen das Wohlfahrts- und Gewinnminimum. Da $\partial^2 W^B / \partial t^2$ und $\partial^2 G_2^B / \partial t^2$ beide konstant in t sind, sind die Wohlfahrts- und Gewinnfunktion somit strikt konvex in t. Ihr Maximum erreichen die Funktionen W^B und G_2^B dann entweder bei einem Wert von $t = 0$ oder bei $t = t^0$. Da die Grenzkosten der Investition – ausgehend von t^0 – zunächst bei Null liegen, um anschließend langsamer anzusteigen als die Gewinne der zweiten Stufe (dies liegt an der Konvexität der Gewinnfunktion), ist eine Investition profitabel, sobald G_2^B positiv ist, und sie ist gesamtwirtschaftlich effizient, sobald das Wohlfahrtsniveau der Ausgangslage überschritten wird.

$$G2^B|_{t=0} = 0 \iff t^0 = \frac{(1 - b)(2 + b)}{\sqrt{1 - b^2}(4 - b^2)} \tag{4.101}$$

$$W^B|_{t=0} = W^B|_{t=t^0} \iff t^0 = \frac{2(2+b)^2(3-5b+2b^2)}{44-57b^2+20b^4-2b^6} \quad (4.102)$$

Unter Verwendung der Gleichungen (4.96) bis (4.102) zeigt nun Abbildung (4.10) die Regionen mit Unter-, Über- und effizienter Investition als (b, t^0)-Diagramm. Im Falle ausreichender Produktdifferenzierung unterscheiden sich die Resultate qualitativ nicht von denjenigen des Mengenwettbewerbs. Erst bei engen Substituten werden die Unterschiede zu den Investitionsanreizen bei Mengenwettbewerb (d. h. physische Produkte) deutlich:

- Hersteller digitaler Produkte investieren nur dann in Transportkostensenkung, wenn diese Kosten schon in der Ausgangssituation recht niedrig sind. Eine solche Investition ist dann in der Regel auch effizient.
- Im Bereich des Limit-Pricing wäre eine marginale Transportkostensenkung wohlfahrtsverbessernd, da auf diese Weise die Monopolmacht des lokalen Anbieters beschränkt würde, ohne daß es tatsächlich zu einem ressourcenverschwendenden Transport käme. Eine solche Investition unterbleibt freilich, da dem marktfremden Anbieter auch nach Erfolg dieser Investition keine Gewinnmöglichkeiten entstünden. Im Diagramm ist dieser Bereich daher als „keine Investition (ineffizient)“ gekennzeichnet.

Wirkung auf Branchengewinne und Kollusionsanreize bei der Investitionsentscheidung

Ich betrachte nun die Entwicklung der Branchengewinne, um Aussagen über Kollusionsanreize der Unternehmen treffen zu können. Wiederum ist eine formale Analyse eines Teilmarktes (des lokalen Marktes von Unternehmen 1) ausreichend, da die Ergebnisse auf dem anderen Markt analog folgen. Der Branchengewinn G setzt sich aus den Unternehmensgewinnen der zweiten Stufe abzüglich des Investitionsaufwandes des marktferneren Anbieters zusammen:

$$G(t) = g_1(t) + g_2(t) - (t - t^0)^2 \quad (4.103)$$

Aus Abschnitt 4.2.4 ist bereits die Investitionsentscheidung von Unternehmen 2 bekannt. Somit kann der auf dem betrachteten Teilmarkt erzielte Industriegewinn vor Einführung elektronischer Koordination (also $t = t^0$, hierbei fällt der letzte Term der Gleichung weg) mit dem Branchengewinn verglichen werden, der nach der Inve-

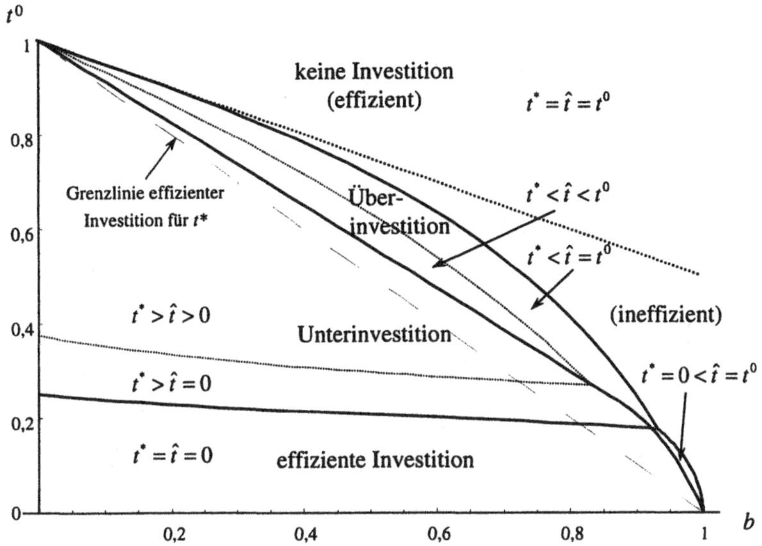

Abbildung 4.10: Effizienz der Investitionsentscheidung bei Preiswettbewerb und quadratischer Kostenfunktion (eigene Darstellung nach Bandulet und Morasch, 2003a, S. 16)

stitionsentscheidung erzielt wird. Bandulet und Morasch (2001) folgend, wird nun ermittelt, ob und wann der Branchengewinn die Ausgangslage übersteigt oder unterschreitet, und das Ergebnis wird in (b, t^0)-Diagrammen abgebildet. Dabei ist zu beachten, daß sowohl im Preis- als auch im Mengenwettbewerb die Transportkosten t auch nach der Reduktion keine negativen Werte annehmen. Bei niedrigen Ausgangswerten von t^0 binden daher die Nebenbedingungen (4.90) bzw. (4.97), die bei der Berechnung der Grenzlinie entsprechend berücksichtigt werden. Im Cournot-Wettbewerb ergeben sich folgende Werte:

$$G^C(t^0) = G^C(t^{C^*}) \iff t^0 = \frac{(2-b)((1-b)(12-7b^2+b^4)+b^3)}{24-2b^2-6b^4+b^6} \tag{4.104}$$

$$G^C(t^0) = G^C(0) \iff t^0 = \frac{2(2-b)^2}{20-7b^2+b^4} \tag{4.105}$$

Abbildung 4.11 zeigt den geknickten Verlauf der Grenzlinie für unveränderte Branchengewinne. Eine Reduktion der Transportkosten hat zwei Effekte auf den

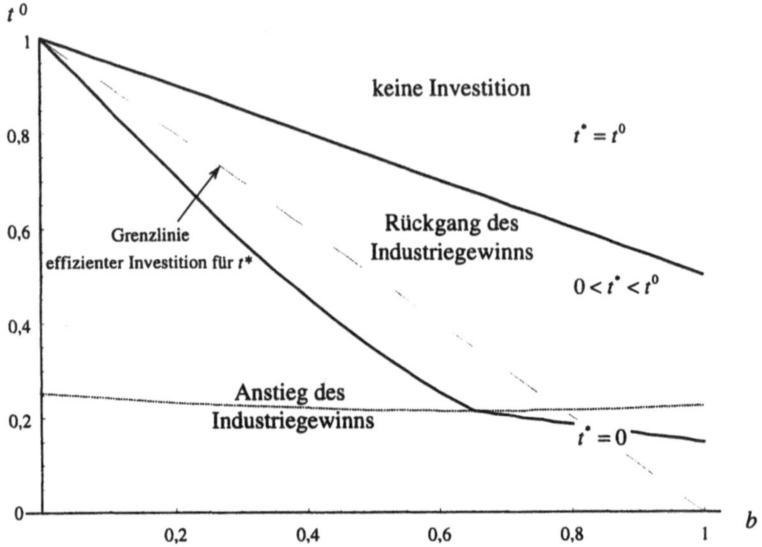

Abbildung 4.11: Auswirkung der Investition in elektronische Koordination auf den Industriegewinn – Mengenwettbewerb ohne Untergrenze für Transportkosten

Branchengewinn: Der Gewinn des fernen Unternehmens steigt, da seine Gesamtkosten sinken. Der stärkere Wettbewerb im Markt senkt dagegen den Gewinn des ansässigen Unternehmens 1. Da in t^* eine geringfügige weitere Senkung von t den Gewinn des marktfernen Unternehmens 2 nicht ändert, während der lokale Anbieter aufgrund des externen Effekts Gewinneinbußen hinnehmen muß, kommt es aus Branchensicht stets zur Überinvestition. Der Gesamtgewinn der Branche steigt daher nur, wenn die Produkte hinreichend heterogen oder die ursprünglichen Transportkosten nicht zu hoch sind. Unterhalb der punktierten Linie bindet die Nebenbedingung, daß auch nach der Einführung elektronischer Koordination die Transportkosten keine negativen Werte annehmen dürfen. Der Kurvenverlauf ist daher in diesem Bereich flacher.

Wenn die Transportkosten maximal um 50% gesenkt werden können, erhält man folgende Grenzlinie zwischen steigendem und sinkendem Branchengewinn, falls diese Nebenbedingung bindet:

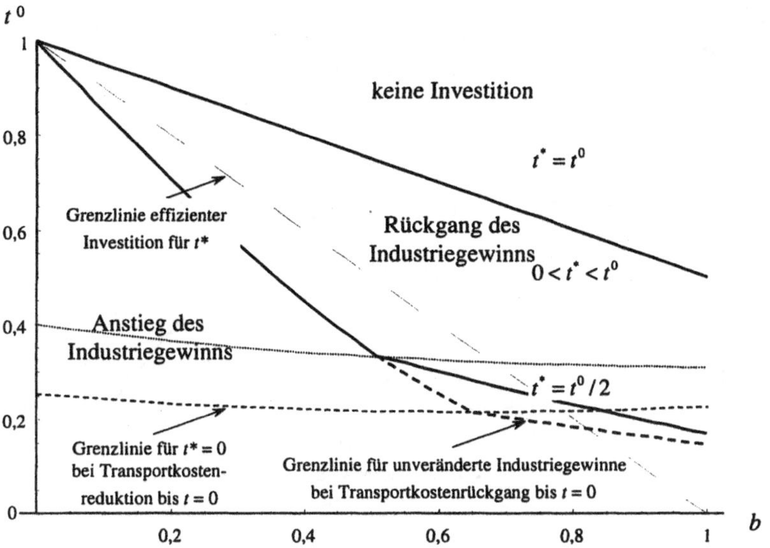

Abbildung 4.12: Auswirkung der Investition in elektronische Koordination auf den Industriegewinn – physische Produkte im Mengenwettbewerb

$$G^C(t^0) = G^C(t^0/2) \iff t^0 = \frac{4(2-b)^2}{28 - 5b^2 + b^4} \tag{4.106}$$

Abbildung 4.12 zeigt, welche Auswirkungen eine solche Transportkostenuntergrenze auf den Branchengewinn hat: Auch bei höheren t^0-Werten als zuvor wirkt sich elektronische Koordination nun positiv auf den Industriegewinn aus.

Im Preiswettbewerb erfolgt die Berechnung der Grenzlinien für beide Fälle $t = t^*$ und $t = 0$ analog. Die Ergebnisse werden in Abbildung 4.13 dargestellt.

$$\begin{aligned} G^B(t^0) &= G^B(t^{B^*}) \iff \quad (4.107) \\ t^0 &= \frac{(1-b)(2+b)(24 - 24b - 50b^2 + 40b^3 + 35b^4 - 16b^5 - 10b^6 + 2b^7 + b^8)}{48 - 100b^2 + 80b^4 - 39b^6 + 10b^8 - b^{10}} \end{aligned}$$

$$\begin{aligned} G^B(t^0) &= G^B(0) \iff \\ t^0 &= \frac{2(2-b-b^2)^2}{(1-b^2)(20 - 7b^2 + b^4) + 2b^4} \quad (4.108) \end{aligned}$$

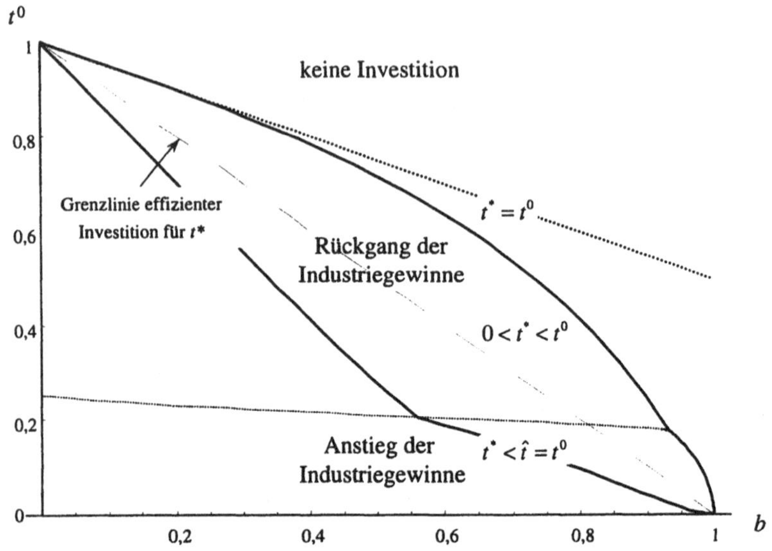

Abbildung 4.13: Auswirkung der Investition in elektronische Koordination auf den Industriegewinn – digitale Produkte im Preiswettbewerb

Je nachdem, welcher Absatzmarkt betrachtet wird, nimmt ein Unternehmen die Position des lokalen Anbieters (wie Unternehmen 1) oder des marktfernen Unternehmers 2 ein. Dies muß bei der Interpretation der Ergebnisse berücksichtigt werden:

- Die strategische Situation der Unternehmen gleicht der des Gefangenendilemmas. Für jeden Anbieter ist es zwar individuell rational, in das Terrain des Konkurrenten einzudringen. Da sein Gegenspieler genauso handelt, sinken jedoch aufgrund intensiverer Konkurrenz die Gewinne auf den Heimatmärkten. Dies kann dazu führen, daß der Branchengewinn trotz der Kosteneinsparungen beim Transport sinkt.

- Sowohl bei digitalen als auch bei physischen Gütern gilt: Je höher die ursprünglichen Transportkosten sind, um so mehr müssen sich die Produkte beider Unternehmen unterscheiden, damit diese von elektronischer Koordination profitieren.

- Deutliche Unterschiede zwischen Cournot- und Bertrand-Spiel gibt es bei annähernd identischen Produkten: Für Hersteller digitaler Produkte, die in Preisen konkurrieren, schwindet dann jeglicher Investitionsanreiz. Selbst wenn die Transportkosten in der Ausgangslage niedrig waren, sinken die Gewinne mit Aufkommen eines elektronischen Marktes.
- Anbieter physischer Produkte laufen weniger Gefahr, durch die Einführung eines elektronischen Marktes zu verlieren. Wenn die Transportkosten nur mäßig reduziert werden können, wirkt der (gewinnsteigernde) Rückgang der Transportkosten eher stärker als der gegenläufige strategische Effekt.

Für die Anbieter bleibt somit als wenig überraschendes Fazit, daß es für sie prinzipiell von Vorteil wäre, ihre Investitionen in elektronische Koordination auf Branchenebene zu koordinieren. Ein solcher Versuch sollte jedoch die Wettbewerbsbehörden aufhorchen lassen, da es in diesem Fall aus gesamtwirtschaftlicher Sicht zu einer Unterinvestition kommt. Aber auch bei nicht-kooperativ getroffenen Investitionsentscheidungen ergeben sich – zumindest aus theoretischen Überlegungen – Spielräume für wohlfahrtserhöhende wirtschaftspolitische Eingriffe. Da es jedoch je nach konkreter Situation zu Unter- oder Überinvestition kommen kann, dürfte es unter Berücksichtigung von Informationsasymmetrien am sinnvollsten sein, auf weitergehende Politikmaßnahmen, beispielsweise die Subventionierung von Investitionen, zu verzichten.

4.2.5 Zusammenfassung der Ergebnisse

Ausgangspunkt der Überlegungen dieses Abschnitts war, daß eine Transportkostensenkung, wie sie durch elektronische Koordination ermöglicht wird, als Spezialfall einer asymmetrischen (Produktions-)Kostensenkung interpretierbar ist. Die im Abschnitt 4.1 hergeleiteten Ergebnisse konnten somit übertragen und weiterentwickelt werden, um die Zusammenhänge zwischen der Wirkung einer Transportkostensenkung auf das Marktergebnis und Marktspezifika wie der Wettbewerbsstrategie (Preis- oder Mengenwettbewerb) oder dem Homogenitätsgrad der Produkte zu ermitteln. In einem weiteren Schritt wurde von privaten Investitionen der Unternehmen zum Zwecke einer individuellen Transportkostensenkung ausgegangen. Hierbei wurde herausgearbeitet, daß die Unterschiede zwischen physischen und digitalen Produkten sich dadurch bemerkbar machen, daß bei diesen Produkttypen jeweils eine ganz bestimmte Kombination der Wettbewerbsform mit der Struktur der Investitionskostenfunktion vorherrschend ist. Für digitale wie für physische Produkte lassen sich demnach konkrete Vorhersagen über die Wirkung elektronischer Koordination auf das Marktergebnis treffen.

Hervorzuheben sind die unterschiedlichen Zielfunktionen eines sozialen Planers und eines Produzenten bei einer Transportkostenreduktion: Der Unternehmer berücksichtigt dabei weder deren negative Auswirkung auf den Gewinn des Konkurrenten, noch die positive Wirkung auf die Höhe der Konsumentenrente. Die relative Stärke dieser Effekte entscheidet darüber, ob die private Investitionsentscheidung in eine Über- oder eine Unterinvestition im Vergleich zum effizienten Ergebnis mündet. Während also innere Lösungen generisch ineffizient sind, sind die Randlösungen einer unterlassenen Investition oder einer maximal möglichen Transportkostenreduktion häufig effizient. Es wurde gezeigt, daß Unterinvestition im Mengenwettbewerb vor allem dann auftritt, wenn die Güter sich sehr voneinander unterscheiden und wenn die Transportkosten im Marktgleichgewicht deutlich unterhalb der Markteintrittsschranke liegen. Bei relativ homogenen Produkten und dann, wenn die Transportkosten nur wenig unterhalb der Eintrittsbarriere liegen, ist Überinvestition die Folge. Randlösungen der privaten Investitionsentscheidung (also keine bzw. eine Komplettreduktion der Transportkosten) sind im Mengenwettbewerb immer effizient.

Unter den Bedingungen des Preiswettbewerbs ist die Grenzlinie zwischen den inneren Marktlösungen mit Unter- und Überinvestition dieselbe wie im Mengenwettbewerb. Auch eine Investition, die zu nachfolgenden Transportkosten von Null führt, ist effizient. Aufgrund des niedrigeren Gewinniveaus ist allerdings die Markteintrittsschranke restriktiver als die des Mengenwettbewerbs. Bei dazwischenliegenden Parameterwerten lohnt sich eine geringfügige Transportkostensenkung nicht, obwohl sie den lokalen Marktanbieter dazu veranlassen würde, seinen Eintrittssperrenpreis zu senken und somit die gesamtwirtschaftliche Rente erhöht werden könnte.

Das Bild vervollständigt sich, wenn diese Ergebnisse mit dem Wissen über die Unterschiede zwischen physischen und digitalen Produktmärkten kombiniert werden. Die wahrscheinlichen Auswirkungen einer Einführung elektronischer Koordination werden auf diese Weise ersichtlich:

- Physische Produktmärkte werden durch ein Cournot-Oligopol adäquat beschrieben, wobei davon auszugehen ist, daß die Transportkostenunterschiede zwischem lokalen und marktfernen Anbieter signifikant sind und durch

Einführung elektronischer Koordination nur teilweise und mit hohem Logistikaufwand reduziert werden können. Unter diesen Voraussetzungen ist davon auszugehen, daß Parameterkonstellationen vorherrschen, in denen die Anbieter aus Effizienzsicht zu viel investieren oder gänzlich vor Investitionen in Transportkosten zurückschrecken (letzteres wäre dann effizient).

- Dagegen ist davon auszugehen, daß die Transportkosten digitaler Produkte im Zuge elektronischer Koordination mit einem vergleichsweise geringen Aufwand auf (nahezu) Null reduziert werden können. Digitale Güter dürften zudem eine deutlichere Differenzierung aufweisen als physische Produkte, da andernfalls im nahezu homogenen Preiswettbewerb kaum Gewinne zu erwirtschaften wären. Im Ergebnis ist daher Unterinvestition oder eine effiziente Randlösung mit Transportkosten von Null zu erwarten.

Auf den ersten Blick sprechen diese Ergebnisse für ein staatliches Eingreifen, um ein effizientes Ausmaß elektronischer Koordination herbeizuführen, welches bei einer privaten Investitionsentscheidung in der Regel nicht erreicht wird. Allerdings kann die private Entscheidung sowohl zu Unter- als auch zu Überinvestition führen, wobei das genaue Resultat von zahlreichen Faktoren, wie etwa der Marktnachfrage oder dem genauen Verlauf der Investitionskostenfunktion abhängt. Da für die Wirtschaftspolitik diese Marktinformationen nur schwer zugänglich sind, ist also von einem staatlichen Eingreifen abzuraten. Ausnahmsweise sollte es nur dann gestattet sein, wenn der potentielle Markteintritt eines digitalen Substitutgutes die Monopolmacht eines lokalen Anbieters brechen könnte: Dann wäre eine öffentlich finanzierte Investition in Transportkostensenkung sinnvoll, selbst wenn kein Markteintritt des entfernten Konkurrenten erfolgen würde.

Als weiteres Feld staatlicher Betätigung bleibt die Wettbewerbsaufsicht. Wie sich im vorangegangen Abschnitt gezeigt hat, besteht für die Anbieter der Anreiz, Entscheidungen über eine Investition in elektronische Koordination auf Branchenebene zu koordinieren. Ein solcher Versuch sollte die Wettbewerbsbehörden aufhorchen lassen, da in diesem Fall aus gesamtwirtschaftlicher Sicht zu wenig investiert wird.

4.3 Zusammenhang zwischen Transportkosten- und Produktdifferenzierungsentscheidung

Der Aspekt der Wechselwirkung zwischen Prozeß- und Produktinnovation wurde bisher vernachlässigt. Tatsächlich dürfte sich die Entscheidung eines Unternehmers, in den Aufbau elektronischer Koordination zu investieren, auch auf die Produktdifferenzierung auswirken. Einer Studie von Müller und Schoder (1999, S. 26) zufolge verbinden die meisten Unternehmen mit einer Investition in elektronische Koordination nicht nur das Ziel einer Kostenführerschaft, sondern erhoffen sich auch, dadurch in einem verstärkten Ausmaß neue und verbesserte Produkte anbieten zu können. Zu einem ähnlichen Schluß kommt Rosenkranz (2003, S. 183), derzufolge in den westlichen Industrieländern etwa 60% der F+E-Ausgaben der Entwicklung kostengünstigerer Prozesse dienen, während die restlichen 40% für die Produktinnovation vorgesehen sind. Zudem lassen sich Studien wie die von Imai (1992) dahingehend interpretieren, daß Investitionen selten ausschließlich in Produkt- oder Prozeßinnovation, sondern meistens gleichzeitig in beide Innovationsrichtungen erfolgen (vgl. Rosenkranz, 2003, S. 183).

Konsequenterweise widmen sich daher eine Reihe von theoretischen Aufsätzen beiden Innovationsrichtungen gleichermaßen: Bonanno und Haworth (1998) untersuchen im Kontext eines Modells mit vertikal differenzierten Produkten, ob die strategische Form des Wettbewerbs oder die Produktqualität eines Anbieters Auswirkung auf dessen Entscheidung zwischen Produkt- und Prozeßinnovation hat. Näher am eigentlichen Thema ist der Aufsatz von Belleflamme (2001), der das bekannte Produktivitätsparadoxon[41] der IT-Industrie, das in den 90er Jahren für Aufmerksamkeit gesorgt hat, damit erklärt, daß die Unternehmen mit ihren Investitionen in Informations- und Kommunikationstechnologien nicht immer eine Kostenführerschaft, sondern häufig eine (horizontale) Differenzierung von den Konkurrenzprodukten anstreben.

[41] Bis zu Beginn der 90er Jahre des vergangenen Jahrhunderts wurde trotz massiver Investitionen in Informationstechnologie kein Produktivitätsfortschritt durch die Verbreitung dieser Technologien belegt. Erklärungsansätze für dieses Phänomen finden sich beispielsweise bei Belleflamme (2001, S. 228f.). In Studien mit einem späteren Untersuchungszeitraum läßt sich die Existenz eines Produktivitätsparadoxon jedoch nicht mehr nachweisen. Stiroh (2002) findet sogar einen engen Zusammenhang zwischen der Höhe des IT-Kapitalstocks und dem gestiegenen Produktivitätswachstum in der US-Ökonomie, das in den späten 90er Jahren zu verzeichnen war.

Rosenkranz (2003), sowie Lin und Saggi (2002) untersuchen hingegen die strategische Interaktion zwischen Kostensenkungs- und Differenzierungsentscheidungen. Sie kommen zum Schluß, daß bei einem Anstieg der Zahlungsbereitschaft der Kunden oder bei einem Rückgang der Produktionskosten der Anreiz zur Investition in Produktinnovation ansteigt. Aufgrund der symmetrischen Ausgangsposition der Unternehmen in diesen beiden Modellen sind die Ergebnisse jedoch nicht auf das im vorherigen Abschnitt dargestellte Marktmodell übertragbar, in dem einem lokal ansässigen Anbieter jeweils ein Konkurrent mit höheren Transportkosten gegenübersteht.

Aus diesem Grund verwenden Bandulet und Morasch (2002) den im Abschnitt 4.2 dargestellten Modellrahmen, um zunächst den privaten Anreiz zur Investition in Produktdifferenzierung zu diskutieren. Anschließend wird die kombinierte Transportkostensenkungs- und Produktdifferenzierungsentscheidung betrachtet und die private Lösung mit dem Kalkül eines sozialen Planers verglichen. Die Ausführungen dieses Gliederungspunktes folgen im wesentlichen dem soeben skizzierten Gedankengang der beiden Autoren.

4.3.1 Wohlfahrtseffekte der Produktdifferenzierung

Die Auswirkung einer marginalen Änderung des Grades der Produktdifferenzierung auf die ökonomischen Renten der Produktionsstufe wird durch die Berechnung der entsprechenden Ableitungen $\partial g_1/\partial b$, $\partial g_2/\partial b$ und $\partial KR/\partial b$ deutlich. Der Wert der Konsumentenrente, die auf einem Teilmarkt erzielt wird, ergibt sich dabei unter Verwendung der Ergebnisse des Preis- und Mengenwettbewerbs (vgl. Gleichungen 4.56 bis 4.63), die in die Formel zur Berechnung der Konsumentenrente $KR = (1-p_1)x_1 + (1-p_2)x_2 - (x_1^2 + x_2^2 + 2bx_1x_2)/2$ eingesetzt werden; die einstufigen Gewinne im Preis- und Mengenwettbewerb werden durch den bereits verwendeten Zusammenhang $g_i^B = (1-b^2)(x_i^B)^2$ und $g_i^C = (x_i^C)^2$ ermittelt. Unter der Annahme von Mengenwettbewerb ergeben sich folgende Ableitungen (siehe Bandulet und Morasch, 2002, S. 10):

$$\frac{\partial g_1^C}{\partial b} = -\frac{2(2-b)^3 + 4t[(2-b)(2+b)(1-b)] + 2t^2[(4+b^2)b]}{(2-b)^3(2+b)^3} \tag{4.109}$$

$$\frac{\partial g_2^C}{\partial b} = -\frac{2[(2-b)-2t][(2-b)^2+4bt]}{(2-b)^3(2+b)^3} \tag{4.110}$$

$$\frac{\partial KR^C}{\partial b} = -\frac{(1-t)[(2-b)^3 b] + t^2[(4+3b^2)b]}{(2-b)^3(2+b)^3} \tag{4.111}$$

Die Konsumentenrente erhöht sich hierbei mit einer zunehmenden Produktdifferenzierung, also mit sinkendem b. Zwar geht damit auch die Wettbewerbsintensität zwischen den beiden Produzenten zurück, offensichtlich wiegt der positive Effekt der zusätzlichen Zahlungsbereitschaft, die bei einem Anstieg der Differenzierung geschaffen wird, schwerer. Ambivalent ist die Wirkung einer Erhöhung der Produktdifferenzierung auf die Gewinne der Unternehmen: Während der marktferne Anbieter ausnahmslos profitiert, schadet eine marginale Reduktion von b dem einheimischen Produzenten dann, wenn die Transportkosten seines Konkurrenten nur wenig unterhalb der Markteintrittsschranke liegen. Eine zusätzliche Produktdifferenzierung hat somit offensichtlich eine ähnliche Wirkung wie eine Transportkostensenkung, da es dem marktfernen Anbieter in diesem Falle gelingt, seine Verkaufsmenge auf Kosten des lokalen Anbieters auszudehnen.

Im Preiswettbewerb gestalten sich die Ableitungen im Ergebnis ein wenig komplizierter. Sie können aber analog zu denen des Mengenwettbewerbs ermittelt werden (siehe Bandulet und Morasch, 2002, S. 10):

$$\begin{aligned}\frac{\partial g_1^B}{\partial b} &= \frac{-2[(1-b)^2(2+b)^3(1-b+b^2)]}{(2-b)^3(2+b)^3(1-b^2)^2} \\ &+ \frac{2t[(1-b)^2(2+b)(4+2b+4b^2+3b^3)]}{(2-b)^3(2+b)^3(1-b^2)^2} \\ &+ \frac{2t^2[(4+b^2-2b^4)b]}{(2-b)^3(2+b)^3(1-b^2)^2}\end{aligned} \tag{4.112}$$

$$\begin{aligned}\frac{\partial g_2^B}{\partial b} &= -2[(2+b)(1-b) - t(2-b^2)] \times \\ &\frac{[(1-b)(2+b)^2(1-b+b^2) + t((4-2b^2+b^4)b)]}{(2-b)^3(2+b)^3(1-b^2)^2}\end{aligned} \tag{4.113}$$

$$\frac{\partial KR^B}{\partial b} = \frac{3[(1-t)(1-b)^2(2+b)^3 b] + 3t^2[(4-5b^2+2b^4)b]}{(2-b)^3(2+b)^3(1-b^2)^2} \tag{4.114}$$

Während sich die Ableitungen mit Bezug auf die Gewinne der Unternehmen ähnlich wie im Mengenwettbewerb verhalten, ist die geänderte Wettbewerbssituation für die Konsumenten spürbar: Der strategische Effekt eines Rückgangs der Wettbewerbsintensität auf die Konsumentenrente dominiert nun die direkte Wirkung einer höheren

Zahlungsbereitschaft, mit der Folge, daß im gesamten Spektrum eine marginale Zunahme der Produktdifferenzierung zu einem Rückgang der Konsumentenrente führt. Im Preiswettbewerb ist zudem noch der Fall einer marktzutrittsverhindernden Preissetzung zu berücksichtigen: Auch in diesem Bereich hat der lokale Anbieter den Anreiz, das Produkt möglichst wenig von dem des Konkurrenten zu differenzieren, da bei sehr homogenen Gütern der Markteintritt des entfernten Anbieters erschwert wird und dies dem Preisspielraum des lokalen Unternehmens zugute kommt. In diesem Bereich latenter Konkurrenz würden die Konsumenten dagegen von einer marginalen Zunahme der Produktdifferenzierung profitieren. Ausschlaggebend dafür ist allerdings nicht etwa der zusätzliche Nutzen des Konkurrenzproduktes (schließlich wird dieses ja nicht konsumiert), sondern ausschließlich der strategische Effekt der Eintrittsdrohung des marktfernen Anbieters auf die Preispolitik des lokal ansässigen Unternehmens:

$$\frac{\partial g_1^L}{\partial b} = \frac{(1-t)[(2-b)-2t]}{b^3} \tag{4.115}$$

$$\frac{\partial KR^L}{\partial b} = -\frac{(1-t)^2}{b^3} \tag{4.116}$$

Mit Hilfe dieser Ableitungen ist es nun möglich, die Wirkung einer marginalen Änderung der Produktdifferenzierung auf die Gewinne der beiden Unternehmen herzuleiten. Indes gilt zu beachten, daß eine separate Betrachtung der beiden Teilmärkte (also der lokalen Märkte von Unternehmen 1 und 2) nun nicht mehr möglich ist, da sich jede Änderung der Produktdifferenzierung gleichermaßen auf beiden Märkten bemerkbar macht. Eine marginale Variation von b wirkt sich daher bei beiden Unternehmen sowohl auf ihren Gewinn im lokalen Markt, als auch auf den Gewinn im entfernten Markt aus:

$$\frac{\partial g}{\partial b} = \frac{\partial g_1}{\partial b} + \frac{\partial g_2}{\partial b} \tag{4.117}$$

Nur bei deutlich voneinander differenzierten Produkten ist dieser Wert aufgrund des Vorzeichens beider Summanden eindeutig negativ (siehe Gleichungen (4.109) und (4.110) bzw. (4.112) und (4.113)); bei hohen b-Werten ist dagegen $\partial g_1/\partial b$ aufgrund des strategischen Effektes positiv. Eine marginale Zunahme der Produktdifferenzierung erhöht demnach nur dann den Unternehmensgewinn, wenn gilt:

$$\frac{\partial g_1}{\partial b} + \frac{\partial g_2}{\partial b} \leq 0 \tag{4.118}$$

Im Mengenwettbewerb ergibt sich durch Einsetzen der Werte aus den Gleichungen (4.109) und (4.110) ein Transportkostenwert von $t^C_{(b)}$, der diese Bedingung mit

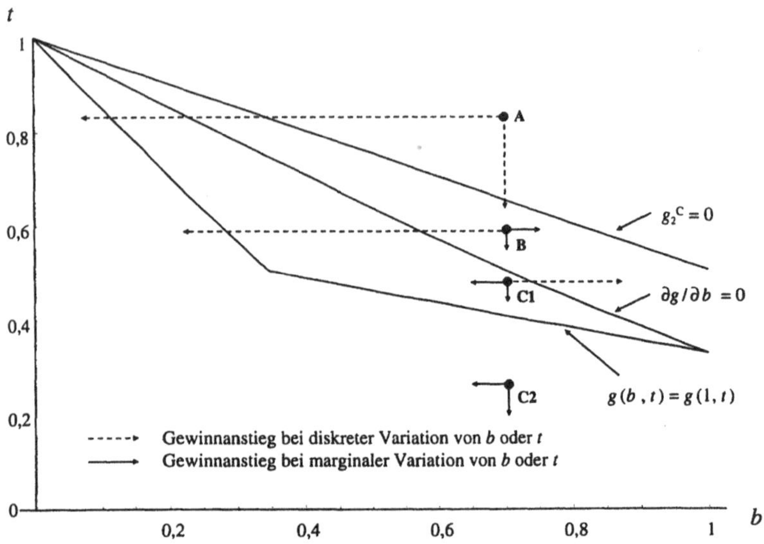

Abbildung 4.14: Anreize zur Investition in Produkt- und Prozeßinnovation – Mengenwettbewerb

Gleichheit erfüllt. Bei niedrigeren Transportkosten führt also eine Verringerung von b zu einer Steigerung des Gesamtgewinns, während bei Transportkosten oberhalb von $t^C_{(b)}$ das Gegenteil der Fall ist:

$$t^C_{(b)} = \frac{(-2+b)^3 + \sqrt{(4-b^2)^3}}{12b + b^3} \tag{4.119}$$

Analog ergibt sich im Preiswettbewerb der Grenzwert $t^B_{(b)}$, der mit Hilfe der Ableitungen (4.112) und (4.113) berechnet wird:

$$t^B_{(b)} = \frac{(1-b)^2(2+b)^3(1-b+b^2) - \sqrt{(4-b^2)^3(1-b^2)^2(1+b^2+b^4)}}{-12b + 7b^3 - 2b^5 + b^7} \tag{4.120}$$

Die Ergebnisse finden sich in den Abbildungen 4.14 (Cournot-Wettbewerb) und 4.15 (Bertrand-Wettbewerb) wieder, in denen die verschiedenen Investitionsanreize eines Dyopolisten in Abhängigkeit von den Parameterwerten (b, t) dargestellt werden. Der marginale Anstieg des in der Produktionsstufe erzielten Gewinns, der mit einer zusätzlichen Produktdifferenzierung bzw. einer Angleichung der Produkteigenschaften verbunden ist, wird als durchgezogener horizontaler Pfeil in die entsprechende Richtung dargestellt. Aus Abschnitt 4.2 ist auch der marginale Anreiz aller aktiven marktfernen Anbieter bekannt, ihre Transportkosten zu senken und auf diese Weise den im von ihnen entfernt gelegenen Teilmarkt erwirtschafteten Gewinn zu erhöhen. Dieser Anreiz wird durch den durchgezogenen, nach unten gerichteten Pfeil dargestellt.

Im Mengenwettbewerb lassen sich daraus zwei verschiedene Bereiche mit unterschiedlichen Anreizkombinationen aus Produktdifferenzierung und Transportkostensenkung ableiten:

- Liegen die Parameter (b, t) im Bereich B, besteht für die beiden Unternehmen jeweils der marginale Anreiz, ihre Transportkosten zu senken und ihre Produkteigenschaften einander anzugleichen.

- Im Bereich $C1$ und $C2$ erhöht sich dagegen der Gewinn eines jeweiligen Anbieters bei einem marginalen Anstieg der Differenzierung sowie einem marginalen Rückgang der Transportkosten.

Im Preiswettbewerb muß zusätzlich noch der Bereich L der latenten Markteintrittsdrohung berücksichtigt werden, in dem zwar ein marginaler Anreiz zur Produkthomogenisierung besteht, da sich auf diese Weise die Wettbewerbsposition des im Markt aktiven Unternehmens erhöht, für den marktfernen Unternehmer aber kein marginaler Anreiz vorliegt, seine Transportkosten marginal zu reduzieren, da er auch nach einer solchen Kostensenkung außen vor bleibt und er somit keinen Gewinnanstieg erhoffen kann.

Die gestrichelten Pfeile markieren die Richtungen diskreter Innovationsschritte, die einen Anstieg des in der Wettbewerbsstufe erzielten Gewinns versprechen: Ausgehend von A ist dies beispielsweise bei einer diskreten Transportkostensenkung der Fall, die einen rentablen Zutritt zum entfernten Teilmarkt ermöglicht. Wie aus den Abbildungen 4.5 und 4.6 zu ersehen ist und bereits erläutert wurde, ist in der Gesamtbetrachtung dennoch ein Gewinnrückgang wahrscheinlich, wenn beide Dyopolisten sich simultan zu einem solchen Eintritt in den jeweils entfernten Teilmarkt entscheiden. Von einem diskreten Anstieg der Produktdifferenzierung, wie sie ausgehend von den Punkten A, B und L vorgenommen wird, profitieren hingegen beide Dyopolisten gleichermaßen. Links der Kurven $g(b, t) = g(1, t)$ übersteigt der auf der zweiten Stufe erzielte Gewinn eines Unternehmens den bei gleichen Transportkosten t auf einem homogenen Produktmarkt erwirtschafteten Gewinn. Bei einer Parameterkonstellation von $C1$ besitzt dagegen jeder Anbieter einen diskreten Anreiz dazu, die Eigenschaften seines Produktes an die des Konkurrenzangebotes anzugleichen. Dadurch stärkt der Unternehmer die Position auf seinem Heimatmarkt und nimmt dafür in Kauf, daß seine Wettbewerbsstellung auf dem lokalen Teilmarkt des Konkurrenten geschwächt wird – über beide Märkte aggregiert, verbuchen dennoch beide Anbieter einen Gewinnanstieg. So überschreiten die auf einem homogenen Produktmarkt erzielten Gewinne jeweils die bei gleichen Transportkosten im Bereich $C1$ erwirtschafteten Beträge.

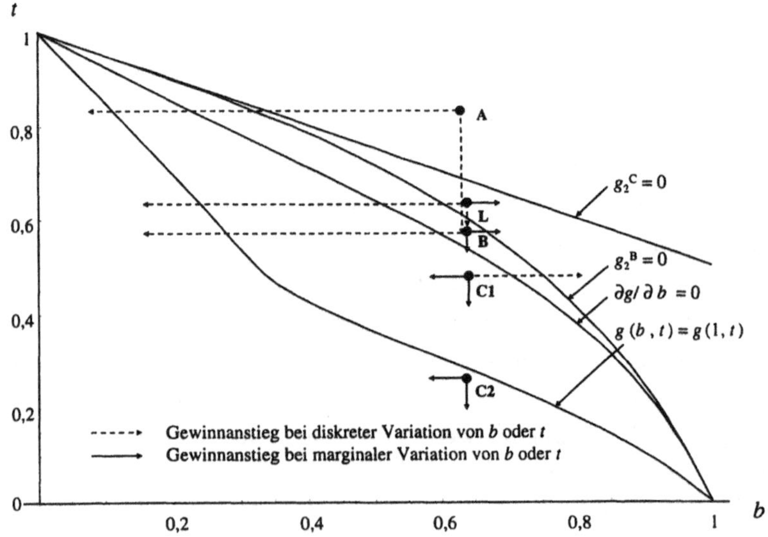

Abbildung 4.15: Anreize zur Investition in Produkt- und Prozeßinnovation – Preiswettbewerb

4.3.2 Gesamtwirtschaftliche Analyse der marginalen Investitionsanreize

Die Überlegungen des vorangegangenen Abschnittes haben gezeigt, daß bei schon in der Ausgangslage hinreichend differenzierten Produkten eine weitere marginale horizontale Differenzierung des eigenen Angebots vom Konkurrenzprodukt lohnend ist. Ob und in welchem Ausmaß ein Unternehmen tatsächlich in Produktinnovation investiert, hängt allerdings von den damit verbundenen Kosten ab. Ziel der Ausführungen von Bandulet und Morasch (2002) ist es, die Effizienz einer solchen Investitionsentscheidung zu untersuchen. Die wesentlichen Ergebnisse dieser Analyse werden hier dargestellt.

Formulierung der Investitionsfunktion

Bandulet und Morasch (2002) gehen davon aus, daß eine solche Investition zeitlich gesehen vor der Produktion anfällt und die Entscheidung gleichzeitig mit der zuvor behandelten transportkostensenkenden Maßnahme getroffen wird. Durch eine Investition des Unternehmens i in Produktdifferenzierung wird ein ursprünglicher Homogenitätsgrad von b^0 um $d_i \in [0, b^0/2]$ reduziert; dabei fallen gemäß der Modellierung von Bandulet und Morasch (2002, S. 11f.) Kosten in Höhe von $I_d(d_i)$ an, die konvex in d_i ansteigen, d. h. $I'_d > 0$ und $I''_d \geq 0$. Durch die weitere Annahme, daß $I'_d(0) = 0$ und $I'_d(b^0/2) \to \infty$, wird die Existenz einer inneren Lösung sichergestellt, sofern in der Ausgangslage ein positiver Anreiz zur zusätzlichen Produktdifferenzierung bestand. Bei hinreichend hohen Transportkosten ist diese Bedingung nicht erfüllt. Hier könnte ein Anreiz zur Anpassung der Produkteigenschaften an das Konkurrenzangebot bestehen. Im Modell wird dies durch die Wahl eines negativen d_i-Wertes ($d_i \in [-(1 - b^0)/2; 0]$) dargestellt, wobei Kosten in Höhe von $I_d(d_i)$ mit $I'_d < 0$ entstehen. Im Unterschied zur vorherigen Annahme müssen die Kosten in diesem Bereich aber nicht konvex verlaufen.

Privatwirtschaftliche Anreize zur Investition in Produktdifferenzierung und gesamtwirtschaftliche Effizienz

Bandulet und Morasch (2002, S. 16) betrachten zunächst die privaten Investitionsentscheidungen $I_d(d_i)$ der beiden Unternehmen und gehen davon aus, daß diese simultan und nicht-kooperativ getroffen werden. Die beiden Produzenten berücksichtigen demnach jeweils die Auswirkung einer marginalen Änderung von b auf den nachfolgenden Gewinn g_i^i im lokalen Markt sowie auf den Gewinn g_j^i im vom jeweiligen Unternehmen entfernten Markt und rechnen sie den Investitionskosten der ersten Stufe entgegen. Die Bedingungen erster Ordnung für ein Nash-Gleichgewicht werden im folgenden linearen Gleichungssystem erfaßt (siehe auch Bandulet und Morasch, S. 16, 2002, S. 16):

$$\frac{\partial g_1^1}{\partial d_1} + \frac{\partial g_2^1}{\partial d_1} - \frac{\partial I_d}{\partial d_1} = 0 \tag{4.121}$$

$$\frac{\partial g_1^2}{\partial d_2} + \frac{\partial g_2^2}{\partial d_2} - \frac{\partial I_d}{\partial d_2} = 0 \tag{4.122}$$

Die Bedingungen für ein Wohlfahrtsmaximum unterscheiden sich von (4.121) und (4.122), da ein sozialer Planer die zusätzliche Auswirkung einer additiven Produktdifferenzierung d_i auf die Konsumentenrente berücksichtigt. Zudem hat eine horizontale Produktinnovation Eigenschaften eines öffentlichen Gutes: Sie wirkt – sofern beide Märkte gemeinsam betrachtet werden – symmetrisch, d. h. der Konkurrent profitiert im gleichen Umfang vom geänderten Ausmaß an Produktdifferenzierung. Weiters würde ein sozialer Planer eine kostenminimierende Kombination (d_1, d_2) wählen, um einen bestimmten Homogenitätsgrad $b^0 - (d_1 + d_2)$ zu erzielen. Da für beide Unternehmen eine identische und (im positiven Bereich) konvexe Investitionskostenfunktion angenommen wurde, gilt für die gesamtwirtschaftlich effiziente Kombination $d_1 = d_2$.

Da sich die Unternehmen ihrerseits ebenfalls in einer symmetrischen Ausgangslage befinden, treffen sie auch identische Innovationsentscheidungen d_1 und d_2. Demnach sollte ein bestimmter Grad an Produktdifferenzierung b zu finden sein, der sowohl bei Wohlfahrts- als auch bei Gewinnmaximierung durch die gleichen Investitionsentscheidungen $d = d_1 = d_2$ erreicht wird. Analog zur Bestimmung der Transportkostenreduktion ist es also möglich, die effiziente und die gewinnmaximierende Investitionsentscheidung jeweils durch eine einzige Bedingung erster Ordnung auszudrücken. Dies geschieht, indem zunächst d_1 und d_2 durch d substituiert, und dann die daraus resultierenden Bedingungen erster Ordnung mit dd/db multipliziert werden. Mit $g^i = g_i^i + g_j^i$ als dem Gewinn, den Firma i in der Outputstufe in beiden Teilmärkten erzielt, und KR als der Konsumentenrente in einem der beiden Märkte läßt sich nun die Bedingung erster Ordnung für ein Gewinnmaximum in

Abhängigkeit von b darstellen:

$$\frac{\partial g^i}{\partial b} - \frac{\partial I_d}{\partial b} = 0 \qquad (4.123)$$

Als Marginalbedingung für ein Wohlfahrtsmaximum erhält man:

$$\frac{\partial g^i}{\partial b} + \frac{\partial g^j}{\partial b} + 2 \cdot \frac{\partial KR}{\partial b} - \frac{\partial I_d}{\partial b} = 0 \qquad (4.124)$$

Da sich aus Symmetriegründen die Gewinne der beiden Unternehmen entsprechen, d. h. $g^1 = g^2 = g$, wird die Grenzlinie effizienter Anreize zur Investition in Produktdifferenzierung durch folgende Funktion implizit dargestellt:

$$\frac{\partial g(b^*)}{\partial b} + 2 \cdot \frac{\partial KR(b^*)}{\partial b} = 0 \qquad (4.125)$$

Durch Einsetzen der entsprechenden Werte (4.109), (4.110) und (4.111) in diese Formel ergibt sich für Cournot-Wettbewerb folgende Grenzlinie effizienter Investition in horizontale Produktdifferenzierung:

$$t^C_{(d)} = \frac{2-b}{2} \qquad (4.126)$$

Dies entspricht der Bedingung (4.64) für Marktzutritt des entfernten Anbieters. Da die Unternehmen also die positiven Externalitäten einer Differenzierungsentscheidung auf den Gewinn des Konkurrenten und auf die Konsumentenrente ignorieren, wird generell ein zu geringes Ausmaß an Produktheterogenität erreicht. Bei Parameterwerten nahe der Markteintrittsbarriere besteht sogar ein (zu großer) Anreiz, das eigene Produkt dem des Konkurrenten anzugleichen. Da auch hier – ausgehend vom Marktgleichgewicht – eine marginale Abnahme von b effizienzerhöhend wäre, kann auch diese Situation als Unterinvestition in Produktdifferenzierung interpretiert werden. Ferner ist zu beachten, daß in den Parameterbereichen des Mengenwettbewerbs, in denen kein Eintritt des marktfernen Konkurrenten stattfindet, der lokale Unternehmer als unrestringierter Monopolist agiert. Hier hat eine marginale Änderung von b weder eine Wirkung auf die Höhe der Konsumentenrente, noch auf den Gewinn des lokalen Anbieters.

Analog ergibt sich durch Einsetzen der Formeln (4.112), (4.113) und (4.114) in die Gleichung (4.125) und Auflösen nach t die entsprechende Grenzlinie im Preiswettbewerb:

$$\begin{aligned} t^B_{(d)} = & \frac{(1-b)^2(2+b)^2(-1+2b)}{2b(6-4b^2+b^4)} \\ & + \frac{\sqrt{(2-b)^2(1-b)^2(1+b)^2(2+b)^2(-1+2b)(1+2b)}}{2b(6-4b^2+b^4)} \end{aligned} \qquad (4.127)$$

Bei niedrigen b-Werten investieren die Unternehmen demnach zu wenig in Produktdifferenzierung. Dies liegt an der schon genannten positiven Externalität der Differenzierungsinvestition. Bei ursprünglich engen Substituten besteht hingegen für die Unternehmen aus strategischen Gründen der Anreiz, sich dem scharfen Preiswettbewerb durch eine Flucht in zusätzliche Produktdifferenzierung zu entziehen. Dies führt zur Überinvestition in Produktdifferenzierung. Liegen die Transportkosten nur knapp unterhalb der Markteintrittsschranke, besteht für die Anbieter der Anreiz, durch eine stärkere Homogenisierung der Produkte den marktfernen Produzenten aus dem Markt herauszudrängen. Allerdings ist dieser Anreiz aus gesamtwirtschaftlicher Sicht zu schwach ausgeprägt - eine weitergehende Angleichung der Produkteigenschaften wäre daher wünschenswert. Auch dies kann als Überinvestition in Produktdifferenzierung interpretiert werden. Im Fall der latenten Markteintrittsdrohung des marktfremden Unternehmens (also bei Parameterwerten zwischen $\bar{t}^B$ und $\bar{t}^C$) wäre es aus gesamtwirtschaftlicher Sicht sinnvoll, diese Drohung durch eine marginale Differenzierung der Produkteigenschaften zu verstärken, um den Preissetzungsspielraum der lokalen Monopolisten herabzusenken. Für diese besteht natürlich der entgegengesetzte Anreiz, die Eigenschaften ihrer Erzeugnisse aneinander anzugleichen, um den Markteintritt des potentiellen Konkurrenten zu erschweren. Dies ist als ein spezieller Fall von Unterinvestition in Produktdifferenzierung interpretierbar.

Interpretation der Ergebnisse

Bandulet und Morasch (2002, S. 17f.) machen darauf aufmerksam, daß die Marktlösung einer simultanen Investition in Produktdifferenzierung und Transportkostensenkung nur dann einem sinnvollen Vergleich mit dem gesamtwirtschaftlichen Optimum unterzogen werden kann, wenn auch die Wechselwirkung zwischen diesen beiden Innovationsrichtungen berücksichtigt wird. Folgendes Beispiel diene der Veranschaulichung: In einer Situation mit Unterinvestition sowohl in Produktdifferenzierung als auch in Transportkostensenkung ist nur dann das Ausmaß der Produktdifferenzierung im Optimum notwendigerweise höher als in der Marktlösung, wenn mit einem Rückgang der Transportkosten nicht auch ein sinkender Anreiz zur Investition in Produktdifferenzierung verbunden ist. Voraussetzung für eine weitergehende Analyse ist also die Kenntnis der entsprechenden Kreuzableitungen $\partial w/(\partial t \partial b)$ und $\partial g/(\partial t \partial b)$, die sich anhand der Ergebnisse des Abschnittes 4.3.1 ermitteln lassen und im Cournot- und Bertrand-Wettbewerb jeweils eindeutig positiv sind, so daß ein Transportkostenrückgang immer mit einem Anstieg des Anreizes, in Produktdifferenzierung zu investieren, einhergeht. Umgekehrt gilt dieser Zusammenhang ebenfalls.

In Anlehnung an Bandulet und Morasch (2002) lassen sich die Ergebnisse wiederum in einem (b^*, t^*)-Diagramm darstellen und interpretieren, wobei erneut nicht die Ausgangswerte, sondern die Ergebnisse nach vollzogener Investitionsentscheidung wiedergegeben werden. Die durchgezogenen Linien markieren die Grenzen zwischen Über- und Unterinvestition, während die punktierten Linien die Bereiche voneinander abgrenzen, in denen für die Unternehmen oder einen sozialen Planer der Anreiz besteht, den Grad der Produktdifferenzierung marginal zu erhöhen oder zu senken.

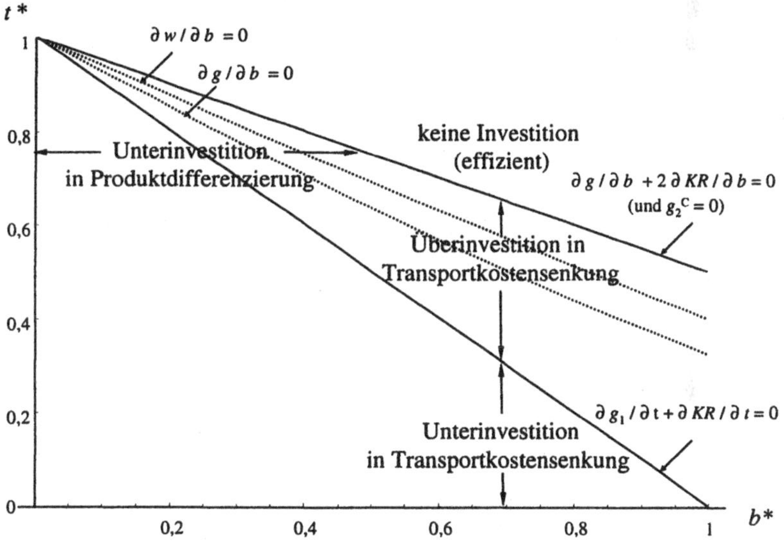

Abbildung 4.16: Investition in Produktinnovation und Transportkostensenkung – Marktergebnis vs. effiziente Lösung im Mengenwettbewerb

Abbildung 4.16 stellt die Situation auf Märkten mit Mengenwettbewerb, also bei physischen Produkten, dar: Im Bereich oberhalb der Nullgewinnbedingung ist die Entscheidung der Unternehmen, nicht zu investieren, auch effizient. Ein Markteintritt wäre aufgrund der hohen Transportkosten des fernen Unternehmens ineffizient und aus gesamtwirtschaftlicher Sicht nicht erwünscht.

Insbesondere im Falle nahezu homogener Güter, aber auch bei Transportkosten wenig unterhalb der Markteintrittsbarriere fallen die Anreize zur Investition in Transportkostensenkung zu hoch aus, während zu geringe Anreize zur Produktdifferenzierung bestehen. Bei einer solchen Kombination aus zu niedrigen und zu hohen Investitionsanreizen läßt sich lediglich ausschließen, daß ein sozialer Planer – im Vergleich zur Marktlösung – den Homogenitätsgrad der Produkte erhöhen und gleichzeitig zusätzlich in Transportkostensenkung investieren würde. Alle anderen Kombinationen sind denkbar: Beispielsweise führen höhere Transportkosten im Optimum dazu, daß eine Investition in Produktdifferenzierung aus gesamtwirtschaftlicher Sicht nun weniger attraktiv als zuvor ist und dies dem prinzipiell höheren gesamtwirtschaftlichen Anreiz zur Investition in Produktdifferenzierung entgegenwirkt. Aus diesem Grunde ist es möglich, daß im Optimum die Transportkosten niedriger sind und das Ausmaß der Produktdifferenzierung das der Marktlösung übersteigt oder eben darunter liegt. Nimmt man als Ausgangspunkt den gesamtwirtschaftlichen Anreiz, die Produkteigenschaften zusätzlich voneinander zu differenzieren, lassen sich auch Optima mit niedrigeren b-Werten, verbunden mit höheren oder niedrigeren Transportkosten als im Marktergebnis, rechtfertigen.

Unterhalb der Grenzlinie $t = 1 - b$ fällt der Vergleich zwischen Marktlösung und Optimum eindeutig aus: In diesem Bereich niedriger Transportkosten und/oder starker Produktdifferenzierung ist eine Unterinvestition in beide Richtungen zu beobachten. Im sozialen Optimum sind daher sowohl die Transportkosten als auch die Produkthomogenität niedriger als in der Marktlösung.

Betrachtet man die entsprechende Darstellung des Preiswettbewerbs (der den Wettbewerb zwischen digitalen Gütern am besten beschreibt) in der Abbildung 4.17, so fallen zwei wesentliche Unterschiede ins Auge: Zum einen gibt es nun Bereiche, in denen ein zu starker Anreiz zur Produktdifferenzierung besteht. Dies liegt daran, daß die Konsumentenrente in b steigt und dies von den Unternehmern bei ihrer Investitionsentscheidung nicht berücksichtigt wird. Eine zusätzliche Grenzlinie teilt die entsprechenden Bereiche mit Über- und Unterinvestition in Produktdifferenzierung voneinander ab. Zum anderen muß die Möglichkeit der latenten Markteintrittsdrohung (im Bereich zwischen $\bar{t}^B$ und $\bar{t}^C$) in Betracht gezogen werden.

Sind die Produkte ausreichend heterogen und liegen die Transportkosten deutlich unterhalb der Markteintrittsschranke, wird auch im Preiswettbewerb in beide

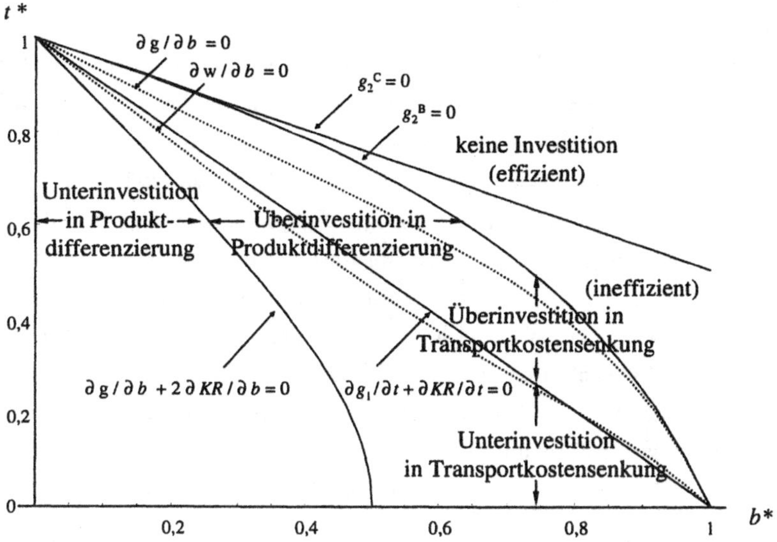

Abbildung 4.17: Investition in Produktinnovation und Transportkostensenkung – Marktergebnis vs. effiziente Lösung im Preiswettbewerb

Richtungen zuwenig investiert. Analog zur Situation des Mengenwettbewerbs steht damit fest, daß im gesamtwirtschaftlichen Optimum die Transportkosten niedriger und zugleich die Produkte stärker voneinander differenziert wären, als im Marktgleichgewicht. In der dreiecksähnlichen Region mit Unterinvestition in Bezug auf Transportkostensenkung und einer zu hohen Investition in Produktdifferenzierung läßt die Wechselwirkung zwischen Produktinnovation und Transportkostensenkung keinen Vergleich zwischen optimaler Lösung und Marktergebnis zu: Es kann lediglich ausgeschlossen werden, daß im gesamtwirtschaflichen Optimum die Transportkosten höher liegen als im Marktgleichgewicht und zugleich ein höheres Ausmaß an Produktheterogenität erzielt wird als in der Marktlösung. Alle anderen Kombinationen sind denkbar.

Für die übrigen Bereiche sind wiederum definitive Aussagen möglich: Im linsenförmigen Bereich oberhalb der Grenzlinie effizienter Transportkostensenkung zeichnet sich das effiziente Ergebnis durch höhere Transportkosten und zugleich homogenere Produkte als im Marktgleichgewicht aus, während im Bereich latenter Markteintrittsdrohung das Gegenteil der Fall ist: Niedrigere Transportkosten, verbunden mit einer stärkeren Produktdifferenzierung, unterscheiden das Optimum vom ineffizienten Marktergebnis, das zustande kommt, da die Unternehmen keinen Anreiz zur Transportkostensenkung verspüren, aber bestrebt sind, ihr Produkt dem Konkurrenzerzeugnis anzugleichen, um den Markteintritt zu erschweren.

Welche Ergebnisse sind nun mit Bezug auf physische und digitale Güter besonders wahrscheinlich? Im Mengenwettbewerb ist davon auszugehen, daß auch nach der Einführung elektronischer Koordination signifikante Transportkosten bestehen bleiben – solche Marktgleichgewichte befinden sich im oberen Bereich der Abbildung 4.16. Ein Verzicht auf Markteintritt – dieser wäre effizient! – oder eine für sich gesehen zu hohe Transportkostensenkung sollte daher besonders häufig anzutreffen sein. Da der letzte Fall immer mit einer Unterinvestition in Produktdifferenzierung einhergeht, ist insgesamt unklar, ob t und b höher oder niedriger als im Optimum ausfallen.

Bei digitalen Gütern können die Transportkosten häufig auf sehr niedrige Werte (oder sogar auf Null) gesenkt werden. Zusammen mit den geringen Kosten, die bei solchen Produkten im Zuge einer Differenzierung vom Konkurrenzangebot anfallen, sind Parameterwerte im linken unteren Teil der Abbildung 4.17 durchaus wahrscheinlich. Das gesamtwirtschaftliche Optimum würde sich dann durch noch niedrigere Transportkosten, verbunden mit einer höheren Heterogenität der Produkte, auszeichnen.

4.3.3 Zusammenfassung der Resultate

Während in den beiden vorangegangenen Teilen dieses Kapitels Anreize und Wirkungen einer (Transport-)Kostensenkung im Mittelpunkt der Analyse standen, wurde in diesem Abschnitt die Produktdifferenzierungsentscheidung und ihre Wechselwirkung mit dem Anreiz zur Transportkostenreduktion in den Fokus der Untersuchung gerückt. Damit sollte der Tatsache Rechnung getragen werden, daß elektronische Koordination nicht nur den Markteintritt in entfernte Märkte, sondern auch die Differenzierung von Produkten erleichtert.

Im Rahmen der Analyse wurden zunächst die Anreize der Unternehmen untersucht, ihre Produkte vom jeweiligen Konkurrenzprodukt zu differenzieren oder die Produkteigenschaften einander anzugleichen. Analog zum Vorgehen im vorherigen Abschnitt wurden die Auswirkungen der Unternehmensentscheidungen auf die Gewinnentwicklung der beiden Anbieter dargestellt und schließlich die kombinierte Produktdifferenzierungs- und Transportkostensenkungsentscheidung der Unternehmen aus gesamtwirtschaftlicher Sicht beurteilt.

Dabei konnte festgestellt werden, daß im Falle eines aktiven Wettbewerbs zwischen den beiden Dyopolisten in der Regel für diese der Anreiz besteht, sich vom Angebot des Konkurrenten zu differenzieren. Zwar ist dieser Investitionsanreiz – ähnlich wie im zuvor analysierten Fall der Transportkostenreduktion – generisch ineffizient, da sich aber eine zusätzliche Produktdifferenzierung im Gegensatz zur Gefangenendilemmasituation der Transportkostensenkung auch positiv auf die Gewinne des Konkurrenten auswirkt, und zudem die Konsumenten vom gestiegenen Produktnutzen profitieren, fällt der Investitionsanreiz im allgemeinen zu gering aus. Lediglich für die Hersteller digitaler Produkte, die sich im Preiswettbewerb befinden, überwiegt bisweilen der wettbewerbsbeschränkende Effekt der Produktdifferenzierung, so daß es dort zur Überinvestition kommen kann. Aufgrund der beschriebenen Wechselwirkungen der Produktdifferenzierungs- und Transportkostenreduktionsentscheidung lassen sich aber in großen Parameterbereichen weder für digitale noch für physische Produktmärkte definitive Aussagen darüber herausarbeiten, ob die Investitionen höher oder niedriger als im effizienten Ergebnis ausfallen.

Eine ganz andere Situation findet sich im Falle der latenten Konkurrenz und in Randbereichen des Dyopolwettbewerbs vor, in denen ein Anbieter den Markt dominiert. Hier rechnet es sich für beide Anbieter, den Grad der Produktdifferenzierung zurückzufahren, um auf diese Weise die Vormachtstellung auf ihren Heimatmärkten zu festigen. Die Auswirkungen einer solchen Maßnahme auf die gesamtwirtschaftliche Wohlfahrt stellen sich je nach Wettbewerbsstrategie unterschiedlich dar: Während im für physische Produkte relevanten Mengenwettbewerb negative Folgen überwiegen, dominiert im Preiswettbewerb der positive Effekt, daß durch die Verdrängung des marktfernen Anbieters Transportkosten eingespart werden – aufgrund der ohnehin niedrigen Transportkosten digitaler Produkte sollte diesem positiven Effekt aber keine hohe Bedeutung beigemessen werden. Im Falle einer latenten Markteintrittsdrohung dürfen die Transportkosten in der wohlfahrtspolitischen Beurteilung gar nicht berücksichtigt werden. Im Bereich des Limit-Pricing überwiegt daher, unabhängig von der Beschaffenheit der gehandelten Güter, der wettbewerbsverringernde Effekt einer Angleichung der Produkte, der den Preisspielraum der Unternehmen erhöht und somit die gesamtwirtschaftliche Effizienz mindert.

Aufgrund der fehlenden Information eines Regulierers über die Kosten von Produktinnovation und Transportkostensenkung sowie der Sensitivität der Ergebnisse sollte auch mit Bezug auf die in diesem Abschnitt untersuchte Differenzierungsentscheidung davon Abstand genommen werden, regulierend in den Markt einzugreifen. Mit Blick auf die besonderen Anreize der Hersteller, ihre Produkteigenschaften bei bestimmten Parameterkonstellationen aneinander anzugleichen, ergibt sich zugleich eine Ausnahme von dieser Faustregel: Sollte dieses Verhalten bei Produzenten digitaler Güter beobachtet werden, die bislang nur im eigenen Markt aktiv sind, kann dieses Verhalten als Versuch gewertet werden, einen zukünftigen Markteintritt zu unterbinden.

Kapitel 5

Elektronische Koordination und Strategiewechsel im Oligopol

Den schillernden Hintergrund dieses Kapitels bildet die seit über einem Jahrhundert geführte Debatte darüber, welche Entscheidungen von Unternehmen – insbesondere im Oligopolkontext – als „strategisch“ anzusehen sind, und welche sich letzten Endes endogen aus den Gesetzen des Marktes ergeben. Aufbauend auf der entsprechenden Darstellung im zweiten Kapitel dieser Arbeit, wird im nun folgenden Abschnitt der Zusammenhang zwischen der Produktionstechnologie eines Unternehmens und dessen strategischer Entscheidungssituation dargestellt. Als Ergebnis wird festgehalten, daß je nach verwendeter Technologie Preis- oder Mengenstrategien plausibel sind. Wenn unterschiedliche Produktionstechnologien zur Herstellung verwendet werden, ist demnach das Entstehen gemischter Oligopole möglich, in denen Preis- mit Mengensetzern konkurrieren. Mit Hilfe eines Ansatzes von Reinhard Selten (1970), der von Cornes und Hartley (2001) weiterentwickelt wurde, wird hier in einem linearen Modell das Nash-Gleichgewicht solcher gemischter Oligopole ermittelt. Innerhalb eines solchen Modellrahmens läßt sich dann der strategische Effekt beleuchten, den ein Wechsel der Produktionstechnologie auf die eigenen Gewinne, die Gewinne der Konkurrenz und die Konsumentenrente hat, und es lassen sich Folgerungen für die Investitionsbereitschaft der Unternehmen in Technologiewechsel ableiten.

5.1 Technologie und Strategie

Für eine Wiederbelebung des im Jahr 1838 von Cournot[1] angestoßenen und von Bertrand im Jahr 1883 aufgegriffenen Diskurses darüber, ob und unter welchen Voraussetzungen der Produktpreis oder die Ausbringungsmenge als strategische Entscheidungsvariable eines Unternehmens anzusehen sei (siehe Friedman, 1983, S. 46f.), sorgte besonders die bahnbrechende Arbeit von Kreps und Scheinkman (1983), in der die Autoren auf den Einfluß der Produktionstechnologie auf die strategische Entscheidungssituation von Unternehmen hinweisen: Sie weisen nach, daß sich ein zweistufiges Oligopolspiel mit Kapazitätenwahl auf der ersten und Preisfestsetzung auf der zweiten Stufe auf ein einstufiges Cournot-Spiel reduzieren läßt.[2] Solange eine Produktionsentscheidung zeitlich vor den Verkauf eines Gutes fällt, oder wenn zunächst irreversible Investitionen nötig sind, um Kapazitäten aufzubauen, kann sich ein Unternehmen glaubhaft an eine Menge binden. Seine strategische Situation entspricht dann der eines Mengensetzers, auch wenn die Güterpreise der zweiten Stufe nicht vom Walrasianischen Auktionator, sondern vom Unternehmen selbst festgesetzt werden. Güth (1995) bestätigt die Ergebnisse dieser Analyse für heterogene Produktmärkte.

Eine andere Herangehensweise zur Modellierung des Zusammenhangs zwischen Technologie und Strategie findet sich im bereits im Abschnitt 2.2.4 diskutierten Ansatz von Klemperer und Meyer (1986, 1989), die davon ausgehen, daß Unternehmen im Oligopol keine Preis- oder Mengenentscheidungen treffen, sondern als Strategie eine Preis-Mengen-Kombination, also eine „strategische Angebotsfunktion" festsetzen. Der spezifische Verlauf dieser Angebotsfunktion hängt von der Steigung der kurzfristigen Grenzkosten und damit von der verwendeten Produktionstechnologie ab. Vives (1999, S. 190ff.) verdeutlicht diesen Sachverhalt in einem modifizierten Ansatz. Er geht davon aus, daß sich die Oligopolisten zunächst einer langfristigen Kostenfunktion gegenübersehen. Durch die Wahl der Produktionskapazitäten legen

[1] Cournot selbst schreibt dazu: „Jedermann macht sich eine ungefähre Vorstellung von den Wirkungen des Wettbewerbs. Es wäre nun Aufgabe der Theorie gewesen, diese Vorstellung genauer zu fassen" (siehe Cournot, 1924, S. 68).

[2] Kreps und Scheinkman (1983) gehen von einer effizienten Rationierung der Produktion im nachgelagerten Schritt aus. Unter der Annahme geänderter Rationierungsschemen sind die Marktergebnisse zwar wettbewerblicher, die Grundaussage, derzufolge eine der Preisfestsetzung vorgelagerte Kapazitätsentscheidung den Wettbewerb reduziert, bleibt dennoch erhalten.

die Unternehmen hier – im Gegensatz zum Ansatz von Kreps und Scheinkman (1983) – die Lage der kurzfristigen Grenzkosten fest, deren Steigung sich aus der Flexibilität der Produktionstechnologie ergibt.

Das strategische Angebotsverhalten der Unternehmen ergibt sich in diesem Modellansatz aus dem Zusammenspiel zwischen der Steigung der kurzfristigen Kostenfunktion und der Höhe der langfristigen Kosten. Strategische Preis- und Mengensetzung können dabei als Extremfälle einer völlig elastischen oder einer starren Angebotsfunktion angesehen werden und lassen sich mit dem unterschiedlichen Verlauf der jeweiligen kurzfristigen Grenzkostenkurve erklären. Während ein flacher Verlauf dieser Kurve ein Bertrand-ähnliches Verhalten impliziert, sind Mengenstrategien der Ausfluß stark ansteigender Grenzkosten, die mit einer unflexiblen Produktionstechnologie verbunden sind. Einen ähnlichen Zusammenhang zwischen der Flexibilität einer Produktion und der verwendeten Fertigungstechnik sieht auch Shapiro (1989, S. 350), wenn er eine industriespezifische Analyse anmahnt[3] und in Bezug auf Preis- und Mengenstrategien konstatiert, „the technology of production and marketing makes either strategy feasible (pricing competition with unlimited capacities would not seem feasible if production is unvariably subject to capacity constraints)“.

Wenig flexible Fertigungstechnologien werden häufig mit den sogenannten alten Industrien – etwa Stahl- und Papierwerke – in Verbindung gebracht, die vor Beginn der Produktion weithin sichtbare Fabrikanlagen aufbauen müssen. Wenig beachtet werden solche Restriktionen hingegen bei modernen Industrien und Dienstleistungen: Auch CDs und Schallplatten müssen vor dem Verkauf gepreßt werden, es obliegt also den Produzenten, sich bereits vor dem Verkauf über die Auflagenhöhe Gedanken zu machen. In ähnlicher Weise stellt die Anzahl der lokalen Agenturen eine Kapazitätsschranke dar, die von einem Versicherungsunternehmen berücksichtigt werden muß. Bezogen auf ihr Filialnetz, sind Banken ähnlichen Beschränkungen ausgesetzt, wobei die gesetzlichen Eigenkapitalrichtlinien als weitere Restriktion hinzukommen, die einer Produktionsausweitung entgegenstehen könnten.

Die neuen elektronischen Technologien haben bedeutende Auswirkungen auf Herstellung und Vertrieb vieler Waren und Dienstleistungen: Elektronischer Handel ermöglicht beispielsweise Banken und Versicherungen, ihre Leistungen den Kunden anzubieten, ohne auf die traditionellen Vertriebswege zurückgreifen zu müssen.

[3]Konkret fordert Shapiro (1989, S. 351): „Rather, one must fashion theory in a particular industry to reflect the technology of production and exchange in that industry.“

Direktbanken sehen sich etwa in der Lage, bei Umsatzspitzen Teile ihres Vertriebsnetzes an Notfall-Call Center auszulagern, die ihre Dienste auf dem Markt anbieten. Internet-Banken können also deutlich flexibler auf Nachfrageschwankungen reagieren, als dies bei Finanzdienstleistern mit traditionellen Vertriebswegen der Fall ist. Durch konsequente Ausgliederung ist es ihnen sogar möglich, den Eigenkapitalvorschriften zu entgehen (vgl. Teske, 2002). Im Zuge der Digitalisierung wird zudem eine Zustellung auf herkömmlichen Transportwegen überflüssig. Anbietern von Informationsgütern, beispielsweise Verlagshäusern oder Musikproduzenten, ermöglicht dies, ihre Produkte on-line zu verkaufen und zu publizieren.

Mit der Verwendung elektronischer Koordination – insbesondere zur Produktion digitaler Güter und Dienstleistungen – sind also zwei wesentliche Änderungen des Produktions- und Distributionsprozesses verbunden:

- Zum einen verschwindet die Zeitdifferenz zwischen Leistungserstellung und Absatz, da elektronische Koordination, wie etwa beim Bedarfsdruck von Büchern, eine Produktion auf Bestellung ermöglicht.
- Zum anderen werden Kapazitätsgrenzen obsolet: Neue Technologien gestatten nahezu unbegrenzte Replizierbarkeit – insbesondere von Informationsgütern – ohne nennenswerte Grenzkosten.

Diese Änderungen hindern die Anbieter daran, sich glaubhaft an eine strategische Mengenentscheidung zu binden, wenn sie solche neuen Technologien verwenden. Hier wird nun ein Markt untersucht, in dem einige Hersteller diese neuartigen Informations- und Kommunikationstechnologien in der Produktion einsetzen, während andere Wettbewerber mit einer alten Technik fabrizieren.[4]

Folgt man der oben dargestellten Interpretation des Ansatzes von Kreps und Scheinkman (1983) und Güth (1995), ist eine zweistufige Modellierung naheliegend: Auf der ersten Stufe entscheiden die Unternehmen mit traditioneller Fertigungstechnologie über den Aufbau ihrer Kapazitäten, während im zweiten Schritt die modernen Konkurrenten ihre Preise festlegen. Die Preise der alten Unternehmen sind in diesem Schritt durch die Kapazitätsentscheidung in der ersten Stufe determiniert. Die strategische Situation entspräche in diesem Modell einem modifizierten Stackelberg-Spiel, wobei die Führer-Unternehmen ihre Produktionsmengen

[4]Letztere werden zur Unterscheidung von den modernen Produzenten auch als traditionelle Unternehmer bezeichnet.

festsetzen und die Folger-Unternehmen danach über ihre Preisstrategie entscheiden würden.

Gemäß dem angebotsfunktionsorientierten Ansatz von Klemperer und Meyer (1986, 1989) und Vives (1999) ist hingegen eine simultane Entscheidungsfindung aller Unternehmen zu erwarten. Vor dieser Entscheidung für eine bestimmte Produktionstechnologie (und damit für eine bestimmte strategische Angebotsfunktion) ist die langfristige Kostenfunktion maßgeblich, die je nach Kenntnisstand und Fähigkeiten der Produzenten variieren kann. Im zweiten Schritt, also nach der Technologieentscheidung, ergeben sich die Angebote der einzelnen Unternehmen entsprechend der zuvor festgelegten Angebotsfunktion: Diese ist bei den Herstellern mit traditioneller Technik weniger preiselastisch als bei den Unternehmen mit modernerer Technologie. Im Extremfall ist das Angebot bei herkömmlicher Technik vollkommen preisunabhängig, während die modernen Unternehmen eine vollkommen preiselastische Angebotsfunktion aufweisen. Das Verhalten der Marktteilnehmer entspricht dann dem von Preis- und Mengensetzern, die simultan ihre jeweiligen Strategien festlegen.

Der wesentliche Unterschied zwischen den beiden hier diskutierten Modellierungsansätzen besteht nicht so sehr darin, daß sich der Ansatz von Kreps und Scheinkman (1983) auf rigide Preis- oder Mengenfestsetzung beschränkt. Entscheidend ist vielmehr die zeitliche Dimension. Während sich bei einer Weiterentwicklung des Ansatzes von Kreps und Scheinkman (1983) eine sequentielle Entscheidungsstruktur mit den traditionellen Herstellern in der Führungsrolle ergeben würde, läßt die Anwendung des angebotsfunktionsorientierten Ansatzes eine simultane Entscheidungsfindung unabhängig von der verwendeten Technologie der Unternehmen zu.

Tatsächlich erscheint mir eine Modellierung, die die simultane Entscheidungsfindung des angebotsfunktionsorientierten Ansatzes aufgreift (im Gegensatz zum zweistufigen Spiel nach Kreps und Scheinkman, 1983), hier angebracht zu sein: Zum einen sind auch zur Einrichtung elektronisch koordinierter Produktions- und Vertriebsstrukturen Vorlaufzeiten notwendig. Die in dieser Vorbereitungszeit getroffenen Investitionen entscheiden über den Verlauf der strategischen Angebotsfunktion. Zum anderen sei an dieser Stelle auf den Bedeutungszuwachs der Vertriebsabteilung in Unternehmen mit flexibler Produktionstechnologie hingewiesen, wie er bereits in Abschnitt 2.2.4 angesprochen wurde. Es ist davon auszugehen, daß einmal beschlossene Vermarktungsstrategien nicht ad hoc geändert werden, da diese Änderungen aus Sicht der Entscheidungsträger mit Revisionskosten verbunden wären.

Da die essentielle Auswirkung des Technologiewechsel eines Oligopolisten auf das Marktergebnis dargestellt werden soll, wird vereinfachend der schon erwähnte Extremfall angenommen, wonach die strategische Entscheidungsvariable der Unternehmen mit traditioneller Technologie ihre Ausbringungsmenge ist, während die moderneren Produzenten als Preissetzer agieren.

Ein solcher Markt, in dem Preis- und Mengensetzer simultan miteinander im Wettbewerb stehen, wurde zunächst von Singh und Vives (1984) im Rahmen eines Dyopolmodells mit je einem Preis- und Mengensetzer analysiert. Die allgemeinen Auswirkungen eines Technologiewechsels können in einem solchen Rahmen jedoch nicht abgebildet werden, da in einer komparativ-statischen Analyse immer ein Spezialfall eines reinen Preis- oder Mengendyopols enthalten wäre. Szidarovszky und Molnar (1992) stellen hingegen den allgemeineren Fall eines sogenannten gemischten Oligopols dar,[5] wobei sie auch auf Bedingungen für die Existenz und die Eindeutigkeit des Nash-Gleichgewichts solcher Spiele eingehen. Da ihr Modellansatz allerdings keine expliziten Ergebnisse hervorbringt, ist auch er nicht dafür geeignet, die Auswirkungen eines Technologiewechsels zu erfassen.

Der von mir verwendete Modellrahmen basiert daher wiederum auf den schon eingeführten Modellrahmen eines symmetrisch differenzierten Produktmarktes. Die Ermittlung des Marktgleichgewichts stützt sich zudem auf jüngste Weiterentwicklungen in der aggregierten Spieltheorie, die wir Cornes und Hartley (2001) verdanken; ursprünglich hatte Selten (1970) das Konzept der strategisch aggregierbaren Spiele eingeführt. In solchen Spielen läßt sich die Strategie eines einzelnen Spielers als Skalar abbilden, und die Summe aus den Strategien sämtlicher Spieler ergibt einen Indikator für die Aggressivität des Wettbewerbs. Insbesondere zwei Voraussetzungen müssen erfüllt sein, damit Spiele strategisch aggregierbar sind:[6]

- Die Auszahlung u_i jeden Spielers i hängt lediglich von seiner eigenen Strategie s_i sowie dem Aggregat der Strategien aller Spieler $\mathbf{S} = \sum_{j=1}^{n} s_j$ (das auch die

[5]In einem anderen Zusammenhang wird dieser Ausdruck allerdings auch gebraucht, um Oligopolmärkte zu kennzeichnen, auf denen öffentliche und private Unternehmen miteinander konkurrieren (siehe White, 1996).

[6]Selten (1970, S. 149ff.) nennt insgesamt sechs Voraussetzungen für strategische Aggregierbarkeit. Die beiden hier genannten sind entscheidend für das Verständnis der nachfolgenden Ausführungen.

eigene Strategienwahl enthält) ab:

$$u_i = v_i(s_i, \sum_{j=1}^{n} s_j) = v_i(s_i, \mathbf{S}) \quad (5.1)$$

- Angenommen, eine kollektive Strategieänderung der Gegenspieler bewirkt eine gegenläufige Reaktion des Spielers. Diese entgegengerichtete Antwort muß schwächer ausfallen als die zugrundeliegende Aktion:

$$\frac{s_i^*(\mathbf{S}'_{-i}) - s_i^*(\mathbf{S}_{-i})}{\mathbf{S}'_{-i} - \mathbf{S}_{-i}} > -1 \quad (5.2)$$

Der in diesem Kapitel verwendete Modellrahmen erfüllt diese beiden Voraussetzungen. Daher kann zur Herleitung des Nash-Gleichgewichts eine von Selten (1970) entwickelte Lösungstechnik angewendet werden, die sich die Eigenschaften strategisch aggregierbarer Spiele zunutze macht. Der Vorteil dieser Lösungstechnik besteht darin, daß sie auch in Mehrpersonenspielen mit unbestimmter Spielerzahl zu expliziten Ergebnissen führt und damit eine komparativ-statische Analyse verschiedener Spielsituationen möglich wird.

5.2 Darstellung des Grundmodells

5.2.1 Modellannahmen und die Herleitung der strategischen Nachfragefunktion

Das Grundmodell basiert auf dem bereits im vorherigen Kapitel verwendeten Konzept symmetrischer Produktdifferenzierung, das von Spence (1976) und Dixit und Stiglitz (1977) entwickelt wurde. N Unternehmen[7] (bezeichnet mit $i = 1, \ldots, N$) verwenden eine linear-homogene Technologie mit konstanten, aber unternehmensspezifischen Grenzkosten c_i, um einen Typ eines symmetrisch differenzierten Gutes x_i herzustellen, das zum Preis p_i verkauft wird. Aus der quadratischen Nutzenfunktion eines repräsentativen Konsumenten

$$U(x_1, \ldots, x_N) = \sum_{i=1}^{N} x_i - \frac{1}{2}\left(\sum_{i=1}^{N} x_i^2 + b \sum_{i=1}^{N} \sum_{i \neq j} x_i x_j\right) \quad (5.3)$$

[7] Ich gehe davon aus, daß alle Unternehmen ihre Produkte absetzen und positive Gewinne erwirtschaften. Ein zweistufiges Modell mit Markteintrittsentscheidung würde die wesentlichen Resultate des Modells nicht verändern.

ergibt sich folgende inverse Nachfrage nach der spezifischen Ausprägung des differenzierten Produktes:

$$p_i = 1 - x_i - b \sum_{j \neq i} x_j. \tag{5.4}$$

Der Parameter b kennzeichnet dabei den Grad der Substituierbarkeit zwischen zwei beliebigen Typen des differenzierten Produktes. Ein Wert von $b = 1$ deutet auf homogene Produkte (perfekte Subtitute) hin, während bei $b = 0$ alle Unternehmen unabhängige Güter produzieren.

Es wird nun angenommen, daß simultan n Unternehmen ($i = 1, \ldots, n$) als Cournot-Spieler ihre Ausbringungsmengen festlegen, während zeitgleich die anderen $N - n$ Firmen ($i = n + 1, \ldots, N$) mit moderner Technologie ihre Preise setzen; daher werden diese im folgenden auch als Bertrand-Spieler bezeichnet. Nun werden die exogenen (also strategisch gewählten) Mengen von den endogenen Ausbringungsmengen separiert, und die inverse Nachfrage eines Mengensetzers j sowie eines Preissetzers k lautet dann wie folgt:

$$\begin{aligned} p_j &= 1 - b \sum_{i=1, i \neq j}^{n} x_i - b \sum_{i=n+1}^{N} x_i - x_j \\ &= 1 - b \sum_{i=1}^{n} x_i - b \sum_{i=n+1}^{N} x_i - (1-b) x_j \end{aligned} \tag{5.5}$$

$$\begin{aligned} p_k &= 1 - b \sum_{i=1}^{n} x_i - b \sum_{i=n+1, i \neq k}^{N} x_i - x_k \\ &= 1 - b \sum_{i=1}^{n} x_i - b \sum_{i=n+1}^{N} x_i - (1-b) x_k \end{aligned} \tag{5.6}$$

Gleichung (5.6) wird jetzt in eine (direkte) Nachfragefunktion umgeformt:

$$x_k = \frac{1 - b \sum_{i=1}^{n} x_i - b \sum_{i=n+1}^{N} x_i - p_k}{1 - b} \tag{5.7}$$

Indem in einem weiteren Schritt alle $N - n$ Nachfragefunktionen der Preissetzer aufsummiert und anschließend umgestellt werden, erhält man die gesamte Ausbringungsmenge der Bertrand-Spieler:

$$\sum_{i=n+1}^{N} x_i = \frac{(N-n)(1 - b \sum_{i=1}^{n} x_i) - \sum_{i=n+1}^{N} p_i}{1 + b(N - n - 1)} \tag{5.8}$$

Dieser Ausdruck wird nun in die Gleichungen (5.5) und (5.7) eingesetzt. Indem die Aggregate der strategischen Preis- und Mengenentscheidungen $\sum_{i=n+1}^{N} p_i$ und $\sum_{i=1}^{n} x_i$ nun als $\mathbf{P}$ bzw. $\mathbf{X}$ gekennzeichnet werden, erhält man in einem weiteren Schritt die strategische Form der (inversen) Nachfragefunktionen:

$$p_j = \frac{1-b}{1+b(N-n-1)} - (1-b)x_j - \frac{b(1-b)\mathbf{X}}{1+b(N-n-1)} + \frac{b\mathbf{P}}{1+b(N-n-1)} \tag{5.9}$$

$$x_k = \frac{1}{1+b(N-n-1)} - \frac{p_k}{1-b} - \frac{b\mathbf{X}}{1+b(N-n-1)} + \frac{b\mathbf{P}}{(1+b(N-n-1))(1-b)} \tag{5.10}$$

Die Gleichungen (5.5) und (5.7) wurden also so umgeformt, daß sich auf der rechten Seite nur noch exogene, also strategisch gewählte Größen finden, während die endogenen Variablen auf der linken Seite stehen. Die aggregative Struktur des Spiels wird deutlich: Sowohl die endogenen Ausbringungsmengen der Preissetzer als auch die Verkaufspreise der Cournot-Spieler - und damit auch die Unternehmensgewinne - hängen lediglich von der eigenen Strategie eines Unternehmens sowie von den Aggregaten aus den strategisch gewählten Preisen und Mengen ab, nicht aber von den Einzelstrategien eines jeden Gegenspielers. Cornes und Hartley (2001) weisen darauf hin, daß sich das Nash-Gleichgewicht in einer solchen Spielsituation, in der die Auszahlungsfunktionen der einzelnen Spieler von mehreren - in diesem Fall sind es zwei - strategischen Aggregaten beeinflußt wird, auf ähnliche Weise herleiten läßt, wie die von Selten (1970) untersuchten Spiele mit nur einem strategischen Aggregat. Gemäß der Definition von Cornes und Hartley (2001) handelt es sich bei dem hier betrachteten um ein auf zwei Dimensionen reduzierbares Spiel: Seine Gesamtstruktur läßt sich in einem System aus zwei Gleichungen darstellen. Um das Nash-Gleichgewicht zu erhalten, muß dann nur noch die Lösung für dieses Gleichungssystem gefunden werden.[8]

[8] Die Ausführungen von Cornes und Hartley (2001) beschränken sich freilich nicht auf den hier dargestellten Fall zweidimensionaler Spiele. Sie stellen allgemeingültig fest, daß Spiele mit k strategischen Aggregaten auf ein System mit k Gleichungen reduziert werden können. Solche Spiele werden daher auch als „k-reduzierbar“ bezeichnet.

5.2.2 Die kollektive Reaktionsfunktion und das Nash-Gleichgewicht des gemischten Oligopols

Man betrachte das Gewinnmaximierungskalkül der Cournot- und Bertrand-Spieler:

$$\max_{x_j} g_j(x_j, \mathbf{P}, \mathbf{X}) = p_j(x_j, \mathbf{P}, \mathbf{X}) \cdot x_j - c_j \cdot x_j \tag{5.11}$$

$$\max_{p_k} g_k(p_k, \mathbf{P}, \mathbf{X}) = p_k \cdot x_k(p_k, \mathbf{P}, \mathbf{X}) - c_k \cdot x_k(p_k, \mathbf{P}, \mathbf{X}) \tag{5.12}$$

Ein Unternehmen j geht bei der Wahl seiner Produktion x_j davon aus, daß seine Konkurrenten ihr Verhalten nicht ändern. Der Output $\mathbf{X} - x_j$ seiner Cournot-Wettbewerber bleibt also ebenso konstant wie das Preisaggregat $\mathbf{P}$ aller Bertrand-Spieler. Hingegen muß eine Firma k den Einfluß ihrer Preisentscheidung p_k auf die Summe der strategischen Preise $\mathbf{P}$ berücksichtigen, während sie von einem fixierten $\mathbf{X}$ und gleichbleibenden Preisen ihrer Bertrand-Konkurrenten $\mathbf{P} - p_k$ ausgehen kann. Mithin kann aus der Bedingung erster Ordnung die jeweilige Einpassungsfunktion[9] $\eta_i(\mathbf{X}, \mathbf{P})$ eines Unternehmens j oder k hergeleitet werden:

$$x_j = \eta_j(\mathbf{X}, \mathbf{P}) = \frac{1 - b - b(1-b)\mathbf{X} + b\mathbf{P} - (1 - b + b(N-n))c_j}{(1-b)(2 - b + 2b(N-n))} \tag{5.13}$$

$$p_k = \eta_k(\mathbf{X}, \mathbf{P}) = \frac{1 - b - b(1-b)\mathbf{X} + b\mathbf{P} + (1 - 2b + b(N-n))c_k}{2 - 3b + 2b(N-n)} \tag{5.14}$$

Im Gegensatz zu einer Reaktionsfunktion beschreibt die Einpassungsfunktion η_i nicht die beste Antwort eines Spielers i auf die Strategien der Gegenspieler (das wäre $\mathbf{S} - s_i$), sondern auf das Aggregat $\mathbf{S}$, das die eigene Strategie des jeweiligen Spielers beinhaltet. Definitionsgemäß stimmen also die Funktionswerte einer Einpassungsfunktion mit denen der entsprechenden Reaktionsfunktion überein. Für den hier betrachteten Fall bedeutet dies, daß $\eta_j(\mathbf{X}) = R_j(\mathbf{X}_{-j})$ sowie $\eta_k(\mathbf{P}) = R_k(\mathbf{P}_{-k})$. Da im Gleichgewicht die aggregierte, also über die entsprechenden Einpassungsfunktionen aufsummierte Reaktion mit der aggregierten Strategie der Preis- bzw. Mengensetzer übereinstimmt - also $\sum_{i=1}^{n} \eta_j(\mathbf{X}, \mathbf{P}) = \mathbf{X}$ und $\sum_{i=n+1}^{N} \eta_k(\mathbf{X}, \mathbf{P}) = \mathbf{P}$ - kann somit die strategische Gesamtmenge sowie das Preisaggregat bestimmt werden:

$$\mathbf{X} = \frac{(1-b)n + bn\mathbf{P} - (1 - b + b(N-n)) \sum_{i=1}^{n} c_i}{(1-b)(2 - b + b(2N-n))} \tag{5.15}$$

[9] Diese Terminologie geht auf Selten (1970, S. 154ff.) zurück. Wolfstetter (1999, S. 91ff.) verwendet stattdessen den Begriff „inclusive reaction function“, während die Einpassungsfunktion bei Cornes und Hartley (2001) als „replacement function“ bezeichnet wird.

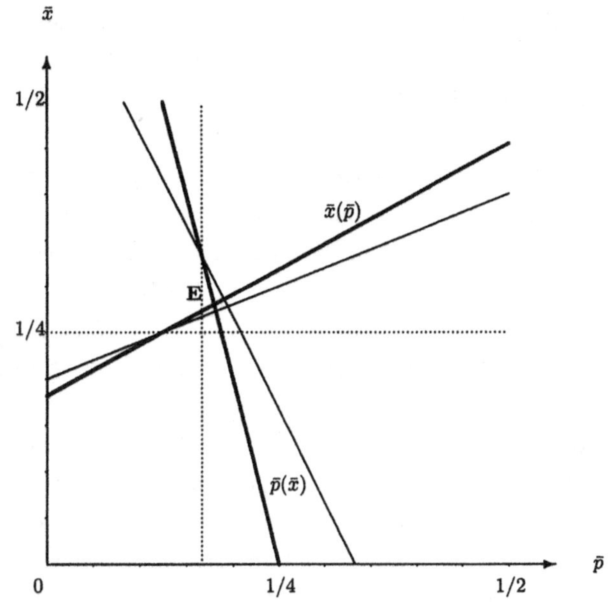

Abbildung 5.1: Kollektive Reaktionsfunktionen im gemischten Oligopol

$$\mathbf{P} = \frac{(1-b)(N-n) - b(1-b)(N-n)\mathbf{X}}{2-3b+b(N-n)} + \frac{(1-2b+b(N-n))\sum_{i=n+1}^{N} c_i}{2-3b+b(N-n)} \tag{5.16}$$

Die aggregierte Mengenentscheidung **X** hängt hier nur noch von der Gesamtstrategie der Preissetzer **P** ab. Für die Preissetzer gilt der Zusammenhang entsprechend. Die Funktionen (5.15) und (5.16) können daher als kollektive Reaktionsfunktionen interpretiert werden.[10] In der graphischen Veranschaulichung des gemischten Oligopols (Abbildung 5:1) werden die aggregierten Reaktionsfunktionen der Preis- und

[10]Kollektive Reaktionsfunktionen sind auch aus der Analyse „reiner“ Oligopole bekannt – beispielsweise werden sie zur Betrachtung von Insider- und Outsider-Reaktionen verwendet (siehe Morasch, 1994, S. 42ff.). Wie sich schon aus der Herleitung der kollektiven Reaktionsfunktionen erschließt, erhält man diese nicht durch einfache Addition der individuellen Reaktionsfunktionen. Demzufolge gibt die kollektive Reaktionsfunktion „nicht die Summe der Einzelreaktionen, sondern das Ergebnis des gesamten Anpassungsprozesses“ (Morasch, 1994, S. 42) der im strategischen Aggregat zusammengefaßten Unternehmen wieder.

Mengensetzer dargestellt (bitte beachten Sie, daß diese normalisiert wurden, indem sie durch die jeweilige Anzahl der Preis- und Mengenspieler geteilt wurden). Die dicken Linien stellen die beiden kollektiven Reaktionsfunktionen eines Oligopols mit zwei Cournot-Spielern, drei Bertrand-Unternehmen, Grenzkosten von Null und einem b-Wert von $1/2$ dar. Der Schnittpunkt (E) der Linien markiert das zugehörige Nash-Gleichgewicht. Die dünnen Linien beziehen sich auf ein entsprechendes Oligopol mit $n = 3$ und $N - n = 2$. Zum Vergleich sind auch die Gleichgewichtspreise bzw. -mengen des reinen Cournot- und Bertrand-Spiels eingezeichnet (punktierte Linien).

Die Abbildung illustriert den Zusammenhang zwischen den strategischen Preis- und Mengenaggregaten: Wenn die Preise steigen (d. h. die Preissetzer verhalten sich weniger aggressiv), reagieren die Cournot-Spieler, indem sie ihre Produktionsmenge erhöhen. Da dies gleichbedeutend mit einer Zunahme ihrer Aggressivität ist, ist **X** ein strategisches Substitut zum Preisaggregat **P**. Andererseits senken die Bertrand-Spieler ihre Preise, wenn sich die Mengensetzer aggressiver verhalten und ihren Output **X** erhöhen. Folglich stellt die Gesamtstrategie der Preissetzer ein Komplement zum Mengenaggregat **X** dar.

Analytisch erhält man nun das Nash-Gleichgewicht durch Lösung des Gleichungssystems (5.15) und (5.16). Wie ein Blick auf die Formeln zeigt, sind beide Reaktionsgleichungen linear in **P** bzw. in **X**. Folglich ist die Lösung eindeutig.

$$\mathbf{P}^* = \frac{1}{(1-b)z}\left((N-n)(1-b)(2-b+2b(N-n)) + \alpha\sum_{i=1}^{n} c_i + \beta\sum_{i=n+1}^{N} c_i\right) \quad (5.17)$$

$$\mathbf{X}^* = \frac{1}{(1-b)z}\left(n(1-b)(2+b(2N-2n-1)) - \gamma\sum_{i=1}^{n} c_i + \delta\sum_{i=n+1}^{N} c_i\right) \quad (5.18)$$

Zur Vereinfachung der analytischen Darstellung habe ich den Hauptnennerterm $(1-b)(4+b(6N-4n-4))+b^2(2N(N-n)-N-1)$ durch z substituiert. Zudem wurden die Faktorterme, die den aufaddierten Grenzkosten vorangestellt sind, durch griechische Buchstaben ersetzt:

$$\begin{aligned}
\alpha &= b(N-n) + b^2(N-n-1) \\
\beta &= (1-b)(2+b(4N-3n-3)) + b^2((2N-n)(N-n)-(N+1)) \\
\gamma &= (1-b)(2+3b(N-n-1)) + b^2((N-n)^2-(N-n)) \\
\delta &= bn + b^2(N-n-2).
\end{aligned}$$

Durch Augenschein ist erkennbar, daß α und β für alle $n \leq N$ sowie γ und δ für alle $n+1 \leq N$ mit $N, n \in \mathbf{N}$ und $0 < b < 1$ positiv sind. (5.17) und (5.18) lassen sich nun in die Einpassungsfunktionen (5.13) und (5.14) einsetzen. Somit können die Gleichgewichtspreise und -mengen aller Unternehmen j mit Mengenstrategien und aller Bertrand-Spieler k berechnet werden:[11]

$$\begin{aligned} x_j^* &= \frac{(1-b)[4+8b(N-n-1)+b^2(2(N-n)-1)(2(N-n)-3)]}{z(1-b)(2-b+2b(N-n))} \\ &+ \frac{\epsilon \sum_{i=1}^{n} c_i + (\epsilon - b^3)\sum_{i=n+1}^{N} c_i - \phi c_j}{z(1-b)(2-b+2b(N-n))} \end{aligned} \tag{5.19}$$

$$\begin{aligned} p_j^* - c_j &= \frac{\psi(1-b)[4+8b(N-n-1)+b^2(2(N-n)-1)(2(N-n)-3)]}{z(1+b(N-n-1))(2-b+2b(N-n))} \\ &+ \frac{\psi[\epsilon \sum_{i=1}^{n} c_i + (\epsilon - b^3)\sum_{i=n+1}^{N} c_i - \phi c_j]}{z(1+b(N-n-1))(2-b+2b(N-n))} \end{aligned} \tag{5.20}$$

$$\begin{aligned} x_k^* &= \frac{\omega(1-b)[4+8b(N-n-1)+b^2(2(N-n)-1)(2(N-n)-3)]}{z(1-b)(1+b(N-n-1))(2-3b+2b(N-n))} \\ &+ \frac{\omega[\epsilon \sum_{i=1}^{n} c_i + (\epsilon - b^3)\sum_{i=n+1}^{N} c_i - \phi c_k]}{z(1-b)(1+b(N-n-1))(2-3b+2b(N-n))} \end{aligned} \tag{5.21}$$

$$\begin{aligned} p_k^* - c_k &= \frac{(1-b)[4+8b(N-n-1)+b^2(2(N-n)-1)(2(N-n)-3)]}{z(2-3b+2b(N-n))} \\ &+ \frac{\epsilon \sum_{i=1}^{n} c_i + (\epsilon - b^3)\sum_{i=n+1}^{N} c_i - \phi c_k}{z(2-3b+2b(N-n))} \end{aligned} \tag{5.22}$$

Um die Darstellung einfach zu halten, werden auch hier vier Terme durch ϵ, ϕ, ψ und ω substituiert. Sowohl ϵ und ϕ als auch ψ und ω sind für alle zulässigen Werte von N, n und b positiv:

$$\epsilon = (1-b)[2b+b^2(4N-4n-3)] + b^3[2(N-n)^2-(N-n)]$$

[11] Zwar sind die hier berechneten Werte nur für „echte" gemischte Oligopole definiert, d. h. $2 \leq n+1 \leq N$. Das Marktergebnis für „reine" Oligopole ergibt sich jedoch als einfache Modifikation der Ergebnisse (5.19) bis (5.22): Die im jeweiligen Fall bedeutungslosen Summenterme $\sum_{i=1}^{n} c_i$ bzw. $\sum_{i=n+1}^{N} c_i$ fallen dann weg. Auf eine gesonderte Darstellung wurde an dieser Stelle verzichtet, da diese Ergebnisse bereits im Abschnitt 4.1 ermittelt wurden. Unbeschadet von der erwähnten Formelkosmetik gelten die zentralen Aussagen dieses Kapitels auch unter Einbeziehung reiner Oligopole.

$$\begin{aligned}
\phi &= (1-b)[4+b(10N-8n-8)+b^2(4(2N-n)(N-n)-8(N-n)-3(N-1))] \\
&\quad + b^3[N(2(N-n)^2-(N-n))-(N-n)] \\
\psi &= 1+b(N-n) \\
\omega &= 1+b(N-n-2)
\end{aligned}$$

Die allgemeinen Ergebnisse bergen keine Überraschungen. Wie zu vermuten ist, sinkt der Preisaufschlag auf die Kosten ebenso wie der Absatz eines einzelnen Unternehmens, wenn die Gesamtzahl der Unternehmen im Markt steigt: Augenscheinlich steigt dann der Term z im Nenner an. Auch die Kosten wirken erwartungsgemäß auf das Preisgefüge: Mark-up und Angebotsmenge sinken, wenn die Produktionskosten des eigenen Unternehmens ansteigen; erhöhen sich dagegen die Kosten der Konkurrenz (die aufsummierten Kosten steigen demnach), ist der Effekt entgegengesetzt – unabhängig von der strategischen Position eines Unternehmens.

5.3 Strategische Auswirkungen des Technologiewechsels

Welche strategischen Auswirkungen auf den Wettbewerb und das Marktergebnis sind mit der Einführung elektronischer Koordination verbunden? Dies soll nun mit Hilfe der eben ermittelten Ergebnisse untersucht werden. Dabei sollen jegliche Kosteneffekte, die mit einem Technologiewechsel verbunden sind und bereits im vorherigen Kapitel angesprochen wurden, zugunsten einer Fokussierung auf den Effekt des Strategiewechsels ausgeblendet werden. In der Analyse wird folglich angenommen, daß die Grenzkosten der Produktion vor und nach dem Strategiewechsel konstant bleiben, d. h. $c_j = c_k = c_i$.

In einem ersten Schritt wird die Marktstellung eines „alten“ Cournot-Spielers mit der strategischen Position eines Unternehmens verglichen, das mit neuer Technologie produziert und demzufolge als Preissetzer agiert. Es soll überprüft werden, ob sich ein Cournot-Spieler oder ein Bertrand-Spieler in einer strategisch günstigeren Position befindet – man denke hierbei etwa an die Musikindustrie: verdient ein Musikproduzent, der seine Titel on-line im MP3-Format verkauft, mehr oder weniger als ein traditionelles Musikhaus?

Im zweiten Teil dieses Abschnittes finden Sie eine komparativ-statische Analyse der Konsequenzen eines Technologiewechsels. Der Unternehmer, der seine Produktionstechnologie umstellt, mutiert dann vom Cournot- zum Bertrand-Spieler. Ist die Einführung einer elektronischen oder digitalen Produktions- und Vertriebstechnologie aus strategischer Sicht für diesen Unternehmer günstig? Hierbei muß dieser Unternehmer auch die Auswirkung des eigenen Technologiewechsels auf die Struktur des Gesamtmarktes berücksichtigen: Da es zuvor zu den traditionellen Unternehmen zählte, sinkt mit der Produktionsumstellung deren Zahl um eins, während die Anzahl der Firmen mit moderner Fertigungstechnologie um eins zunimmt.

5.3.1 Preis- und Mengenstrategien im Vergleich

Intuitiv läßt sich erschließen, daß im Nash-Gleichgewicht des gemischten Oligopols die Marktpreise der Bertrand-Spieler höher liegen als die ihrer Cournot-Konkurrenten mit gleichen Grenzkosten. Dies verdeutlicht ein Vergleich der Residualnachfragekurven beider Spieler, wie er in der Abbildung 5.2 dargestellt ist: Die des Mengensetzers verläuft elastischer, da er sich (im Vergleich zu einem Preissetzer) einem Cournot-Spieler weniger gegenüber sieht, dafür aber ein weiterer Bertrand-Spieler unter seinen Konkurrenten ist, dessen Nachfrage er durch Preisunterbietung abwerben kann. Im Vergleich zu einem Unternehmen, das einer Preisstrategie folgt, fällt für einen Cournot-Spieler somit die gewinnsteigernde Wirkung einer Mengenausweitung stärker ins Gewicht als der gegenläufige Effekt des damit verbundenen Preisrückganges. Aus diesem Grund verkaufen die traditionellen Hersteller, die als Mengensetzer agieren, ihre Produkte zu niedrigeren Preisen als die mit flexibler Technologie produzierenden Preissetzer:

Satz 5.1 *Cournot-Spieler verkaufen ihre Produkte zu niedrigeren Preisen als Bertrand-Spieler mit gleichen Grenzkosten* c_i*:* $p_j^*(c_i) < p_k^*(c_i)$.

Beweis: Die Relation zwischen den Produktpreisen zweier Unternehmen mit gleichen Kosten $c_k = c_j = c_i$, aber unterschiedlicher strategischer Ausgangslage, wird durch den Quotienten aus (5.22) und (5.20) dargestellt:

$$\frac{p_k^* - c_k}{p_j^* - c_j} = \frac{(1 + b(N - n - 1))(2 - b + 2b(N - n))}{(1 + b(N - n))(2 - 3b + 2b(N - n))} \tag{5.23}$$

Beachten Sie bitte, daß der Bruch die Form $(AB - bB)/(AB - 2Ab)$ hat, wobei $A = 1 + b(N - n)$, $B = 2 - b + 2b(N - n)$ und b positiv sind. Der Zähler ist größer als der Nenner, da $B < 2A$. Folglich gilt $p_k^* - c_k > p_j^* - c_j$ und somit $p_k^* > p_j^*$.□

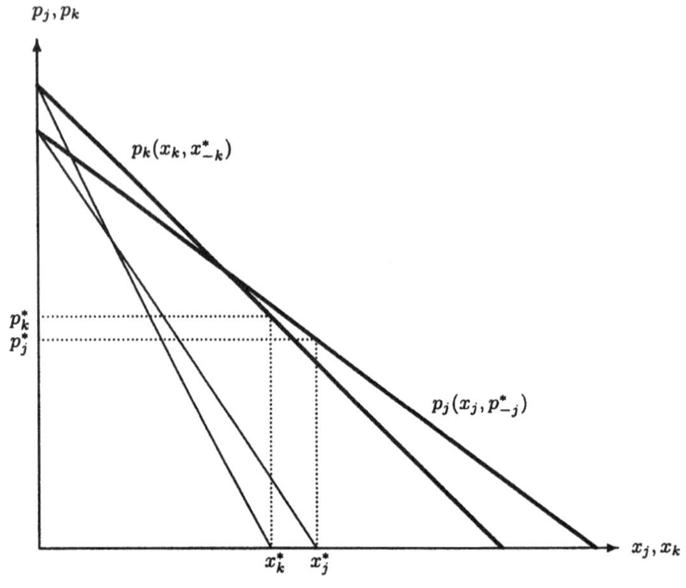

Abbildung 5.2: Die Residualnachfrage eines Mengensetzers j und eines Preissetzers k im Vergleich.

Ein Gewinnvergleich führt allerdings zu einem gegenläufigen Ergebnis:

Satz 5.2 *Cournot-Spieler erwirtschaften einen höheren Gewinn als Bertrand-Spieler mit gleichen Grenzkosten* c_i: $g^*_j(c_i) > g^*_k(c_i)$.

Beweis: Wie ein Blick auf die Ergebnisse aus (5.19) bis (5.22) zeigt, lassen sich die Gewinne von Preis- und Mengensetzern in Abhängigkeit ihrer Produktpreise darstellen:

$$g^*_j(c_j) = \frac{(1+b(N-n-1))}{(1-b)(1+b(N-n))} \cdot (p^*_j - c_j)^2 \qquad (5.24)$$

sowie $$g^*_k(c_k) = \frac{(1+b(N-n-2))}{(1-b)(1+b(N-n-1))} \cdot (p^*_k - c_k)^2, \qquad (5.25)$$

Unter Verwendung des aus (5.23) bekannten Preisverhältnisses kann nun der Bruch g_k/g_j gebildet werden:

$$\frac{g_k^*(c_i)}{g_j^*(c_i)} = \frac{(1+b(N-n-2))(2-b+2b(N-n))^2}{(1+b(N-n))(2-3b+2b(N-n))^2} \tag{5.26}$$

Der Bruch hat die Struktur $((A-2b)B^2)/(A(B-2b)^2)$. Wie leicht ersichtlich ist, übertrifft der Gewinn g_j^* eines Mengensetzers den Gewinn g_k^* eines vergleichbaren Preissetzers, sobald $2Ab - B(2A-B) > 0$. Diese Bedingung ist für positive Werte von A, B und b immer erfüllt, da $B < 2A$ und $2A - B = b$.□

Es zeigt sich, daß ein Bertrand-Spieler einen niedrigeren Gewinn erzielt, aber höhere Preise festlegt als ein vergleichbarer Mengensetzer. Folglich ist seine Verkaufsmenge ebenfalls geringer. Die Analyse der Marktposition bringt also folgende Erkenntnisse:

- Vergleichbare Preis- und Mengenwettbewerber verkaufen im differenzierten Oligopol ihre Güter zu unterschiedlichen Preisen, wobei der Preis des Mengensetzers stets unterhalb, seine verkaufte Menge jedoch oberhalb der seines Konkurrenten mit alternativer Strategievariablen liegt.

- Der Mengeneffekt wiegt stärker als der Preiseffekt. Ein Unternehmen, das seine Preise fixiert, befindet sich in einer strategisch ungünstigeren Situation als sein Konkurrent, der eine Mengenstrategie verfolgt, und erwirtschaftet weniger Gewinn.

5.3.2 Unternehmen im Technologiewechsel

Da der Wechsel der strategischen Entscheidungsvariable auch die Zusammensetzung der Anbieter im Markt beeinflußt, können diese Ergebnisse lediglich als ein Indiz dafür gesehen werden, daß ein Unternehmen aus strategischen Gründen eher abgeneigt wäre, eine neue Technologie einzuführen, die einen Strategiewechsel mit sich bringt: Die Zahl der Unternehmen, die Preisstrategien folgen, steigt dann im Vergleich zur Ausgangslage auf $N-n+1$, während die Anzahl der Cournot-Spieler auf $n-1$ zurückgeht. Dies wird mitberücksichtigt, wenn nun anhand einer komparativ-statischen Marktbetrachtung die Wirkung des Technologiewechsels eines Unternehmens auf die eigene Marktstellung, das Preisgefüge der Konkurrenz sowie die Höhe der Konsumentenrente hergeleitet wird.

Wie ändert sich der Produktpreis eines Anbieters, wenn er eine neue, flexiblere Produktionstechnologie einführt und dies keine Auswirkung auf die Höhe seiner Grenzkosten hat? Bei einer unveränderten Strategie seiner Konkurrenten bestünde für diesen Unternehmer kein Anreiz, seine Verkäufsmengen und -preise zu ändern, weil der Technologiewechsel selbst (und der damit verbundene Wechsel der strategischen Entscheidungsvariable) keinen direkten Einfluß auf die Residualnachfrage des erwähnten Produzenten hat. Tatsächlich ändert sich jedoch die strategische Situation seiner Konkurrenten. Aus deren Blickwinkel hat sich nämlich die Zahl der rivalisierenden Cournot-Wettbewerber um eins reduziert, während nun ein zusätzlicher Wettbewerber mit Preisstrategien im Markt aktiv ist. Folglich sind die Residualnachfragefunktionen der Konkurrenten des Technologiewechslers nun elastischer als in der Ausgangslage. Deshalb erhöhen diese die Aggressivität ihrer Strategien. Als Folge davon reduzieren sich die Preise der Konkurrenzunternehmen. Der Preisrückgang seiner Rivalen veranlaßt auch das zum Preissetzer mutierte Unternehmen, seinen Preis im Vergleich zur Ausgangssituation zu senken:

Satz 5.3 *Wenn ein Unternehmen zum Bertrand-Spieler mutiert, und dabei die Grenzkosten c_i seiner Produktion unverändert bleiben, wird er einen niedrigeren Preis verlangen als den, den er zuvor als Cournot-Spieler erhalten hat:* $p_{j,n}^N(c_i) > p_{k,n-1}^N(c_i)$.

Beweis: siehe Anhang.□

Bemerkung 5.4 *Die Aussage des Satzes 5.3 gilt insbesondere für den Fall identischer Grenzkosten $c_j = c_k = 0$ aller im Markt vertretenen Unternehmen.*

Beweis: Der Preis eines Bertrand-Spielers ist in diesem Fall mit dem eines Cournot-Spielers zu vergleichen, der auf einem Markt mit einem Preissetzer weniger, aber einem zusätzlichen Mengensetzer agiert. Sei $p_{j,n}^N$ der Gleichgewichtspreis eines Cournot-Spielers, $p_{k,n}^N$ der eines Bertrand-Spielers in einem Oligopol mit n Cournot- und $N-n$ Bertrand-Spielern. Unter der Annahme, daß $c_j = c_k = 0$, erhält man aus (5.20) und (5.22) sowie nach einigen Umformungen:

$$
\begin{aligned}
p_{j,n}^N - p_{k,n-1}^N &= \frac{b^3(1-b)[2bN(N-n-1) + N(2+b) - 2nb + 3b - 2]}{(1+b(N-n-1)) \cdot \psi \cdot \omega} \qquad (5.27) \\
\text{mit} \quad \psi &= (1-b)(4+b(6N-4n)) + b^2(2N(N-n) + (N-1)) \\
\omega &= (1-b)(4+b(6N-4n-4)) + b^2(2N(N-n) - N - 1)
\end{aligned}
$$

Für $N > n \in \mathbf{N}$ und $0 < b < 1$ sind sowohl der Zähler, als auch ψ und ω positiv. Folglich gilt: $p_{j,n}^N - p_{k,n-1}^N > 0$.

Für $N = n$ vereinfacht sich der Bruch (5.27) zu

$$p_{j,N}^N - p_{k,N-1}^N = \frac{b^3(N-1)}{(2-b+Nb)((1-b)(4+2Nb)+b^2(N-1))} \tag{5.28}$$

Zähler und Nenner sind in diesem Fall für alle $N = n \in \mathbf{N}$ und $0 < b < 1$ positiv.□

Das Ergebnis des Satzes 5.3 ermöglicht es nun auch, eine Aussage darüber zu treffen, ob es für ein Unternehmen aus strategischer Sicht günstig ist, einen Technologiewechsel zu vollziehen. Dazu werden die Gewinne eines solchen Produzenten vor und nach dem damit verbundenen Wechsel vom Mengen- zum Preissetzer verglichen.

Korollar 5.5 *Wenn ein Unternehmen vom Cournot- zum Bertrand-Spieler mutiert, und dabei die Grenzkosten c_i seiner Produktion unverändert bleiben, erleidet es einen strategischen Nachteil.*

Beweis: Die Residualnachfrage $x_j(p_j, \sum_{i=1,i\neq j}^n x_i^*, \sum_n^N p_i^*)$ des betrachteten Unternehmens ergibt sich durch Einsetzen der aufsummierten Nachfrage der Preissetzer (5.8) in die Preisabsatzfunktion (5.5) des Unternehmens j, das seine Produktionstechnologie umstellt:

$$x_j(p_j,.) = \frac{(1-b)-(1-b)b\sum_{i=1,i\neq j}^n x_i^* + b\sum_n^N p_i^*}{(1-b)(N-n+1)} - \frac{1+b(N-n+1)}{(1-b)(N-n+1)}p_j \tag{5.29}$$

Durch den Wechsel der eigenen strategischen Entscheidungsvariable wird die Steigung der Residualnachfrage $x_j'(p_j) = \partial x_j/\partial p_j$ dieses Unternehmens nicht verändert. Man beachte aber die Aussage des Satzes 5.3, wonach sich nach der Umstellung der Verkaufspreis dieses Unternehmens reduziert. Ferner ist aus dem Standard-Gewinnmaximierungskalkül eines Unternehmens bekannt, daß die Höhe des optimalen Preisaufschlags auf die Grenzkosten $p_j^* - c_j = x_j^*(p_j^*,.)/x_j'(p_j^*)$ beträgt und bei gleichbleibenden Werten von $x_j'(p_j)$ proportional zum Output ist. Ein Wechsel hin zu Bertrand-Strategien reduziert demnach nicht nur den Preisaufschlag des Anbieters j auf seine Grenzkosten, sondern auch seine Verkaufsmenge. Folglich sinkt der Gewinn von j.□

Als Zwischenergebnis ist also festzuhalten, daß kein Produzent einen Technologiewechsel vollziehen wird, solange dieser nicht mit einer Kostensenkung verbunden ist. Strategische Überlegungen sprechen also aus Unternehmenssicht eher gegen als für die Einführung flexibler, elektronisch koordinierter Fertigungs- und Vertriebstechnologien. Aus Effizienzgesichtspunkten ist zu berücksichtigen, welche Auswirkung ein Strategiewechsel auf die Höhe der Konsumentenrente hat. Dieser Effekt kann mit Hilfe der folgenden Aussagen beschrieben werden:

Lemma 5.6 *Seien j und k zwei Cournot-Spieler mit unterschiedlich hohen Grenzkosten c_j und c_m, sowie k und p zwei Bertrand-Spieler mit verschieden hohen Grenzkosten c_k und c_p. Ferner sei $c_j = c_k = c_i$ und $c_m = c_p = c_r$. Dann ist auf einem (N, n)-Oligopolmarkt der Preisunterschied zwischen den beiden Cournot-Firmen genauso hoch wie die Preisdifferenz zwischen den beiden Bertrand-Unternehmen auf einem $(N, n-1)$-Oligopolmarkt: $p^N_{j,n}(c_i) - p^N_{m,n}(c_r) = p^N_{k,n-1}(c_i) - p^N_{p,n-1}(c_r)$.*

Beweis: Unter Verwendung der Werte aus (5.20) und (5.22) ergibt sich nach Umformung:

$$p^N_{j,n}(c_j) - p^N_{m,n}(c_m) = \frac{(c_j - c_m)(1 + b(N - n - 1))}{2 + b(2N - 2n - 1)} \tag{5.30}$$

$$p^N_{j,n}(c_k) - p^N_{m,n}(c_p) = \frac{(c_k - c_p)(1 + b(N - n - 1))}{2 + b(2N - 2n - 1)} \tag{5.31}$$

Man beachte die Identität der Ausdrücke für $c_j = c_k = c_i$ und $c_m = c_p = c_r$.□

Satz 5.7 *Wenn ein Unternehmen vom Cournot- zum Bertrand-Spieler mutiert, und dabei die Grenzkosten c_i seiner Produktion unverändert bleiben, sinken die Preise aller Anbieter im Markt.*

Beweis: Aus Satz (5.1) folgt unmittelbar, daß $p^N_{m,n}(c_r) < p^N_{p,n}(c_r)$ und $p^N_{m,n-1}(c_r) < p^N_{p,n-1}(c_r)$. Aus Lemma (5.6) und Satz (5.3) ist bekannt, daß $p^N_{p,n-1}(c_r) < p^N_{m,n}(c_r)$. Es läßt sich nun folgende Ungleichungskette bilden: $p^N_{m,n-1}(c_r) < p^N_{p,n-1}(c_r) < p^N_{m,n}(c_r) < p^N_{p,n}(c_r)$. Durch Augenschein ist zu erkennen, daß $p^N_{m,n-1}(c_r) < p^N_{m,n}(c_r)$ und $p^N_{p,n-1}(c_r) < p^N_{p,n}(c_r)$.□

Aus Nachfragesicht ist dieser universelle Preisrückgang positiv zu werten: Er lockert die Budgetrestriktion des repräsentativen Konsumenten – de facto entspricht dies einer Erhöhung des Realeinkommens. Da die Konsumentenrente steigt, profitieren also die Käufer vom Technologiewechsel.

Andererseits weist der Preisrückgang auf einen mit der Technologieänderung verbundenen Anstieg der im Markt vorhandenen Gesamtaggressivität hin, der die Unternehmensgewinne insgesamt schmälert. Allerdings sind nicht alle Unternehmen gleichermaßen betroffen. Das vom Mengen- zum Preissetzer mutierte Unternehmen erleidet aufgrund der Niveausenkung seiner Residualnachfragefunktion einen Gewinnrückgang. Bei den übrigen Preis- und Mengensetzern macht sich die geänderte Oligopolstruktur durch eine flacher verlaufende Residualnachfragefunktion bemerkbar, die die Firmen dazu veranlaßt, aggressivere Strategien zu wählen, also die Preise zu senken und die Ausbringungsmenge anzuheben.

Der indirekte strategische Effekt, der mit dieser erhöhten Aggressivität einhergeht, bewirkt allerdings unterschiedliche Verhaltensreaktionen der Cournot- und der Bertrand-Spieler. Letztere setzen strategische Komplemente und verstärken daher die aggressiven Markttendenzen, indem sie ihrerseits die Preise senken. Die Mengensetzer wirken hingegen als Moderatoren, da der indirekte strategische Effekt dem ursprünglichen strategischen Impuls einer Outputerhöhung entgegenwirkt. Bei engen Substituten sinkt sogar die Produktion der verbleibenden Cournot-Spieler.[12] Vom nur mäßigen Produktionsanstieg der Cournot-Spieler oder der bisweilen zu beobachtenden Produktionseinschränkung profitieren die eingesessenen Preissetzer, deren Gewinne weniger stark sinken und bisweilen im Zuge des Technologiewechsels eines Konkurrenten sogar ansteigen.

5.3.3 Folgen für die Investitionsbereitschaft

Abschließend sollen hier in einem einfachen Beispiel die Konsequenzen für die diskrete Investitionsbereitschaft illustriert werden. In Ergänzung zu den im Abschnitt 4.1.2 des vorherigen Kapitels getroffenen Annahmen, wird jetzt davon ausgegangen, daß eine im ersten Schritt erfolgte Investition $I(c_i)$ nicht nur die Grenzkosten der Produktion senkt, sondern die Investition auch den eben beschriebenen Wechsel der strategischen Entscheidungsvariable zur Folge hat.[13]

[12] Bei konstanten Grenzkosten aller Unternehmen von Null wird beispielsweise ein Rückgang der Ausbringungsmenge der restlichen Mengensetzer erreicht, sobald $b > 2/3$. Eine Verallgemeinerung dieses Resultats ist jedoch nicht möglich. Daher wurde auf eine genauere Darstellung dieses Sachverhalts an dieser Stelle verzichtet.

[13] Von einer Effizienzanalyse marginaler Investitionsanreize, wie sie im vierten Kapitel dieser Arbeit in den Abschnitten 4.1.2 und 4.2.4 durchgeführt wurde, wird an dieser Stelle abgesehen. Eine allgemeingültige explizite Darstellung und Gegenüberstellung mit dem gesamtwirtschaftlichen Optimum, wie dort geschehen, ist aufgrund des zusätzlichen Parameters n nicht mehr möglich. Würde man hingegen die marginalen Anreize für eine festgelegte Anzahl Mengensetzer berechnen, stellte sich die Frage nach der Repräsentativität solcher Ergebnisse. Der Leser sei aber darauf hingewiesen,

Offensichtlich entfällt nun bei einer hinreichend kleinen Grenzkostensenkung jeglicher Investitionsanreiz: Dann übersteigt nämlich der negative Effekt eines Strategiewechsels die positive Auswirkung der Kostensenkung auf den Unternehmensgewinn. Aber auch im Falle eines zu erwartenden deutlichen Rückgangs der Grenzkosten wird der (diskrete) Investitionsanreiz reduziert, wenn mit dem Innovationsschritt ein Wechsel der strategischen Entscheidungsvariable verbunden ist. Gedanklich läßt sich in diesem Falle eine Innovationsentscheidung eines traditionellen Mengensetzers in zwei Schritte aufteilen: Zunächst wird die Kostensenkung von c_1 auf c_2 durchgeführt. Im zweiten Schritt kommt es zum oben beschriebenen Technologie- und Strategiewechsel. Aus Korollar 5.5 ergibt sich die Folgerung, daß dieser Unternehmer durch den Strategiewechsel im zweiten Schritt einen strategischen Nachteil erleidet: Sein (Stufen-)Gewinn $g_{k,n-1}^N(c_2)$ (also ohne Berücksichtigung der zuvor geleisteten Investition) ist demnach niedriger als der Gewinn $g_{j,n}^N(c_2)$, den er im hypothetischen Falle einer Kostensenkung ohne Wechsel der strategischen Entscheidungsvariable erzielen würde. Da sich die Höhe des diskreten Investitionsanreizes am Gewinnzuwachs $\Delta g_{k,N-n}^N = g_{k,n-1}^N - g_{j,n}^N$ bemißt, fällt dieser in Verbindung mit einem Strategiewechsel geringer aus.

Abbildung 5.3 veranschaulicht den relativ geringen Investitionsanreiz für ein Oligopol mit fünf Unternehmen und mäßig differenzierten Produkten ($b = 1/2$). In dem dargestellten Beispiel wird angenommen, daß ein Wechsel der Produktionstechnologie die Grenzkosten eines Anbieters von $c_1 = 0,1$ auf $c_2 = 0$ reduziert, dieser aber auch vom Mengen- zum Preissetzer mutiert. Aufgrund des Rückgangs der Produktionskosten erzielt das Unternehmen dann trotz des strategischen Nachteils einen höheren Gewinn. Aus der Abbildung ist ersichtlich, daß dieser Gewinnanstieg $\Delta g_{k,N-n}^N$ davon abhängt, wieviele Konkurrenten des Anbieters ebenfalls die neue Produktionstechnologie anwenden. Ebenfalls eingezeichnet sind in der Abbildung die Gewinnänderungen, die sich im reinen Cournot- bzw. Bertrand-Oligopol als Folge einer entsprechenden Kostensenkung ergeben. Die beiden Oligopolmodelle wurden in der Darstellung als Referenzfälle gewählt, da sie die in diesem Kapitel beschriebenen Verhaltensänderungen außer Acht lassen. Erwartungsgemäß ist sowohl im Preis- als auch im Mengenwettbewerb der Gewinnanstieg höher als im hier betrachteten gemischten Oligopol.[14]

daß prinzipiell die Effizienzbedingung (4.43) auch im gemischten Oligopol ihre Bedeutung behält.

[14]Die in Abbildung 5.3 präsentierten Resultate basieren auf Berechnungen des Marktergebnisses

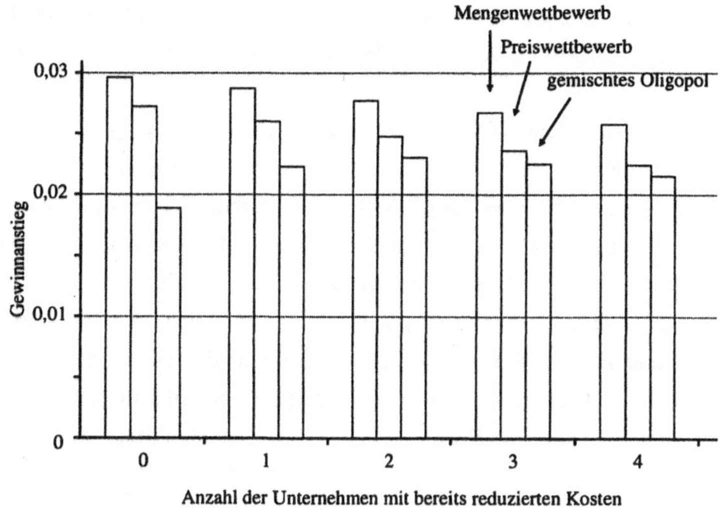

Abbildung 5.3: Gewinnänderungen in reinen und gemischten Oligopolen

5.4 Zusammenfassung

In diesem Kapitel wurde nachgewiesen, daß eine Innovation des Produktionsprozesses negative strategische Auswirkungen auf den Unternehmensgewinn zur Folge hat, wenn mit dem Wandel der Produktionstechnik eine Änderung des strategischen Entscheidungsverhaltens dieses Unternehmens – und zwar vom Mengen- zum Preissetzungsverhalten – verbunden ist. Zwei Gründe sind dafür im wesentlichen verantwortlich: Zum einen ändert sich durch den Technologiewechsel die Marktstruktur dahingehend, daß die Zahl der Preissetzer steigt, während die der Mengensetzer sinkt. Auch in einem gemischten Oligopol verschärft sich damit einhergehend der Wettbewerb. Zudem erleidet aber auch das innovative Unternehmen selbst durch seine Verhaltensänderung einen strategischen Nachteil gegenüber seinen Konkurrenten.

des gemischten Oligopols, die mit Hilfe der Gleichungen (5.20), (5.22), (5.24) und (5.25) durchgeführt wurden sowie auf Gewinnberechnungen des Cournot- und Bertrand-Oligopols, die sich aus den Gleichungen (4.9) und (4.11) bzw. (4.22) und (4.23) ergeben. Im Anhang auf Seite 238 sind die Marktergebnisse in tabellarischer Form wiedergegeben.

Im Gegensatz dazu ist aus gesamtwirtschaftlicher Sicht ein Anstieg der Markteffizienz zu konstatieren. Die Resultate lassen demnach befürchten, daß ein aus Effizienzsicht zu geringer (diskreter) Anreiz zur Investition in elektronische Koordination besteht.

Dieses Unterinvestitionsresultat sollte dennoch nicht überinterpretiert werden. So wurden hier die Folgen eines Marktaustrittes von mit traditioneller Technologie produzierenden Unternehmen vernachlässigt. Konsequenz einer solchen Marktbereinigung wäre gegenläufig zur hier vertretenen These ein Rückgang der Wettbewerbsintensität. Ein weiteres Gegenargument wird im nun folgenden Kapitel thematisiert: Durch elektronische Koordination wird es für viele Anbieter einfacher, Informationen über ihre Kunden zu sammeln und damit deren Präferenzen immer besser einschätzen zu können. Dies begünstigt Preisdiskriminierung und ist damit auch förderlich für eine positive Entwicklung der Unternehmensgewinne.

Kapitel 6

Preisdifferenzierung und Personalisierung auf elektronischen Märkten

Ein wesentlicher Aspekt elektronischer Koordination, der in der modelltheoretischen Analyse dieser Arbeit bislang unberückichtigt blieb, steht im Mittelpunkt dieses Kapitels: Wie aus den Abschnitten 2.3.3 und 2.4.2 hervorgeht, hat sich der Datenfluß zwischen Unternehmen und Kunden im Zuge elektronischer Koordination erhöht. Die modernen Informationstechnologien erleichtern es daher den Unternehmen, Charakteristika und das Verhalten ihrer Kunden abzufragen und zu interpretieren (siehe Varian, 2003, S. 13). Prinzipiell werden die Unternehmen hierdurch in die Lage versetzt, Preisdifferenzierung zu betreiben und ihren Kunden, anstelle eines standardisierten, ein personalisiertes Angebot bereitzustellen. Die verschiedenen Formen der Preisdiskriminierung, die den Unternehmen dabei offenstehen, werden im folgenden Abschnitt dargestellt und auf ihre Verwendung im Bereich elektronischer Märkte hingewiesen.

In einer weitergehenden Analyse stellt sich allerdings die Frage, ob und in welchem Ausmaß Kunden überhaupt bereit sind, die zur Personalisierung benötigten Informationen an den Produzenten weiterzuleiten: Zwar wird im Zuge der Personalisierung der Nutzen für den Kunden erhöht, dieser sieht sich aber auch der Gefahr einer opportunistischen Ausbeutung durch den Unternehmer ausgesetzt, die vor allem bei monopolistischer Marktstruktur eklatant ist. Im Hauptteil dieses Kapitels wird daher im Rahmen eines Monopolmodells die strategische Wechselwirkung zwischen der Informationsoffenbarung der Konsumenten und dem Preissetzungsverhalten eines Anbieters analysiert.

6.1 Preisdiskriminierung auf elektronischen Märkten

Wenn Unternehmen unterschiedliche Preise für die gleiche Leistung verlangen, wird dies allgemein als Preisdifferenzierung bezeichnet. Von Preisdifferenzierung wird aber auch gesprochen, wenn die Unterschiede des Leistungsumfangs oder der Qualität der angebotenen Leistung keine hinreichende Erklärung für vorhandene Preisunterschiede bieten. Vielmehr sollen mit den verschiedenen Angeboten unterschiedliche Kundentypen angesprochen werden. Da in vollkommenen Märkten Preisdiskriminierung durch Arbitrage unterbunden werden kann, läßt sie sich nur auf Märkten mit – als notwendiger Bedingung – unvollkommener Konkurrenz durchsetzen. Wenig erstaunlich ist daher, daß im Mittelpunkt der modelltheoretischen Analyse bislang Monopolmärkte stehen. Auch dieses Kapitel beschränkt sich im wesentlichen auf die Analyse monopolistischer Preisdiskriminierung, wobei der Verzicht auf weitergehende Betrachtungen in erster Linie aus Gründen des Pragmatismus erfolgt. Gleichwohl soll hier nicht verheimlicht werden, daß im Zuge eines in den letzten Jahren gesteigerten Interesses die Modellanalyse auch auf Oligopolmärkte ausgeweitet wurde. Exemplarisch für diese Entwicklung ist die Arbeit von Amann (2003).

Verschiedene Formen der Preisdiskriminierung sind schon seit Jahrhunderten gängige Praxis. So konnten beispielsweise bereits die Fahrgäste der Ludwigsbahn bei ihrer Eröffnung im Jahre 1836 zwischen drei verschiedenen Tarifen auswählen: Während die einfache Fahrt zwischen Nürnberg und Fürth in der ersten Klasse zwölf Kreuzer kostete, betrug der Fahrpreis in der zweiten Klasse neun und in der dritten Klasse sechs Kreuzer (siehe Bräunlein, 1985, S. 17).

Zu bedenken ist aber, daß die modernen Informationstechnologien aus verschiedenen Gründen die Durchsetzung solcher Methoden der Preissetzung erleichtern. Wie bereits im zweiten Kapitel dieser Arbeit erörtert wurde, vereinfacht elektronische Koordination das Sammeln, die Auswertung und die Verwaltung von Kundendaten. Dies ermöglicht es dem Produzenten einer Leistung nicht nur, Angebote für seine Kunden zu erstellen, die sowohl seine individuelle Zahlungsbereitschaft als auch seine Bedürfnisse besser berücksichtigen als Massenprodukte – insbesondere Informationsprodukte lassen sich ohne hohen Mehraufwand personalisieren. Darüberhinaus wird der Anbieter in die Lage versetzt, das Nutzungsverhalten seiner Kunden zu kontrollieren und somit Arbitrage wirksam zu verhindern. Varian (2003, S. 14) macht darauf aufmerksam, daß sich aus diesem Grund Nutzungsrechte vielfältiger ausgestalten lassen und daher dem Ersteller der Leistung eine weitere Möglichkeit der Preisdifferenzierung bieten, etwa durch eine zeitliche, eine örtliche oder eine mengenmäßige Beschränkung der Nutzung. Beispiele hierfür finden sich in der Vermarktung von Rechnersoftware; aber auch das in Erprobung befindliche Maut-System „Toll-Collect" ermöglicht den Betreibern, die Straßennutzung jedes einzelnen Kunden auf elektronischem Wege zu erfassen und gestattet somit eine individuelle Tarifierung.

Im folgenden werden die wichtigsten Formen der Preisdifferenzierung und ihre Bedeutung für elektronische Märkte kurz dargestellt. Die Systematik orientiert sich an der klassischen Einteilung, die von Pigou (1962, S. 279) eingeführt wurde und bis heute Geltung hat.

6.1.1 Preisdiskriminierung ersten Grades

Perfekte Preisdiskriminierung wird von Anbietern praktiziert, die in der Lage sind, die Zahlungsbereitschaft jedes einzelnen Käufers zu identifizieren und Arbitrage zwischen den verschiedenen Käufern gänzlich zu unterbinden (siehe Gravelle und Rees, 1992, S. 276).

Bei homogenen Produkten zeichnet sich Preisdiskriminierung erster Ordnung durch eine zweiteilige Tarifstruktur aus: der einheitliche Stückpreis (also der Preis für eine Einheit des Gutes) entspricht den marginalen Grenzkosten der Produktion. Zusätzlich verlangt der Monopolist eine kundenindividuelle Gebühr, um auf diese Weise die komplette Konsumentenrente abzuschöpfen. Heterogene Präferenzen der Kunden können dazu führen, daß der Monopolist sein Produkt in verschiedenen – horizontal oder vertikal differenzierten – Qualitätsstufen anbietet, wobei eine ähnliche Preisstruktur wie im Falle homogener Produkte gewählt wird: Der Preis für zusätzliche Qualität entspricht dem dadurch anfallenden Mehraufwand, während die Konsumentenrente über eine individuelle Gebühr abgeschöpft wird.

Da ein perfekt diskriminierender Monopolist auch die Konsumentenrente komplett internalisiert, stimmt sein Gewinn mit dem sozialen Überschuß überein. Folglich trifft ein gewinnmaximierender Monopolist in einer solchen Situation gesamtwirtschaftlich effiziente Produktionsentscheidungen, und zwar sowohl hinsichtlich seiner Preispolitik als auch bezüglich der qualitativen Ausdifferenzierung seines Angebots (siehe Bester, 2000, S. 59f.). Wenn Unternehmen zunächst Ressourcen aufwenden müssen, um die beschriebene Marktposition zu erlangen oder abzusichern, relativiert sich freilich dieses Ergebnis: Solche Aufwendungen gelten als verschwendet, wenn sie die aggregierten Renten nicht erhöhen, sondern nur der Umverteilung dieser Renten dienen. Einhergehend mit dem hohen Gewinn eines perfekt diskriminierenden Monopolisten, ist daher in diesem Fall eine entsprechend hohe Ressourcenverschwendung im Vorfeld zu befürchten (siehe Wolfstetter, 1999, S. 24).

Dieser Gedanke ist mit Blick auf elektronische Märkte von besonderer Bedeutung: Mit Hilfe der neuen Technologien wird es den Anbietern möglich, ihren Kunden individualisierte Produkte anzubieten. Varian (2003, S. 14) hebt die Erleichterung der personalisierten Preisgestaltung im Internet hervor, die zu einem Rückgang der Menükosten der Preisfestsetzung geführt hat. Durch die Speicherung von Kundendaten können aus Sicht des Unternehmens wertvolle Daten über die Präferenzen der Kunden und deren Zahlungsbereitschaft gewonnen und für die Angebotsgestaltung verwertet werden. Es ist unmittelbar einleuchtend, daß der Aufbau eines solchen Informationssystems Ressourcen verschlingt. Gerade in einem monopolistischen Umfeld ist aber zu befürchten, daß die so gewonnenen Kundendaten dazu dienen, Preise gezielter zu differenzieren und auf diese Weise Renten zu extrahieren.

Eine wirklich perfekte Preisdiskriminierung ist in der Realität trotz dieser verbesserten Methoden der Informationserfassung ausgeschlossen. Darauf weist Varian (2003, S. 14) hin. Zum einen stehen die Kosten der Informationserfassung diesem Ziel entgegen, denn perfekte Preisdifferenzierung setzt eine umfassende Datenerhebung voraus. Zum anderen lassen sich die benötigten Informationen häufig nur dann erfassen, wenn die Kunden mit dem Unternehmen kooperieren. Acquisti und Varian (2001, S. 4ff.) stellen jedoch fest, daß vorausschauende Käufer stattdessen bemüht sind, sich unauffällig zu verhalten und Informationen über ihre tatsächliche Zahlungsbereitschaft gegenüber dem Monopolisten – der diese Daten vor Vertragsabschluß benötigt, wenn er perfekt diskriminieren will – ex ante zu verheimlichen. Perfekte Preisdiskriminierung ist demnach nur dann möglich, wenn Konsumenten naiv sind oder ihre Daten ohne ihr Wissen erfaßt werden.

6.1.2 Preisdiskriminierung zweiten Grades

Liegen einem Anbieter keine individuellen Informationen über einen bestimmten Käufer vor, kann er zur Preisdiskriminierung zweiten Grades greifen, sofern ihm allgemeine Informationen über die Nachfrageeigenschaften der Käuferschaft vorliegen (siehe Gravelle und Rees, 1992, S. 276). Der Verkäufer kennt also die Nachfrage und die Verteilung einzelner Nachfragetypen, ohne einen bestimmten Käufer einem dieser Typen zuordnen zu können.

In dieser Situation stellt der Produzent seinen Kunden mehrere Vertragspaare zur Auswahl, die jeweils zugleich die Abgabemenge und den Fixpreis für diese Menge spezifizieren. Ein solcher Vertrag läßt sich ebenfalls als zweigeteilter Tarif darstellen (siehe Gravelle und Rees, 1992, S. 279).[1]

Heterogenen Konsumentengruppen werden dagegen die Produkte in unterschiedlichen Qualitätsstufen angeboten. Eine solche Angebotspolitik wird häufig als Versionierung bezeichnet (siehe Varian, 2003, S. 16). Das Ziel der Versionierung, ebenso wie bei der Differenzierung in unterschiedliche Packungsgrößen, besteht in der Selbstselektion unterschiedlicher Kundengruppen – jeder Konsument wählt dann denjenigen Vertrag aus, der für seine Kundengruppe entworfen wurde. Eine erfolgreiche Selbstselektion setzt voraus, daß bezüglich der marginalen Zahlungsbereitschaft für Qualität oder Quantität eine eindeutige Rangordnung über alle Kundengruppen erstellt werden kann, d. h. beim Vergleich zweier beliebiger Kundengruppen kann eindeutig festgestellt werden, daß die Mitglieder einer dieser beiden Gruppen unabhängig von der Menge oder dem Qualitätsniveau eine höhere Grenzzahlungsbereitschaft aufweisen als die Zugehörigen der anderen Gruppe. Technisch gesehen schneiden sich dann die Indifferenzkurven von Mitgliedern unterschiedlicher Kundengruppen bei einer Variation der Packungsgrößen (bzw. der Qualität) höchstens einmal, womit die „single crossing property" erfüllt ist (siehe in einem anderen Zusammenhang beispielsweise Schweizer, 1999, S. 44f.). Der Vertrag, der der Konsumentengruppe mit der höchsten Zahlungsbereitschaft für Quantität oder Qualität angeboten wird, ist unter dieser Voraussetzung unverzerrt. Um zu verhindern, daß Angehörige dieser Gruppe einen Vertrag wählen, der für Kunden mit niedriger Zahlungsbereitschaft konzipiert ist, wird jedoch nicht die gesamte Konsumentenrente dieser Gruppierung

[1] Gravelle und Rees (1992, S. 279) heben hervor, daß in einem solchen zweigeteilten Tarif die Absatzmenge, nicht der Stückpreis fixiert ist. Letztere Fixierung ist ebenfalls häufig zu finden – etwa bei der Bahn-Card der Deutschen Bahn AG – aber im Ergebnis wettbewerblicher.

abgeschöpft. Den Kunden mit der geringsten Zahlungsbereitschaft wird hingegen ein Vertrag angeboten, der gerade ihre Teilnahmebedingung erfüllt und somit ihre Konsumentenrente zur Gänze abschöpft. Dieser Vertrag ist in der Regel nach unten verzerrt, d. h. die konsumierte Menge der Gruppe mit niedriger Zahlungsbereitschaft liegt unterhalb des effizienten Niveaus. Analoges gilt, wenn das Produkt in unterschiedlichen Qualitätsstufen angeboten wird: Kunden mit niedriger Zahlungsbereitschaft müssen dann mit einem Produkt vorliebnehmen, dessen Qualität hinter dem effizienten Niveau zurückbleibt.

Preisdiskriminierung zweiten Grades ist in vielen Bereichen des Wirtschaftslebens gängige Praxis. Als Beispiel seien hier unterschiedliche Packungsgrößen für Lebensmittel, etwa Kekse, verschiedene Ausstattungsvarianten von Kraftfahrzeugen, oder die zweigeteilte Tarifstruktur von Versorgern genannt. Im allgemeinen führt diese Form der Preisdifferenzierung dazu, daß mehr Konsumenten als im einfachen Monopol die verschiedenen Produktversionen nachfragen. Da allerdings zum Teil ein minderwertiges Produkt verkauft wird, ist der Wohlfahrtseffekt nicht eindeutig positiv (siehe Varian, 2003, S. 17).

Varian (2003, S. 16) verweist darauf, daß mit Hilfe neuartiger Informationstechnologien Kundeninformationen leicher erfaßt und verwertet werden können und somit die Vertragsgestaltung erleichtert wird. Zudem werden diese Technologien beim Produktdesign eingesetzt. Die Versionierung von Informationsgütern ist mit einem sehr geringen Aufwand verbunden, insbesondere wenn ein Prototyp mit geringerer Qualität durch Abänderung einer hochwertigen Version hergestellt wird. Eine solche Vorgehensweise findet sich beispielsweise bei Software – hierbei werden in der niederpreisigen Version einige Funktionen des Programms deaktiviert – oder bei Nachrichtendiensten, die ihre Informationen auch zeitverzögert anbieten.

6.1.3 Preisdiskriminierung dritten Grades

Marktsegmentierung ist eine weitere gängige Praxis der Preisdifferenzierung, die dann Anwendung findet, wenn die Konsumenten nach objektivierbaren Kriterien in verschiedene Gruppen eingeteilt und Arbitrage zwischen diesen Klassen verhindert werden kann. Kinder- und Studentenermäßigungen fallen beispielsweise unter dieses Schema. Im Gegensatz zu den beiden anderen genannten Formen der Preisdifferenzierung wird bei der Preisdiskriminierung dritten Grades keine zusätzliche Gebühr erhoben. Allerdings werden die Preise entsprechend der Nachfrageelastizitäten der verschiedenen Gruppen unterschiedlich hoch festgesetzt, innerhalb einer Gruppe sind die Stückpreise dagegen einheitlich hoch.

Gravelle und Rees (1992, S. 279) interpretieren daher die Preisdiskriminierung dritten Grades als eine Form von Preisdifferenzierung, bei der der Anbieter zwar in der Lage ist, die Zahlungsbereitschaft jedes einzelnen Kunden zu ermitteln und Arbitrage zu verhindern, aber aus irgendwelchen Gründen keine zweigeteilten Tarife mit fixer Komponente erheben kann. Die Gewinne eines Monopolisten sind dann geringer als bei perfekter Preisdiskriminierung oder bei Preisdiskriminierung zweiten Grades (vgl. Gravelle und Rees, 1992, S. 284).

Im wettbewerblicheren Umfeld ist die Wirkung von Preisdiskriminierung dritten Grades ambivalent: Wie Armstrong und Vickers (2001, S. 591ff.) erläutern, profitieren die Konsumenten vor allem dann, wenn ihre Präferenzen nahezu homogen sind. Bei heterogenen Kunden kommt es dagegen zum Rückgang der Konsumentenrente, der den Gewinnanstieg der Anbieter dominieren kann.

6.1.4 Bündelungsstrategien

Eine versteckte Form der Preisdifferenzierung stellt der Verkauf von Güterbündeln dar, der bereits von Adams und Yellen (1976) analysiert wurde. Die beiden Autoren unterscheiden zwei Formen der Güterbündelung (siehe Adams und Yellen, 1976, S. 475): Als reine Güterbündelung wird die Strategie bezeichnet, Produkte lediglich im Bündel anzubieten, während bei einer gemischten Bündelungsstrategie die Produkte auch einzeln angeboten werden. Prinzipiell stellen Adams und Yellen (1976, S. 488) fest, daß Bündelung gegenüber einer einfachen Monopolpreissetzung die dominante Strategie ist, sofern der Verpackungsaufwand – der freilich von den Autoren nicht berücksichtigt wird – vernachlässigbar ist. Insbesondere für Informationsgüter stellt letzteres eine durchaus realistische Annahme dar, da diese Produkte ohne nennenswerte Mehrkosten in vielerlei Variationen zusammengestellt werden können.

Varian (2003, S. 19f.) weist auf die zwei wesentliche Vorteile hin, die Produktbündelung aus Sicht des Anbieters hat: Zum einen hat die Zahlungsbereitschaft für das Güterbündel bei gleichem Mittelwert eine geringere Varianz als die aggregierte Nachfrage nach den einzelnen Komponenten. Die gebündelte Güternachfrage dominiert demnach die Komponentennachfrage in der zweiten stochastischen Ordnung und ermöglicht es dem Anbieter, höhere Preise durchzusetzen, ohne Nachfrage zu verlieren. Ein Anstieg des Unternehmensgewinns, aber auch der Markteffizienz ist die Folge, obwohl ein Rückgang der Konsumentenrente zu erwarten ist. Zum anderen wird der Markteintritt für Konkurrenten erschwert, die nicht alle Komponenten des Güterbündels anbieten. Der Grund hierfür ist, daß gerade attraktive Kunden mit hoher Zahlungsbereitschaft den Kauf eines Bündels gegenüber dem Kauf einzelner Komponenten bevorzugen. Dieses Verhalten ist besonders ausgeprägt, wenn die Wertschätzungen für die einzelnen Komponenten des Bündels positiv korreliert sind.

6.1.5 Preisdiskriminierung bei personalisierten Produkten

Als Individualisierung wird im allgemeinen eine Qualitätsdifferenzierung bezeichnet, die sich an den individuellen Bedürfnissen einzelner Kunden orientiert (siehe Schackmann, 2003, S. 9) und damit deutlicher ausgeprägt ist als bei einer gruppenbezogenen Versionierung. Bakos (1998) unterscheidet zwischen zwei Konzepten der Individualisierung:

- Im Zuge einer individualisierten Massen-Auftragsfertigung hat der Kunde die Möglichkeit, sich die Produktattribute des von ihm erworbenen Gutes selbst zusammenzustellen. Dell wird in diesem Zusammenhang häufig als ein Beispiel für eine erfolgreiche Kundenorientierung erwähnt (siehe Bakos, 2001, S. 71). Kunden von Dell können auf dessen Homepage den erworbenen Rechner nach eigenen Wünschen zusammenstellen und beispielsweise den bevorzugten Festplattenspeicher, Prozessor oder Monitor ihres Computers auswählen.

- Bei der Personalisierung wird der Kunde nicht direkt nach seinen Präferenzen gefragt. Vielmehr ermittelt der Unternehmer aus Kundendaten, die dieser freiwillig (etwa in Form soziodemographischer Daten) oder unfreiwillig (als Spuren beim Surfen im Netz) hinterläßt, ein Kundenprofil, aus dem die vermuteten Präferenzen abgeleitet werden. Kunden von Yahoo werden etwa mit einem umfangreichen Fragekatalog konfrontiert, wenn sie ihre Homepage personalisieren wollen. Zwei Techniken ermöglichen dann den letzten Schritt der Personalisierung: Regelbasierte Filter stützen sich auf zuvor festgelegte Expertenregeln, während kollaborative Filtersysteme den Konsumenten mit Hilfe der

Diskriminanzanalyse einer ähnlichen Kundengruppe zuordnen und ähnliches Kaufverhalten unterstellen (siehe Bakos, 2001, S. 71).[2]

Aus Sicht der Unternehmen besteht das Ziel der Individualisierung ähnlich wie bei einer Preisdiskriminierung ersten oder zweiten Grades darin, durch eine Qualitätsdifferenzierung eine (Selbst-)Selektion der Kundengruppen gemäß ihrer individuellen Zahlungsbereitschaft zu erreichen.

Der Zusammenhang zwischen Personalisierung und Preisdiskriminierung ersten und zweiten Grades wird in zwei Aufsätzen von Ulph und Vulkan (2000 und 2001) im Rahmen eines Dyopolmodells veranschaulicht: Beide Aufsätze gehen von entlang einer Hotelling-Linie gleichverteilt plazierten Konsumenten aus. Während sich in Ulph und Vulkan (2000) die beiden Dyopolisten an den beiden Enden der Straße befinden und lediglich Preisdifferenzierung betreiben können, gehen Ulph und Vulkan (2001) davon aus, daß die beiden Unternehmen zusätzlich in der Lage sind, durch Variation ihres Standortes personalisierte Produkte anzubieten. Im Gleichgewicht entscheiden sich die Unternehmen häufig dafür, beide Strategien, also Preisdifferenzierung und Personalisierung, anzuwenden, obwohl aus Unternehmenssicht ein beiderseitiger Verzicht auf diese Strategien besser wäre.

Preisdifferenzierung ersten und zweiten Grades unterscheiden sich in diesen beiden Ansätzen nur durch den Zeitpunkt der Informationsübermittlung: Wenn dem Produzenten der jeweilige Standort der einzelnen Konsumenten bereits vor der Angebotserstellung bekannt ist, kann er seine Angebote perfekt differenzieren. Im umgekehrten Fall wird die Standortinformation indirekt durch die Auswahl eines entsprechenden Vertrages offenbart. Tenor der Aufsätze von Ulph und Vulkan (2000 und 2001) ist demnach, daß die Unternehmen spätestens zum Zeitpunkt des Vertragsabschlusses vollständig über die Präferenzen ihrer Kunden informiert sind.

[2] Aus theoretischer Sicht ist die Unterscheidung zwischen den beiden genannten Konzepten der Individualisierung aufgrund der Gültigkeit des Revelationsprinzips bedeutungslos. Im folgenden werden daher beide Konzepte unterschiedslos verwendet.

6.2 Informationsoffenbarung der Konsumenten

Der Anreiz der Konsumenten, ihre privaten Informationen zu offenbaren und somit Personalisierung zu ermöglichen, soll hier einer genaueren Analyse unterzogen werden. Diese Analyse berücksichtigt insbesondere strategische Aspekte des Kundenverhaltens, die in der Personalisierungsliteratur bislang keine Beachtung finden. Eine personalisierte Angebotserstellung ist nur unter der Mitwirkung des Kunden möglich, da der Anbieter auf dessen private Information angewiesen ist. Die Kunden sind sich aber auch der strategischen Folgen ihrer Informationsoffenbarung auf die personalisierte Angebotserstellung bewußt, die vor allem bei monopolistischer Marktstruktur eklatant ist und darin besteht, daß Preisdiskriminierung erleichtert wird. Daher stellen sie private Informationen nur in einem begrenztem Ausmaß zur Verfügung.

6.2.1 Personalisierung unter Mitwirkung des Konsumenten

In der herkömmlichen Massenproduktion sind die späteren Käufer nicht in den Produktionsvorgang involviert. Anders ist die Situation dagegen, wenn ein Angebot – etwa im Zuge einer Auftragsfertigung – erst nach Eingang der Kundeninformationen erstellt werden kann, oder wenn ein Produzent auf Grundlage gesammelter Kundendaten diesem unaufgefordert ein Angebot zukommen läßt. Da er die fehlenden Informationen bereitstellt, wird der Nachfrager nun für den Herstellungsprozeß unentbehrlich. Der Zukunftsforscher Alvin Toffler (1980) verdeutlicht dessen Sonderstellung, indem er in seinem Buch „The Third Wave" das Konzept des „Prosumer" als eine Mischung aus Konsumenten und Produzenten einführt.[3]

Freilich ist diese Idee weniger revolutionär, als sie zunächst klingt: Die Mitwirkung des Kunden an der Gestaltung von Produkten und am Herstellungsprozeß ist

[3]Toffler (1980, S. 27) prägte diesen Begriff ursprünglich als Bezeichnung für Konsumenten selbsterstellter Waren und Dienstleistungen (siehe Toffler, 1980, S. 282ff.). Seine heutige Bedeutung erhielt dieser Ausdruck wohl durch eine Verwechslung – Toffler (1980, S. 202) beschreibt nämlich einige Seiten vor seinen Ausführungen zur damals anbrandenden DIY-Welle seine gerne als visionär bezeichneten Zukunftsperspektiven: „The pattern becomes clear, therefore. Vast changes in the techno-sphere and the info-sphere have converged to change the way we make goods. We are moving rapidly beyond traditional mass production to a sophisticated mix of mass and de-massified products. The ultimate goal of this effort is now apparent: completely customized goods, made with wholistic, continuous-flow processes, increasingly under the direct control of the consumer."

beispielsweise im Handwerk die Regel, und auch im industriellen Sektor sollte ein erfolgreicher Produzent die Vorlieben seiner Kunden zumindest erahnen. Wie bereits mehrfach erwähnt wurde, besteht allerdings durch elektronische Koordination mehr denn je die Gelegenheit, Kundenbedürfnisse mit geringem Aufwand abzufragen und mit Hilfe flexibler Produktionstechnologien in einer Massen-Auftragsfertigung umzusetzen.

Zusätzlich übermittelte Information ermöglicht es dem Produzenten, damit die Produktspezifikation besser an die Kundenbedürfnisse anzupassen. Prinzipiell erhöht dies die Zahlungsbereitschaft der Konsumenten. Der strategische Effekt der Informationswirkung besteht hingegen darin, daß der Unternehmer nun besser über die Zahlungsbereitschaft dieses Käufers informiert ist und sich einen höheren Anteil der Rente aneignen kann. Schließlich ist denkbar, daß der Konsument die Informationsoffenbarung nutzt, um seine Zahlungsbereitschaft zu signalisieren. Beide über die einfache Informationswirkung hinausgehenden Effekte sollen auf den folgenden Seiten im Rahmen eines Informationsoffenbarungsspiels zwischen einem Monopolanbieter und einem Nachfrager dargestellt und analysiert werden.

6.2.2 Strategische Informationsoffenbarung

Die Analyse der strategischen Informationswirkung geht auf einen Ansatz von Bandulet und Morasch (2003b) zurück. In diesem Aufsatz wird ein Spiel zwischen einem risikoneutralen Monopolisten und einem Kontinuum risikoneutraler Konsumenten betrachtet, die entlang eines Salop-Kreises gleichverteilt sind (vgl. Salop, 1979). Die tatsächliche Lage des Konsumenten x_c ist dessen private Information. Der Monopolist ist in der Lage, sein Angebot zu personalisieren, indem er einen beliebigen Produktstandort x_f auf dem Kreis wählt. Zur Vereinfachung und zwecks einer Fokussierung auf den Aspekt der Informationsrevelation wird von einer kostenfreien Produktion und Personalisierung ausgegangen. Der Umfang des Salopkreises ist auf einen Wert von zwei normalisiert, weil hierdurch sichergestellt wird, daß die Distanz $\Delta x := |x_c - x_f|$ einen Wert von eins nicht überschreitet.

Für die Konsumenten besteht die Möglichkeit, ihre Lageinformation komplett oder teilweise dem Monopolisten zu übermitteln.[4] Die Intensität der Informations-

[4] In der Praxis geschieht dies durch direkte Abfrage von Präferenzen sowie die Auswertung soziodemographischer Daten oder des Konsumentenverhaltens. Man vergleiche hierzu auch die

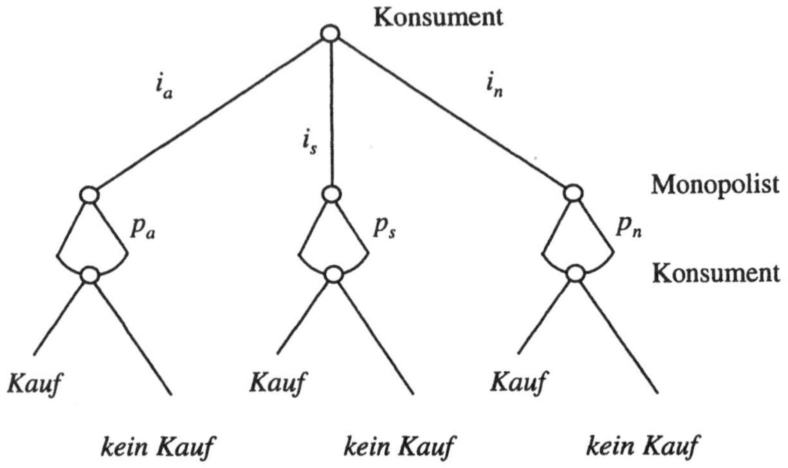

Abbildung 6.1: Zeitstruktur des Spiels

offenbarung wird dabei durch Wahl eines Wertes $i \in [0, 1]$ dargestellt, wobei dieser Informationsparameter den Umfang des Salop-Kreises, auf dem sich der Konsument nun befindet, mit $1 - i$ multipliziert. Ein Parameterwert von $i = 0$ bedeutet daher, daß überhaupt keine Standortinformation übermittelt worden ist, während bei einem Wert von $i = 1$ der Unternehmer genau über die Lage des Konsumenten informiert worden ist. Liegt der Wert von i zwischen 0 und 1, reduziert sich die maximal mögliche Standortdifferenz zwischen x_c und x_f entsprechend. Ein personalisiertes Angebot ist zwar in diesen Fällen nicht möglich, aber die Produkteigenschaften liegen mit einer höheren Wahrscheinlichkeit in der Nähe der Position des Kunden.

Die Zeitstruktur des Modells entspricht der oben dargelegten Auftragsfertigung: Zunächst wählt der Konsument das Ausmaß der Informationsoffenbarung i. Im nächsten Schritt wählt der Monopolist nach dem Zufallsprinzip einen Produktstandort x_f auf dem modifizierten Salop-Kreis und setzt einen Monopolpreis p^M fest. Schließlich entscheidet der Konsument über den Kauf des Produktes, indem er diesen Preis mit seiner Zahlungsbereitschaft für ein am Standort x_f befindliches Produkt abgleicht.

entsprechenden Hinweise auf Seite 202 in dieser Arbeit und die Ausführungen von Acquisti und Varian (2001, S. 2).

Die Zahlungsbereitschaft eines Konsumenten ist durch die Gleichung $v = v_{max} - t \cdot \Delta x$ gegeben, wobei v_{max} die Wertschätzung für das ideale personalisierte Produkt kennzeichnet, wenn also x_c und x_f übereinstimmen. Die Transportkosten t werden im Rahmen des Modells auf $t = 1$ normiert. Die Konsumenten nehmen das Angebot des Produzenten an, solange der Preis unterhalb ihrer individuellen Zahlungsbereitschaft liegt, d. h. $v \geq p$ muß erfüllt sein. Wenn der Unternehmer den Produktstandort festsetzt, ohne zuvor irgendwelche Informationen über die Lage des Konsumenten auf dem Salop-Kreis erhalten zu haben, ist die Distanz Δx zwischen null und eins gleichverteilt. Abhängig vom Preissetzungsverhalten p des Monopolisten, kommt es dann mit einer Wahrscheinlichkeit von $\pi(p) = v_{max} - p$ für $p \in [\max\{0, v_{max} - 1\}, v_{max}]$ zum Handel. (Analog zur Notation im dritten Kapitel wird hier die Kaufwahrscheinlichkeit $P(v \geq p)$ als $\pi(p)$ bezeichnet.) Für $0 < i < 1$ ergibt sich ein modifiziertes Nachfrageschema $\pi(p) = \min\{(v_{max} - p)/(1 - i), 1\}$ - unabhängig vom Preis nehmen die Konsumenten nun mit einer höheren Wahrscheinlichkeit als in der Ausgangssituation $i = 0$ das Angebot des Monopolisten an. Bei $i = 1$ liegt dem Nachfrager ein perfekt individualisiertes Angebot vor und Handel findet mit Sicherheit statt, sofern $p \leq v_{max}$. Ziel des Monopolisten ist es dabei, in Abhängigkeit vom Informationsverhalten i des Konsumenten seinen Verkaufspreis p^M so zu bestimmen, daß seine erwartete Auszahlung $p \cdot \pi(p)$ maximiert wird.

In Abbildung 6.2 wird die Auswirkung der Informationsoffenbarung auf den Verlauf der stochastischen Nachfragefunktion graphisch dargestellt: Ausgehend von einer maximalen Zahlungsbereitschaft des Konsumenten von $v_{max} = 1/2$ für das ideale Produkt, werden die je nach Ausmaß der Informationsoffenbarung unterschiedlichen Nachfragekurven N_i abgebildet. Der Angelpunkt dieser Preisabsatzfunktionen liegt auf der Preisachse bei v_{max}. Auf der Abszisse wird in dieser Graphik die Kaufwahrscheinlichkeit wiedergegeben, wobei im Falle eines Kaufs unabhängig vom Preis eine Einheit des Gutes erworben wird. Verzichtet der Kunde auf jegliche Informationsübertragung (d. h. $i = 0$), sinkt die stochastische Nachfrage mit einer Steigung von -1 und erreicht die Abszisse bei einem Wert von $1/2$ – selbst bei einem Preis von Null erreicht die Kaufwahrscheinlichkeit demnach lediglich einen Wert von $1/2$. Wenn der Kunde genauere Informationen über seinen Standort übermittelt, hat dies zur Folge, daß das ihm angebotene Produkt seinen Bedürfnissen eher entspricht. Entsprechend verläuft die stochastische Nachfragefunktion flacher. Bei einer kompletten Übermittlung der Lageinformation kann der Monopolist seinem Kunden ein

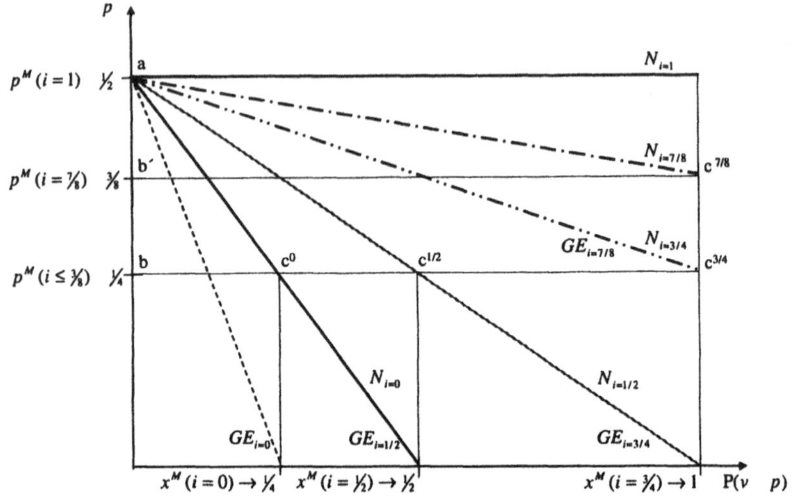

Abbildung 6.2: Stochastische Nachfrage bei $v_{max} = 1/2$ (siehe Bandulet und Morasch, 2003b, S. 4)

perfekt individualisiertes Produkt anbieten, und die Wahrscheinlichkeit eines Handels steigt auf eins, sofern der Angebotspreis die maximale Zahlungsbereitschaft nicht überschreitet. Diese Situation wird anhand der horizontalen Preisabsatzfunktion bei $i = 1$ dargestellt.

Auf diesen Überlegungen basierend, kann die Monopollösung in Abhängigkeit von i ermittelt werden: Sofern $\pi(p) < 1$ ist, ergibt sich der Grenzerlös *GE* des risikoneutralen Monopolisten als Gerade, deren Steigung doppelt so hoch ist wie die der zugehörigen inversen Nachfragefunktion. Liegt der Preis definitiv unterhalb der Zahlungsbereitschaft und kommt es mit Sicherheit zum Handel (also $\pi(p) = 1$), läßt sich der Absatz durch eine weitere Preisreduktion nicht mehr steigern. Es lassen sich nun die optimalen Strategien des Monopolisten ermitteln, die dieser auf der zweiten Stufe des Spiels und in Abhängigkeit von i wählt:

- Für Werte von $i \in [0, 1/2)$ ist selbst bei einem Preis von Null – dies entspräche der Wettbewerbslösung – Handel nicht gewährleistet.

- Liegt die Informationsoffenbarung im Bereich $i \in [0, 3/4)$, maximiert der Monopolist seinen erwarteten Gewinn, indem er einen Monopolpreis von $p^M = 1/4$ setzt. Die Wahrscheinlichkeit, daß Handel stattfindet, liegt bei diesem Preis zwischen 1/4 und 1 und hängt von i ab: Die geringste Handelswahrscheinlichkeit wird bei einem Wert von $i = 0$ erreicht, während sie mit höherer Informationsoffenbarung ansteigt und bei $i = 3/4$ ihren Maximalwert von 1 erreicht. Bis hin zu einem Wert von $i = 3/4$ erhöht demnach zusätzliche Informationsoffenbarung die Wahrscheinlichkeit, daß Handel stattfindet. Der aus dem ineffizient niedrigen Transaktionsvolumen resultierende Wohlfahrtsverlust wird demnach gemindert. Wie ein Blick auf die Konsumentenrente, die durch das Dreieck abc^i abgebildet wird, sowie auf das darunter liegende Rechteck, das den Gewinn veranschaulicht, zeigt, profitieren die Konsumenten und der Monopolist gleichermaßen von der (zusätzlichen) Informationsrevelation.

- Oberhalb von $i = 3/4$ wählt der Monopolist den höchstmöglichen Preis, bei dem Handel unabhängig vom wahren Standort x_c des Konsumenten mit Sicherheit stattfindet. Bei einem Wert von $i = 7/8$ ist dies beispielsweise $p^M = 3/8$. Mit dieser Preispolitik wird zwar eine bei gegebener Informationslage effiziente Lösung erreicht, allerdings ist es dem Monopolisten nun möglich, sich einen größeren Anteil des Handelsgewinnes anzueignen als bei $i = 3/4$, während die Kunden einen Rückgang der Konsumentenrente hinnehmen müssen: Beispielsweise ist die Fläche des Dreiecks $abc^{7/8}$ kleiner als die des Dreiecks $abc^{3/4}$. Schließlich wird bei einem Wert von $i = 1$, also bei kompletter Informationsoffenbarung, der gesamtwirtschaftliche Überschuß maximiert, da der Monopolist in der Lage ist, perfekt individualisierte Produkte anzubieten. Analog zur Preisdiskriminierung ersten Grades fällt jedoch der komplette Handelsgewinn in die Hände des Alleinverkäufers.

Die Konsumenten orientieren sich nun an den Ergebnissen der zweiten Stufe und entscheiden sich im ersten Schritt für diejenige Informationsoffenbarungsstrategie, die ihre erwartete Konsumentenrente maximiert. Im Ergebnis wählen sie eine partielle Informationsoffenbarung $i^* = 3/4$, und als Monopolpreis ergibt sich infolgedessen $p^M(i^*) = 1/4$. Die Strategie der Konsumenten hindert zwar den Anbieter daran, seine Marktmacht übermäßig auszunutzen, allerdings bleiben Informationsasymmetrien in gewissem Ausmaß bestehen und die gesamtwirtschaftliche Wohlfahrt wird auch nicht maximiert.

Man kann sich jetzt überlegen, wie sich eine höhere maximale Zahlungsbereitschaft der Konsumenten v_{max} auf ihre Anreize zur Informationsoffenbarung auswirkt. Abbildung 6.3 stellt die bekannten Ergebnisse bei $v_{max} = 1/2$ zwei neuen Situationen gegenüber: Liegt v_{max} bei 1, wäre selbst ohne Informationsübertragung Handel garantiert, sofern der Angebotspreis kompetitiv, d. h. auf $p^C = 0$, festgelegt würde. Im Monopol wird dagegen bei $i = 0$ mit einer geringeren Wahrscheinlichkeit gehandelt. Die monopolbedingte Verringerung der Transaktionswahrscheinlichkeit verschwindet aber, sobald die maximale Zahlungsbereitschaft Werte von $v_{max} \geq 2$ erreicht.

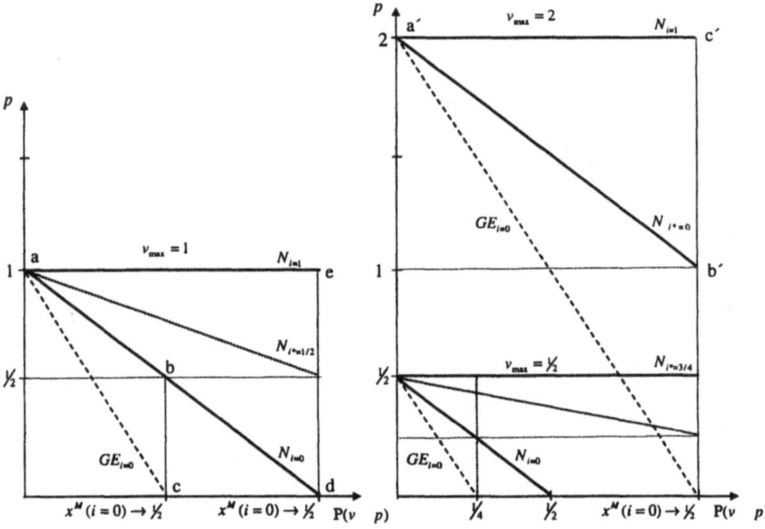

Abbildung 6.3: Stochastische Nachfrage, Preissetzung und Informationsrevelation für $v_{max} = 1/2$, $v_{max} = 1$ und $v_{max} = 2$ (siehe Bandulet und Morasch, 2003b, S. 4)

Wie leicht ersichtlich ist, sinkt das Ausmaß der Informationsoffenbarung mit einem Anstieg der Wertschätzung der Konsumenten für das Produkt. Dies liegt daran, daß die Käufer einerseits bestrebt sind, das Ausmaß der monopolistischen Verzerrung möglichst gering zu halten, also den Ausfall von Handel zu vermeiden, aber andererseits den Monopolisten nicht mit einer zu großen Handelsmacht ausstatten wollen, was bei hohen Werten von i geschieht. Da im Zuge höherer Werte von v_{max} bereits bei einem niedrigeren Grad an Informationsoffenbarung Handel gewährleistet werden kann, sinkt also i mit wachsendem v_{max}: Für $v_{max} = 1$ ergibt sich als Gleichgewichtsstrategie $(i^*, p^*) = (1/2, 1/2)$, und bei Werten von $v_{max} \geq 2$ verzichten die Konsumenten auf jegliche Offenbarung ihrer Lageinformation; die Gleichgewichtsstrategien lauten in diesem Fall $(i^*, p^*) = (0, v_{max} - 1)$. Die Informationsmenge, die im Gleichgewicht preisgegeben wird, hängt somit von der maximalen Zahlungsbereitschaft der Käufer ab und wird durch folgende Funktion wiedergegeben:

$$i^*(v_{max}) = 1 - \frac{v_{max}}{2} \qquad \text{gdw.} \qquad v_{max} \in [0, 2] \tag{6.1}$$

Von Interesse dürfte eine weitere Feststellung sein, die sich aus der Abbildung 6.3 gewinnen läßt: Auch die Höhe der Rente, die durch die Offenbarung von Information hinzugewonnen wird, hängt von v_{max} ab: Während der relative Zugewinn umso größer ist, je niedriger v_{max} ist, wird der absolute Rentengewinn, der durch eine vollkommene Informationsrevelation generiert wird, bei $v_{max} = 1/2$ maximiert: Der potentielle Zuwachs entspricht der Fläche *abcde* und ist damit größer als das Dreieck $a'b'c'$, das den Zugewinn im Falle $v_{max} = 2$ darstellt. Zudem übersteigt allein der Zuwachs *abcde* einen Wert von 1/2 und ist damit höher als der gesamte Handelsgewinn, der bei einer maximalen Zahlungsbereitschaft $v_{max} = 1/2$ und $i = 1$ erzielt wird.

Zusammenfassend läßt sich also feststellen, daß es aus gesamtwirtschaftlicher Sicht optimal wäre, die gesamte Standortinformation zu übermitteln, da dies dem Anbieter erlauben würde, ein perfekt individualisiertes Produkt bereitzustellen. Diese Strategie wäre aber nicht im Sinne der Kunden, und zwar weil sich der Monopolist dabei den gesamten Handelsgewinn selbst aneignen würde. Die Konsumenten sind folglich nur dazu bereit, einen Teil dieser Lageinformation zu offenbaren. Wenn auch ohne Informationspreisgabe mit Sicherheit Handel stattfindet, bleibt die Lageinformation der Konsumenten unter deren Verschluß. Da bei insgesamt geringerer Zahlungsbereitschaft der Konsumenten die Wahrscheinlichkeit für Handel ceteris paribus zurückgeht, steigt mit einem Rückgang von v_{max} die Mitteilungsbereitschaft der Kundschaft an. Schließlich zeigt sich, daß zwar der relative Rentenzuwachs durch Informationsrevelation umso ausgeprägter ist, je weniger die Konsumenten maximal bereit sind, für das angebotene Produkt auszugeben. Der absolute Rentenzuwachs wird jedoch bei einem Wert von $v_{max} = 1$ maximiert.

6.3 Informationsoffenbarung als Signal

Während bislang davon ausgegangen wurde, daß alle Konsumenten eine einheitliche Zahlungsbereitschaft für das perfekt angepaßte Produkt besitzen, wird auf den folgenden Seiten die Analyse um die Annahme erweitert, daß sich die einzelnen Kunden in ihrer Zahlungsbereitschaft voneinander unterscheiden. Damit wird ein Gedanke aufgegriffen, der bereits zu Beginn des vorangegangenen Abschnittes angesprochen wurde: Während häufig das Verhalten einer Person als Signal für bestimmte Typeneigenschaften gewertet wird, soll hier die Idee vertieft werden, daß Individuen bereits mit der Bereitschaft, bestimmte (Präferenz-)Informationen preiszugeben oder eben zu verheimlichen, ihren Typ signalisieren können – und dies, obwohl die Informationen, um die es sich handelt, nicht mit dem Spielertyp korreliert ist.

6.3.1 Modellaufbau

Um die Analyse einfach zu halten, wird angenommen, daß lediglich zwei verschiedene Kundentypen $t = \{h, l\}$ existieren, wobei beide Typen mit gleicher Wahrscheinlichkeit vorkommen und h den Typ mit einer hohen Zahlungsbereitschaft von $v_{max} = 1$ kennzeichnet, während l für den Kundentyp mit einer geringeren Zahlungsbereitschaft von $v_{max} = 1/2$ steht. Zudem wird der Strategienraum der Konsumenten auf diskrete Entscheidungsalternativen eingeengt: Die Menge an Information, die offenbart wird, kann Null betragen (diese Strategie wird als i_n bezeichnet), oder sie liegt bei $i = 1/2$ (diese Strategie wird als i_s gekennzeichnet), oder die komplette Standortinformation wird übermittelt (d. h. $i = 1$; die zugehörige Strategie lautet dann i_a).[5]

[5]Durch die Einengung auf einen diskreten Strategienraum werden in erster Linie irrelevante Alternativen von vornherein ausgeschlossen. Tatsächlich stellt das herzuleitende Ergebnis auch in einem Spiel mit stetigem Strategienraum $i \in [0; 1]$ ein Nash-Gleichgewicht dar. Zwar existieren im stetigen Spiel weitere Gleichgewichte, diese sind jedoch Ausgeburt unglaubwürdiger, nicht monoton in i verlaufender Wahrscheinlichkeitseinschätzungen. Eine Eliminierung solcher Gleichgewichte ist möglich, wenn z. B. eingefordert wird, daß $\theta(h|i)$ monoton in i steigt oder sinkt. Eine Beschränkung des Strategienraums läßt sich auch damit begründen, daß es im einzelnen für den jeweiligen Konsumenten schwer sein wird, sich auf ein genaues Ausmaß an Informationsoffenbarung festzulegen, während ihm eine Unterscheidung zwischen den drei Strategien i_n, i_s und i_a keine Probleme bereiten dürfte.

Diese Werte wurden aus folgenden Gründen gewählt: Zum einen stellt $i = 1/2$ im einfachen Spiel die optimale Strategie für alle Kunden mit hoher Zahlungsbereitschaft dar, und zum anderen sollte ein reines Separierungsgleichgewicht unter diesen Umständen am ehesten zu finden sein. Zudem wurde die Option aufgenommen, die gesamte Information an den Produzenten weiterzuleiten, da dies die aus gesamtwirtschaftlicher Sicht effiziente Strategie wäre und zudem ein Pooling-Gleichgewicht mit dieser Strategie nicht von vornherein auszuschließen ist. In einem nachfolgenden Abschnitt wird desweiteren gezeigt, daß diese Strategie für die Konsumenten mit hoher Wertschätzung durchaus eine Gleichgewichtsstrategie darstellen kann, wenn der Monopolist in der Lage ist, sich im Vorfeld der Informationsübermittlung an ein Preisschema zu binden.

Die Zeitstruktur entspricht hier der des einfachen Spiels von oben, wobei allerdings der vom Monopolisten unbeobachtete Zug der Natur vorangestellt ist und erst im Anschluß daran der jeweilige Konsument den Grad der Informationsoffenbarung i wählt. Nach dem Empfang dieses Signals legt der Monopolist den Produktstandort und den Verkaufspreis fest. Im letzten Schritt entscheidet der Empfänger dieses Angebots darüber, ob er es annehmen will oder nicht. Die extensive Form dieses Spiels wird in Abbildung 6.4 dargestellt.

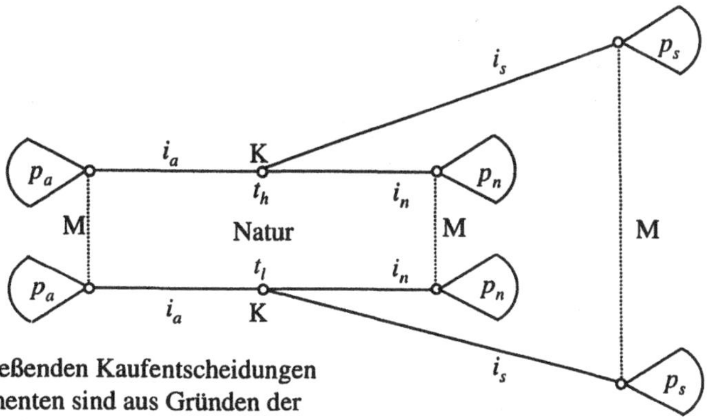

(die abschließenden Kaufentscheidungen der Konsumenten sind aus Gründen der Übersichtlichkeit nicht dargestellt)

Abbildung 6.4: Zeitstruktur des Bayesschen Spiels

6.3.2 Strategien, Wahrscheinlichkeitseinschätzungen und Auszahlungen

Die Lösung des Spiels erfolgt durch Rückwärtsinduktion. Dabei wird zunächst die letzte Entscheidungsstufe betrachtet, in der sich die Konsumenten nach Erhalt eines Angebots über dessen Annahme entscheiden. Diese Kaufentscheidung hängt nunmehr nicht nur vom Preis und der Entfernung zwischen x_c und x_f ab, sondern auch von der Typeneigenschaft des jeweiligen Konsumenten. Da der Monopolist im allgemeinen weder die exakte Lage seines Kunden noch dessen Typ kennt, sieht er sich einer stochastischen Absatzfunktion gegenüber, die die (subjektive oder objektive) Einschätzung der Wahrscheinlichkeit eines Handels zu einem gegebenen Preis wiedergibt. Hierbei ist zu bedenken, daß der Monopolist zwar keine Preisdifferenzierung nach Typen betreiben kann, aber er kann seinen Preis auf das Informationssignal konditionieren: Jedes Signal i, das der Unternehmer empfängt, wird er mit einer bestimmten Wahrscheinlichkeit $\theta_i := \theta(h|i)$ einem Sender vom Typ h zusprechen. Unter der Annahme, diese Wahrscheinlichkeitseinschätzung sei korrekt – wie es im Gleichgewichtspfad des perfekten Bayesianischen Gleichgewichts der Fall sein wird – ergeben sich die bedingten Nachfragefunktionen $x_i(p_i, \theta_i)$, die die Wahrscheinlichkeit kennzeichnen, daß ein Sender des Signals i tatsächlich das Produkt zum Preis p_i erwirbt, folgendermaßen:

$$x_n(p_n, \theta_n) = \begin{cases} \frac{1}{2} + \frac{1}{2}\theta_n - p_n & \text{gdw. } 0 \leq p_n \leq \frac{1}{2} \\ \theta_n(1 - p_n) & \text{gdw. } \frac{1}{2} < p_n \leq 1 \end{cases} \tag{6.2}$$

$$x_s(p_s, \theta_s) = \begin{cases} 1 - 2p_s(1 - \theta_s) & \text{gdw. } 0 \leq p_s \leq \frac{1}{2} \\ (2 - 2p_s)\theta_s & \text{gdw. } \frac{1}{2} < p_s \leq 1 \end{cases} \tag{6.3}$$

$$x_a(p_a, \theta_a) = \begin{cases} 1 & \text{gdw. } 0 \leq p_a \leq \frac{1}{2} \\ \theta_a & \text{gdw. } \frac{1}{2} < p_a \leq 1 \end{cases} \tag{6.4}$$

Sämtliche Nachfragekurven sind im Punkt $p_i = 1/2$ geknickt, da bei niedrigeren Preisen auch Typ l-Kunden das Produkt erwerben. Folglich gilt dies auch für die bedingten Gewinnfunktionen $g_i(p_i, \theta_i)$, die sowohl von den dem Signal zugesprochenen Typenwahrscheinlichkeiten θ_i als auch von der Preissetzungsstrategie p_i des Monopolisten abhängen. Der gesamte Erwartungsgewinn $G(\mathbf{p}, \theta)$ ergibt sich demnach als Summe der gewichteten bedingten Gewinnfunktionen $w_i\, g_i$, wobei w_i den

Anteil der Konsumenten kennzeichnet, die sich dazu entschlossen haben, Signal i zu senden:

$$G(\mathbf{p}, \theta) = \sum_{i \in \{i_n, i_s, i_a\}} w_i p_i x_i(p_i, \theta_i) \tag{6.5}$$

Anzumerken ist an dieser Stelle, daß w_i keine Auswirkung auf die Preisentscheidung des Monopolisten hat, da dieser annahmegemäß seinen Preis erst nach Erhalt des Signals i festsetzt: Abhängig davon, welches Signal $i \in \{i_n, i_s, i_a\}$ er beobachtet hat, wählt er p^M mit der Absicht, folgendes Gewinnmaximierungsproblem zu lösen:

$$p_i^M = \arg\max_{p_i} \quad g_i^M = w_i \cdot p_i \cdot x_i(p_i, \theta_i) \tag{6.6}$$

Während w_i keine Auswirkung auf p_i^M hat, wird die Höhe dieses gewinnmaximierenden Preises vom Anteil θ_i der zahlungskräftigen Konsumenten an den Absendern eines bestimmten Signals i beeinflußt. Wie oben dargelegt wurde, muß der tatsächliche Anteil mit der Wahrscheinlichkeitseinschätzung des Monopolisten übereinstimmen, sofern das zugehörige Signal Bestandteil eines Gleichgewichtspfades ist, der mit positiver Wahrscheinlichkeit wirklich erreicht wird. Das Gewinnmaximierungsproblem läßt sich nun für jedes beliebige Signal lösen, und man erhält:

$$p_n^M(\theta_n) = \frac{1 + \theta_n}{4} \tag{6.7}$$

$$p_s^M(\theta_s) = \begin{cases} \frac{1}{2} & \text{gdw.} \quad \theta_s > \frac{1}{2} \\ \frac{1}{4-4\theta_s} & \text{gdw.} \quad \theta_s \leq \frac{1}{2} \end{cases} \tag{6.8}$$

$$p_a^M(\theta_a) = \begin{cases} 1 & \text{gdw.} \quad \theta_a > \frac{1}{2} \\ \frac{1}{2} & \text{gdw.} \quad \theta_a \leq \frac{1}{2} \end{cases} \tag{6.9}$$

Auf diesen Überlegungen basierend, ist es nun möglich, den Erwartungswert der Konsumentenrente $E[u^t | i(t) = i] := u_i^t$ eines Kunden vom Typ t zu bestimmen, der sich im ersten Schritt für eine Informationsoffenbarungsstrategie i entschieden hat. Dieser Erwartungswert hängt von der Wahrscheinlichkeit eines Handels $\pi_i^t(p_i, t) := P(v^t \geq p_i)$ und der in diesem Falle zu erwartenden Konsumentenrente $(v_{max}^t - p_i)/2$ ab:

$$u_i^t = \frac{\pi_i^t(p_i, t)(v_{max}^t - p_i)}{2} \tag{6.10}$$

Der Preis p_i ist für die Höhe der erwarteten Konsumentenrente in zweierlei Hinsicht von Bedeutung: Zum einen beeinflußt der Preis die Kaufentscheidung des Konsumenten, da mit einer Preiserhöhung die Wahrscheinlichkeit abnimmt, daß der Kunde vom Handel profitiert. Zum anderen fällt die Konsumentenrente im Falle der Annahme des Angebots umso niedriger aus, je höher der Kaufpreis ist. Kennt man das Preissetzungskalkül des Monopolisten, wie es in den Gleichungen (6.7) bis (6.9) beschrieben wurde, kann nun für beide möglichen Konsumententypen h und l die erwartete Auszahlung einer jeden Strategie $i \in \{i_n, i_s, i_a\}$ als Funktion der Wahrscheinlichkeitseinschätzung θ_i des Monopolisten dargestellt werden. Für den Kundentyp mit niedriger Zahlungsbereitschaft erhält man:

$$u_n^l(\theta_n) = \frac{1}{32}\left(1 - 2\theta_n + \theta_n^2\right) \tag{6.11}$$

$$u_s^l(\theta_s) = \begin{cases} \left(\frac{1-2\theta_s}{4-4\theta_s}\right)^2 & \text{gdw.} \quad \theta_s \leq \frac{1}{2} \\ 0 & \text{gdw.} \quad \theta_s > \frac{1}{2} \end{cases} \tag{6.12}$$

$$u_a^l(\theta_a) = 0 \tag{6.13}$$

Für einen Käufer mit hoher Zahlungsbereitschaft werden hingegen folgende Auszahlungen ermittelt:

$$u_n^h(\theta_n) = \frac{1}{32}\left(9 - 6\theta_n + \theta_n^2\right) \tag{6.14}$$

$$u_s^h(\theta_s) = \begin{cases} \frac{2-3\theta_s}{4-4\theta_s} & \text{gdw.} \quad \theta_s \leq \frac{1}{2} \\ \frac{1}{4} & \text{gdw.} \quad \theta_s > \frac{1}{2} \end{cases} \tag{6.15}$$

$$u_a^h(\theta_s) = \begin{cases} \frac{1}{2} & \text{gdw.} \quad \theta_a \leq \frac{1}{2} \\ 0 & \text{gdw.} \quad \theta_a > \frac{1}{2} \end{cases} \tag{6.16}$$

In Kenntnis dieser Auszahlungen sowie der Gewinnfunktion (6.6) ist die Bestimmung der Gleichgewichte des Signalisierungsspiels nun in greifbare Nähe gerückt.

6.3.3 Die Gleichgewichte des Signalspiels

Je nachdem, ob Informationen über die Spielertypen übermittelt werden, sind im Signalspiel drei verschiedene Gleichgewichtsausprägungen denkbar: Pooling-Gleichgewichte, bei denen dem Gegenspieler keine Information über den eigenen Spielertyp offenbart wird, Separierungsgleichgewichte, bei denen das Signal vollständig über den Spielertyp informiert, sowie teilseparierende Gleichgewichte, die sich dadurch auszeichnen, daß einige, aber nicht alle, Typen eine gemischte Signalisierungsstrategie wählen. Zur Berechnung dieser Lösungen wird hier das Konzept des perfekten Bayesianischen Gleichgewichts angewendet, das die Idee der Teilspielperfektheit aufgreift und um die Möglichkeit des bayesianische Aktualisierens ergänzt, um auf diese Weise einen Gleichgewichtspfad mit rationalisierbaren Wahrscheinlichkeitseinschätzungen zu erhalten. Nicht alle Gleichgewichte, die sich auf diese Weise ergeben, erscheinen gleichermaßen plausibel, da sie bisweilen auf unglaubwürdigen Wahrscheinlichkeitseinschätzungen basieren. In einem weiteren Schritt werden daher gängige Verfeinerungsmethoden angewandt, um solche wenig plausiblen Lösungen auszuschließen.

Die Pooling-Gleichgewichte des Signalspiels

Im Pooling-Gleichgewicht wählen beide Kundentypen dieselbe Gleichgewichtsstrategie $s^h = s^l = s_c^p$ und offenbaren somit im gleichen Ausmaß Informationen über die Lage ihres Standorts. Innerhalb des Gleichgewichtspfades aktualisiert der Monopolist nach Erhalt dieses Signals seine Wahrscheinlichkeitseinschätzungen gemäß den Anforderungen der Bayesschen Regel. Dabei geht er zurecht davon aus, daß die Kunden beider Typenausprägungen jeweils mit Sicherheit – also einer Wahrscheinlichkeit von eins – dem Gleichgewichtspfad folgen und sich für das Pooling-Signal entscheiden. Daher muß in jedem Pooling-Gleichgewicht die Wahrscheinlichkeitseinschätzung des Monopolisten ex-post der grundlegenden Verteilungsannahme über die Spielertypen zu Beginn des Spiels entsprechen, d. h. er geht nach wie vor davon aus, daß ein Konsument mit einer Wahrscheinlichkeit von jeweils $\theta(t|i = s_c^p) = 1/2$ einem der beiden Spielertypen entspricht. Abseits des Gleichgewichtspfades ist der Monopolist im perfekten Bayesianischen Gleichgewicht jedoch an keine derartigen Einschränkungen bei der Bildung von Wahrscheinlichkeitseinschätzungen gebunden: Beobachtet er eine Abweichung vom Gleichgewicht, darf er für diese Ungleichgewichtspfade jede beliebige Typeneinschätzung treffen. Diese Einschätzungen des Unternehmers über die Typenverteilungen bei abweichenden Strategien (also $i \neq s_c^p$) vorausgesetzt, darf somit für die Spieler kein Anreiz bestehen, die Strategie ihres Gleichgewichtspfades zu verlassen.

Im Anhang auf Seite 241 wird dargelegt, daß sich aufgrund dieser Anforderungen ein Pooling-Gleichgewicht ausschließen läßt, in dem beide Kundentypen auf jegliche Informationsoffenbarung verzichten und demnach die Strategie i_n wählen. Andere Pooling-Gleichgewichte lassen sich jedoch konstruieren, wenn extreme Wahrscheinlichkeitseinschätzungen für die Abweichungspfade angenommen werden:

- Das Pooling-Gleichgewicht (P1), das mit der Signalisierungsstrategie $s_c^p = i_s$ durch partielle Informationsoffenbarung beider Kundentypen gekennzeichnet ist, wird durch die Befürchtungen der Kunden aufrechterhalten, daß der Monopolist jede abweichende Strategie als Signal einer hohen Zahlungsbereitschaft interpretiert. Es wird durch die Wahrscheinlichkeitseinschätzungen $\theta_s = 1/2$ innerhalb des Gleichgewichts, sowie $\theta_a > 1/2$ und $\theta_n = 1$ bei davon abweichenden Pfaden gestützt. Als Preissetzungsstrategie s_f^p des Monopolisten ergibt sich $p_s = 1/2$, $p_n = 1/2$ und $p_a = 1$, und die Auszahlungen der Spieler(-typen) betragen im Erwartungswert $G = 1/4$, $u_s^h = 1/4$ und $u_s^l = 0$.

- Das Pooling-Gleichgewicht (P2) mit $s_c^p = i_a$, also kompletter Informationsrevelation, wird in ähnlicher Weise gestützt, wenn neben der Wahrscheinlichkeitseinschätzung im Gleichgewicht, $\theta_a = 1/2$, abweichende Einschätzungen von $\theta_s > 1/2$ und $\theta_n = 1$ vorausgesetzt werden. Als Preise wählt der Anbieter dann $p_a = 1/2$, $p_n = 1/2$ und $p_s = 1/2$, und es ergeben sich Auszahlungen von $G = 1/2$, $u_a^h = 1/2$ und $u_a^l = 0$.

Separierende Gleichgewichte in reinen Strategien

In einem vollständig separierenden Gleichgewicht wählt hingegen jeder Spielertyp eine andere reine Strategie. Wenn ein Konsument seine Gleichgewichtsstrategie $s^t = i(t)$ spielt, signalisiert er somit dem Verkäufer seinen Typ t und versetzt den Monopolisten in die Lage, seine Wahrscheinlichkeitseinschätzung entsprechend zu aktualisieren. Beobachtet dieser die Gleichgewichtsstrategie des Typs h, ändert er seine Einschätzung demnach auf $\theta(h|i = s^h) = 1$, während er seine Typeneinschätzung auf $\theta(h|i = s^l) = 0$ aktualisiert, sofern die Typ l zugeschriebene Gleichgewichtsstrategie gespielt wurde. Beobachtet der Anbieter dagegen eine Revelationsstrategie abseits jeglichen Gleichgewichtspfades, kann er seine Einschätzungen erneut beliebig wählen. Voraussetzung für die Existenz eines separierenden Gleichgewichts ist wiederum, daß kein Spieler(-typ) einen Anreiz hat, bei gegebenen Wahrscheinlichkeitseinschätzungen von der ihm zugesprochenen Strategie abzuweichen. Wie im Anhang auf Seite 241 dargestellt wird, lohnt es sich aber stets für Kunden mit hoher Zahlungsbereitschaft, das Signal eines Typ-l-Kunden zu imitieren und auf diese Weise niedrige Zahlungsbereitschaft vorzutäuschen. Folglich existiert im Signalspiel kein Trennungsgleichgewicht mit reinen Strategien.

Gemischte Strategien und das teilseparierende Gleichgewicht

Es soll nun die Existenz von Gleichgewichten in gemischten Strategien überprüft werden. In solchen Gleichgewichten wählt wenigstens ein Spielertyp eine Randomisierungsstrategie. Eine solche Strategie läßt sich mit Hilfe der Wahrscheinlichkeiten, mit denen reine Strategien durch einen Zufallsmechanismus ausgewählt werden, beschreiben. Demzufolge wird mit w_i^t die Wahrscheinlichkeit bezeichnet, mit der ein Kunde vom Typ t die Aktion i zieht. Sobald sich die Randomisierungsentscheidungen der verschiedenen Spielertypen, die durch die entsprechenden Verteilungsfunktionen über die zur Auswahl stehenden reinen Strategien dargestellt werden, voneinander unterscheiden, ist es dem Monopolisten möglich, seine a priori getroffene Wahrscheinlichkeitseinschätzung gemäß dem beobachteten Signal i anzupassen. Sobald eine bestimmte Strategie nur von einem Kundentypen gewählt wird, ist der Monopolist bei Beobachtung dieses Signals in der Lage, perfekt auf den Kundentypus des Signalgebers zu schließen. Aus diesem Grund wird der letztere Fall auch als teilseparierendes Gleichgewicht bezeichnet.

Im Anhang auf Seite 242 wird im Detail erläutert, weshalb auch im Gleichgewicht mit gemischten Strategien kein Kundentyp dazu bereit ist, seine komplette Lageinformation zu übermitteln. Ohne hier genauer darauf einzugehen, sei der Leser an dieser Stelle darauf hingewiesen, daß Typ l niemals i_a spielen würde, da der Erwartungsnutzen einer solchen Strategie nur bei Null liegt (i_a wird folglich sowohl von i_s als auch i_n schwach dominiert). Dieser Sachverhalt ist auch einem Monopolisten klar, und er wird von ihm berücksichtigt, sobald er das Signal i_a beobachtet: Aufgrund der oben geführten Überlegung besteht nun die einzig konsistente Einschätzung darin, mit einer Wahrscheinlichkeit von $\theta_a = 1$ von einem Sender h mit hoher Zahlungsbereitschaft auszugehen. Aus diesem Grund setzt der Monopolist in einem solchen Fall einen Preis $p_a = 1$, und die Auszahlung – auch die der Typ-h-Konsumenten – läge bei Null. Folglich ist kein Kundentyp bereit, seine Lageinformation komplett zu offenbaren.

Aus diesem Grund ist es möglich, die Aufmerksamkeit auf solche Gleichgewichte in gemischten Strategien zu konzentrieren, in denen lediglich zwischen den reinen Strategien i_n und i_s mit positiver Wahrscheinlichkeit randomisiert wird, während i_a nur mit Nullwahrscheinlichkeit gespielt wird. Daher addieren sich für jeden Kundentypen die Wahrscheinlichkeiten w_n^t und w_s^t zu eins auf, d. h. $w_s^h = 1 - w_n^h$ und

$w_s^l = 1 - w_n^l$, und die Randomisierungsstrategien der Spieler vom Typ h und l werden jeweils hinreichend durch w_n^t gekennzeichnet. Basierend auf der entsprechenden Wahrscheinlichkeitsverteilung jeden Typs ist es jetzt möglich, die konsistenten ex post Wahrscheinlichkeitseinschätzungen zu bilden, die für einen Monopolisten innerhalb des Gleichgewichtspfades gelten:

$$\theta_n = \frac{w_n^h}{w_n^h + w_n^l} \tag{6.17}$$

$$\theta_s = \frac{1 - w_n^h}{2 - w_n^h - w_n^l} \tag{6.18}$$

Zu beachten ist nun, daß ein Spieler nur dann eine Randomisierungsstrategie wählen wird, wenn er auch indifferent zwischen jeder beliebigen reinen Strategie ist, die Bestandteil seiner Randomisierungsentscheidung ist und somit mit strikt positiver Wahrscheinlichkeit gespielt wird. Angewandt auf unseren Fall muß also die Auszahlung eines randomisierenden Spielertyps im Erwartungswert gleich hoch sein, unabhängig davon, ob er nun i_n oder i_s gewählt hat. Für Typ h erhält man daher die notwendige Bedingung für die Existenz eines Gleichgewichts in gemischten Strategien durch Gleichsetzen der entsprechenden Auszahlungen (6.14) und (6.15), wobei die Wahrscheinlichkeitseinschätzungen gemäß den Anforderungen (6.17) und (6.18) gebildet werden:

$$\frac{1 + w_n^h - 2w_n^l}{1 - w_n^l} = \frac{(2w_n^h + 3w_n^l)^2}{8(w_n^l + w_n^h)^2} \quad \text{gdw.} \quad w_n^l \leq w_n^h \tag{6.19}$$

$$\frac{5w_n^h - w_n^l}{w_n^h + w_n^l} = \frac{(w_n^h)^2}{(w_n^l + w_n^h)^2} \quad \text{gdw.} \quad w_n^l > w_n^h \tag{6.20}$$

Analoges gilt für einen Kunden mit einer niedrigen Zahlungsbereitschaft. Eine Randomisierungsstrategie kommt für Typ l also nur in Frage, wenn die erwarteten Auszahlungen bei Wahl von i_s und i_n übereinstimmen:

$$\left(\frac{w_n^h - w_n^l}{1 - w_n^l}\right)^2 = \frac{(w_n^l)^2}{2(w_n^h + w_n^l)^2} \quad \text{gdw.} \quad w_n^l \leq w_n^h \tag{6.21}$$

$$\left(\frac{w_n^h}{w_n^h + w_n^l}\right)^2 = \frac{w_n^l}{w_n^h + w_n^l} \quad \text{gdw.} \quad w_n^l > w_n^h \tag{6.22}$$

Das Nash-Gleichgewicht in gemischten Strategien wird nun berechnet, indem die Gleichungen (6.19) bis (6.22) nach w_n^h bzw. w_n^l aufgelöst werden. Dabei müssen auch sämtliche Randlösungen berücksichtigt werden, in denen nur ein Kundentyp tatsächlich eine Randomisierungsstrategie wählt, während sich der andere Konsumententyp für eine reine Strategie entscheidet und daher w_n^h oder w_n^l die Werte 0 oder 1 annimmt.

Im Anhang finden Sie auf Seite 242 die detaillierte Herleitung des perfekt Bayesianischen Gleichgewichts, die die angesprochenen Fallunterscheidungen berücksichtigt. Dabei ergibt sich ein eindeutiges Gleichgewicht in gemischten Strategien, bei dem lediglich Kunden mit hoher Zahlungsbereitschaft zwischen i_s und i_n randomisieren, während Konsumenten mit niedriger Zahlungsbereitschaft ihre Standortinformation stets für sich behalten. Dieses Gleichgewicht wird durch das Strategienprofil $(s_f^*, s_c^*) := \{(s^h = w_n^h = \sqrt{2}/2 - 1/2, s^l = w_n^l = 1), (p_n^* = 1 - \sqrt{2}/2, p_s^* = 1/2, p_a^* = 1)\}$ beschrieben. Ferner erhält man aus den Gleichungen (6.17) und (6.18) die Einschätzungen $\{(\theta_n^* = 3 - 2\sqrt{2}, \theta_s^* = 1, \theta_a^* > 1/2)\}$, die dieses Gleichgewicht stützen.

Die Renten u^l und u^h der jeweiligen Konsumententypen ergeben sich dann unter Verwendung der Gleichungen (6.11), (6.14) und (6.15):

$$u^l(i_n, \theta_n^*(s_c^*)) = \frac{3}{8} - \frac{1}{4}\sqrt{2} \tag{6.23}$$

$$u^h(i_n, \theta_n^*(s_c^*)) = \frac{1}{4} \tag{6.24}$$

$$u^h(i_s, \theta_n^*(s_c^*)) = \frac{1}{4} \tag{6.25}$$

Um den erwarteten Gesamtgewinn G^M zu berechnen, sind zunächst die Wahrscheinlichkeiten w_i zu ermitteln, mit der die einzelnen Signale i auftreten. Dies geschieht, indem die entsprechenden bedingten Wahrscheinlichkeiten aufsummiert werden und dabei die a priori herrschende Typenverteilung berücksichtigt wird: $(w_i^h + w_i^l)/2$. Schließlich werden diese Anteile mit den bedingten Auszahlungen $p_i^* \cdot x_i(p_i^*, \theta_i^*)$ multipliziert:

$$G^M(s_f^*, s_c^*) = \sum_{i \in \{i_n, i_s\}} w_i^* \cdot p_i^* \cdot x_i(p_i^*, \theta_i^*) \tag{6.26}$$

Setzt man nun die Gleichgewichtswerte θ_i^* , p_i^*, w_i^t und die Nachfragefunktionen (6.2) und (6.3) in Gleichung (6.26) ein, ergibt sich als Gesamtgewinn:

$$G^M(s_f^*, s_c^*) = \frac{1}{4} \tag{6.27}$$

Verfeinerungen der Nash-Gleichgewichte

Da mehrere Nash-Gleichgewichte entdeckt wurden, soll im folgenden untersucht werden, ob alle gleichermaßen glaubwürdig sind. Zur Auseinandersetzung mit dieser Fragestellung bietet sich ein Rückgriff auf die in den letzten Jahrzehnten entwickelten Verfeinerungen des Nash-Gleichgewichts an. Insbesondere die ausgemachten Pooling-Gleichgewichte P1 und P2 basieren auf wenig plausiblen Wahrscheinlichkeitseinschätzungen abseits der Gleichgewichtspfade und bieten dementsprechend Angriffsfläche. So sind zwar in beiden Pooling-Situationen die Kunden mit niedriger Zahlungsbereitschaft indifferent zwischen allen Strategien, während sich die Käufer mit hoher Zahlungsbereitschaft durch die Wahl einer Strategie außerhalb des Gleichgewichtspfades verschlechtern. Trotzdem werden P1 und P2 durch die Einschätzung gestützt, daß Ungleichgewichtspfade vor allem von Typ-h-Kunden betreten werden. Aus Gründen der Vorwärtsinduktion erscheinen die Pooling-Gleichgewichte damit unglaubwürdig.

Insbesondere widerspricht P2 dem von Cho und Kreps (1987) eingeführten intuitiven Kriterium: Unabhängig von der Wahrscheinlichkeitseinschätzung des Monopolisten, ist es für Konsumenten mit hoher Zahlungsbereitschaft nicht möglich, sich durch eine Abweichung von diesem Gleichgewicht besserzustellen. Für diesen Kundentyp ist also jede Aktion außerhalb des Gleichgewichtspfades gleichgewichtsdominiert. Dies ist für Kunden mit geringer Zahlungsbereitschaft nicht der Fall: Eine abweichende Strategie i_n wäre für diese durchaus profitabel, wenn der Monopolist eine solche Abweichung als Signal dafür interpretieren würde, daß sein Gegenspieler nur mit ausreichend geringer Wahrscheinlichkeit vom Typ h ist (für den – wie gerade festgestellt wurde – eine solche Abweichung gleichgewichtsdominiert und damit unplausibel wäre).

P1, das auf ähnlich unglaubwürdigen Einschätzungen des Monopolisten außerhalb des Gleichgewichtspfades beruht, zeigt sich zwar gegenüber dem intuitiven Kriterium immun, kann aber aus einem anderen Grund ausgeschlossen werden: Während in diesem Gleichgewicht sowohl die zahlungsbereiten Konsumenten als auch der Produzent die gleiche Auszahlung wie im teilseparierenden Gleichgewicht erhalten, ist die Konsumentenrente der Typ-l-Kunden niedriger als im Gleichgewicht mit gemischten Strategien, in dem diese eine im Erwartungswert positive Rente anstelle einer Auszahlung von Null erhalten. P1 wird daher vom teilseparierenden

Gleichgewicht dominiert und kann folglich ausgeschlossen werden.

Insgesamt ist also festzustellen, daß aufgrund der oben dargelegten Überlegungen keines der beiden Pooling-Gleichgewichte Argumenten der Vorwärtsinduktion standhält. Gegen das Gleichgewicht P1 sprechen zwei Gründe: Zum einen wird es durch das teilseparierende Gleichgewicht Pareto-dominiert. Zum anderen basiert es auf unplausiblen Wahrscheinlichkeitseinschätzungen. Analog wird das Gleichgewicht P2 mit Hilfe des intuitiven Kriteriums diskreditiert. Folglich stellt das teilseparierende Gleichgewicht, das demgegenüber von keinerlei Verfeinerungen in Frage gestellt wird, das einzig plausible Ergebnis des Signalisierungsspiels dar.

6.3.4 Interpretation und Effizienz

Nicht nur im Vergleich zum gesamtwirtschaftlichen Optimum, sondern auch gegenüber dem einfachen strategischen Informationsoffenbarungsspiel, das im Abschnitt 6.2.2 für den Monopolfall analysiert wurde, erweist sich das Marktergebnis des soeben betrachteten Signalspiels als ineffizient.

Insgesamt lassen sich nun drei Quellen des Wohlfahrtsverlustes identifizieren: Zum einen setzt der Anbieter hier wie im herkömmlichen Monopol einen überhöhten Preis oberhalb der Grenzkosten seiner Produktion, weshalb im Vergleich zum Optimum zu wenig Handel stattfindet. Zusätzliche Wohlfahrtsverluste ergeben sich aber aufgrund des Informationsverhaltens der Konsumenten, die durch strategische Informationszurückhaltung den Monopolisten von perfekter Preisdiskriminierung abhalten wollen. Die Ergebnisse des letzten Abschnittes haben zudem gezeigt, daß ein weiterer Aspekt zu berücksichtigen ist: Kunden mit niedriger Zahlungsbereitschaft signalisieren diese durch einen weitergehenden und vollständigen Verzicht auf die Weitergabe von Standortinformationen. Eine solche Signalisierungsstrategie ist möglich, da ein solcher kompletter Informationsverschluß für die verschiedenen Kundengruppen mit unterschiedlichen Kosten verbunden ist: Für Konsumenten mit ohnehin niedriger Zahlungsbereitschaft ist der Verlust an Konsumentenrente (durch das schlechter angepaßte Produkt) vergleichsweise gering, da sie ohnehin nur mit einer geringen Wahrscheinlichkeit das angebotene Gut tatsächlich erwerben und im Falle einer erfolgreichen Signalsetzung von einem niedrigeren Produktpreis profitieren.

6.4 Preisbindung und Screening

In den vorherigen beiden Abschnitten wurde angenommen, daß zunächst die Konsumenten darüber entscheiden, in welchem Ausmaß sie dem Anbieter Informationen über ihre Präferenzen offenbaren, und dieser dann seine Angebotspolitik in Kenntnis der Informationsstrategie seiner Kunden festsetzt. Diese Zugfolge entspricht zwar durchaus der gängigen Praxis personalisierter Angebotserstellung, die aus plausiblen Gründen erst nach der Informationsübermittlung erfolgen kann. Dennoch soll hier in Betracht gezogen werden, daß der Monopolist daran interessiert sein könnte, bereits vor dem Spielzug des Konsumenten seine Angebotspreise verbindlich festzusetzen. Eine solche glaubhafte Preisbindung ließe sich beispielsweise durch die (vorvertragliche) Verpflichtung erreichen, als Grundlage für den Preis des personalisierten Produktes eine vorab bekannte Komponentenpreisliste – eventuell ergänzt um eine Gebühr für die Personalisierungsdienstleistung – heranzuziehen.

6.4.1 Anforderungen an das Gleichgewicht

Tatsächlich besteht für einen Anbieter der Anreiz, die Preisentscheidung von der Standortwahl abzukoppeln und sich bereits im Vorfeld, also vor der Kontaktaufnahme der Konsumenten, an ein Preisschema zu binden, um auf diese Weise dem Konsumenten die Angst davor zu nehmen, die übermittelten Informationen würden in erster Linie zur Durchführung von Preisdifferenzierung mißbraucht. Da die Kunden dann eher dazu bereit sind, Informationen über ihre Präferenzen an den Produzenten weiterzuleiten, sind Effizienzgewinne aufgrund einer besseren Anpassung der Leistung an die Bedürfnisse des Kunden zu erwarten. Diese These soll nun sowohl für den Fall vollständiger Information über den Spielertyp analysiert werden – hierbei ist also dem Monopolisten bereits von Anfang an die maximale Zahlungsbereitschaft seines Kunden bekannt – als auch für den Fall, daß Unsicherheit über die Natur des Konsumenten besteht, wobei die zugrundeliegende Wahrscheinlichkeitsverteilung der im Abschnitt 6.3 verwendeten entspricht.

Ungeachtet von Schwierigkeiten, die in der Realität eventuell auftreten (beispielsweise, weil die exakten Kosten der Personalisierung nicht genau vorherzusehen sind), soll davon ausgegangen werden, daß der Anbieter ex ante bestimmte Preisobergrenzen zusichert, wobei er diese auf die übermittelte Informationsmenge i, jedoch nicht auf die Information selbst, konditionieren kann. Da der Anbieter eine bestimmte Informationsoffenbarung nicht erzwingen kann, gilt es aber auch zu bedenken, daß Preisnachlässe bei Informationsverweigerung (wenn diese eine Abweichung vom Gleichgewichtspfad darstellt) sowohl im Interesse des Produzenten als auch seiner Kunden sein könnten. Daher wird zusätzlich Nachverhandlungsstabilität im folgenden Sinne gefordert: Selbst wenn es nach einer Abweichung vom Gleichgewichtspfad durch Nachverhandlungen zum Preisrückgang kommt und dadurch eine Pareto-Verbesserung erzielt wird, so liegt die Auszahlung eines Konsumenten, der diesen Ungleichgewichtspfad eingeschlagen hat, im Erwartungswert dennoch unterhalb des entsprechenden Betrages im Nash-Gleichgewicht.

Durch diese Einschränkung der Gleichgewichtsauswahl soll eine Strategie des Alleinverkäufers ausgeschlossen werden, die darin besteht, seine Kunden zur Informationsoffenbarung zu zwingen, indem er ihnen damit droht, bei fehlenden Informationen mit ihnen nicht in Handel zu treten. Der Illustration dieses Sachverhalts diene folgendes Beispiel eines Marktes, in dem lediglich Konsumenten mit Zahlungsbereitschaft $v_{max} = 1$ existieren. Wie aus Abschnitt 6.2.2 hervorgeht, ist es dann für die Kunden individuell rational, ihren Standort partiell zu offenbaren (d. h. $i^* = 1/2$), woraufhin der Monopolist als Preis $p^* = 1/2$ festsetzen wird. Obwohl ein effizientes Konsumniveau erreicht wird (der Preis ist niedrig genug um sicherzustellen, daß alle Konsumenten das Produkt unabhängig von seinem exakten Standort x_f kaufen), wird die gesamtwirtschaftliche Rente aufgrund der unvollständig gebliebenen Personalisierung nicht maximiert. Der Grund besteht darin, daß die Kunden befürchten, nach einer vollständigen Standortoffenbarung vom Monopolisten ausgebeutet zu werden: Dieser wäre nach Erhalt der Information in der Lage, perfekte Preisdifferenzierung zu betreiben und mit einer Preissetzung von $p^M(i = 1) = 1$ die gesamte Konsumentenrente abzuschöpfen. Wie bereits dargelegt wurde, können die Konsumenten durch partielle Informationszurückhaltung (also $i^* = 1/2$) perfekte Preisdiskriminierung verhindern und sich im Erwartungswert eine Auszahlung in Höhe von $E[u^h|i = 1/2] = 1/4$ sichern. Wenn sich der Anbieter aber im Vorfeld verbindlich auf einen Preis p^M festlegen kann, den er unabhängig von der Revelationsstrategie der Kunden verlangt, scheint sich auf den ersten Blick ein effizientes Marktgleichgewicht ($i^e = 1, p^e = 1$) abzuzeichnen. Die Instabilität dieses Gleichgewichts gegenüber Nachverhandlungen tritt aber zum Vorschein, sobald man davon ausgeht, daß ein Konsument vom Gleichgewichtspfad abweicht, indem er sich für eine Offenbarungsstrategie $i < 1$ entscheidet und demnach nicht seine gesamte

Standortinformation preisgibt: Wenn der Anbieter auf dem zuvor festgelegten Preis $p^e = 1$ beharrt, findet kein Handel statt – eine Situation, mit der keinem Marktteilnehmer gedient ist. Für das Unternehmen besteht folglich der Anreiz, im Zuge von Nachverhandlungen ein verbessertes Angebot vorzulegen, das mit einer gewissen Wahrscheinlichkeit auch akzeptiert wird.

6.4.2 Gleichgewicht bei vollständiger Information über den Spielertyp

Um das nachverhandlungsstabile Gleichgewicht zu ermitteln, ist also die optimale Abweichungsstrategie des Konsumenten zu berücksichtigen. Wie leicht einzusehen ist, entspricht die besagte Abweichungsstrategie der Gleichgewichtsstrategie eines (typengleichen) Konsumenten in einem Spiel ohne Preisbindung. Indem ein Konsument – ausgehend von einem Spiel mit Preisbindung – das fixe Angebot des Monopolisten abschlägt, tritt er nämlich stillschweigend mit diesem in Nachverhandlungen. Damit wird implizit ein Wechsel zum Spiel ohne Preisbindung vollzogen. In einem nachverhandlungsstabilen Gleichgewicht ist folglich die Strategienmenge des Monopolisten auf diejenigen Preisangebote zu beschränken, die dem Kunden zumindest dieselbe Konsumentenrente garantieren, die dieser im zuvor analysierten Spiel ohne Preisbindung erzielen würde. Allerdings ist auch für den Monopolisten Preisbindung nur dann interessant, wenn er dadurch seinen Gewinn steigern kann. Es reicht also aus, sich auf solche Gleichgewichte zu konzentrieren, die eine Pareto-Verbesserung im Vergleich zum zuvor analysierten Spiel darstellen.

Im hier dargestellten Beispiel liegt der Erwartungsnutzen bei 1/4, wenn der Käufer die Strategie $i^* = 1/2$ an Stelle von $i^e = 1$ wählt, und daher darf das verbindliche Preisangebot $p = 3/4$ nicht überschreiten, denn bei diesem Preis wird bei kompletter Informationsrevelation $i = 1$ eine Konsumentenrente in Höhe von 1/4 erzielt. Allgemein ergibt sich das nachverhandlungsstabile verbindliche Preisangebot p^B im Gleichgewicht als

$$p^B = v_{max} - (1 - i^*)/2, \tag{6.28}$$

wobei die Konsumenten stets zur vollständigen Informationsrevelation bereit sind. In Verbindung mit Gleichung (6.1) aus Abschnitt 6.2.2 erhält man den nachverhandlungsstabilen Gleichgewichtspreis:

$$p^B(v_{max}) = \frac{3}{4}\, v_{max} \qquad \text{gdw.} \qquad v_{max} \in [0, 2] \tag{6.29}$$

Für den Fall mit einheitlicher Zahlungsbereitschaft aller Konsumenten ergibt sich das folgende Ergebnis: Wenn der Monopolist im Stande ist, seinen Preis vor der Revelationsentscheidung des Konsumenten verbindlich festzusetzen, ermöglicht dies die Implementierung des effizienten Gleichgewichts ($i^B = 1, p^B = 3/4\, v_{max}$ gdw. $v_{max} \in [0, 2]$ sowie $p^B = v_{max} - 1/2$ gdw. $v_{max} > 2$), das die gesamtwirtschaftlichen Renten maximiert. Der Monopolist verpflichtet sich darin, seine Kunden nicht komplett auszubeuten, obwohl diese ihm ihre kompletten Standortinformationen mitgeteilt haben. Er setzt daher den Preis so fest, daß die Kunden im Erwartungswert dieselbe Konsumentenrente wie bei Wahl der optimalen Abweichungsstrategie – also im Gleichgewicht ohne Preisbindung – erhalten.

6.4.3 Gleichgewicht bei unvollständiger Information über den Spielertyp

Es stellt sich die Frage, ob sich diese Ergebnisse auch auf den Fall unvollständiger Information über den Spielertyp übertragen lassen. Zunächst sei daher festgestellt, daß sich Preisbindung nicht auf die beiden Pooling-Gleichgewichte P1 und P2 auswirken würde: Wie leicht ersichtlich ist, würden bei Preisen oberhalb von $p^* = 1/2$ Kunden mit niedriger Zahlungsbereitschaft nicht mehr mit dem Anbieter in Handel treten – Pooling wäre demnach ausgeschlossen. Ein niedrigeres Preiscommitment unterhalb von $p^* = 1/2$ läge hingegen nicht im Interesse des Monopolisten.

Bezieht man auch Trennungsgleichgewichte in die Analyse ein, so ändert Preisbindung die Situation deutlich: Während sich im Signalspiel die verschiedenen Konsumententypen lediglich partiell voneinander separiert haben – wobei nur Kunden mit hoher Zahlungsbereitschaft mit positiver Wahrscheinlichkeit ihre Standortinformation teilweise offenbart haben –, wird der Monopolist nun in die Lage versetzt, seine Kundentypen durch Festsetzung eines zweistufigen Tarifs ($p_a = 3/4, p_n = 1 - 1/\sqrt{2}$) perfekt zu screenen, d. h. den Konsumenten mit niedriger und hoher Zahlungsbereitschaft einen Anreiz zur Selbstselektion zu geben und sie somit perfekt voneinander zu separieren.

Dieser Stufenpreis entspricht den folgenden Kriterien: (i) Für Typ h besteht bei diesem Stufentarif gerade kein Anreiz dazu, sich durch die Wahl von i_n als Typ l zu tarnen, da trotz des dann niedrigeren Preises sein Erwartungsnutzen mit 1/4 seiner Auszahlung bei Wahl von i_a entspricht. (ii) Ein separierendes Gleichgewicht, in dem Kundentyp l mehr Informationen preisgibt als Käufer mit hoher Zahlungsbereitschaft, ist weder denkbar – Typ h hätte dann immer den Anreiz, die Strategie von Typ l zu imitieren – noch im Interesse des Monopolisten, da selbst bei funktionierender Trennung sein Gewinn niedriger als unter Anwendung des dargestellten Preisschemas läge. (iii) Mit Hilfe einer Preiskombination (p_a, p_s), läßt sich kein separierendes Gleichgewicht bilden: Bei $p_a = 3/4$ muß der Preis p_s mindestens $1/2$ betragen, um sicherzustellen, daß sich ein Konsument mit hoher Zahlungsbereitschaft nicht als Typ l tarnt. In diesem Falle würden Kunden mit niedriger Zahlungsbereitschaft ohnehin auf den Kauf des Gutes verzichten. Schließlich muß noch überprüft werden, ob eine marginale Reduktion von p_a im Interesse des Monopolisten wäre. Für diesen bestünde hierdurch die Möglichkeit, auch mit wenig zahlungsbereiten Kunden in Handel zu treten, indem er den Preis auf $p_s < 1/2$ reduziert. Dies wäre profitabel, falls die zusätzlichen Einnahmen von $p_s(1 - 2p_s)$, die ein Monopolist nun erzielt, wenn er auf einen Kunden mit niedriger Zahlungsbereitschaft trifft, die mit der aus Gründen der Anreizkompatibilität notwendigen Reduktion von p_a verbundene Gewinneinbuße von $1/2 - p_s$ pro Käufer mit hoher Zahlungsbereitschaft übersteigen. Die daraus resultierende Bedingung $2p_s - 2p_s^2 - 1/2 > 0$ wird jedoch im relevanten Parameterbereich $p_s \in [0, 1/2]$ nicht erfüllt.

6.5 Ausblick

Obwohl sich durch Übermittlung detaillierter Kundeninformationen prinzipiell Handel effizienter gestalten läßt, kommt die Marktanalyse in diesem Kapitel zu dem Ergebnis, daß Konsumenten die für die Personalisierung nötigen Informationen gegenüber einem monopolistischen Anbieter aus strategischen Gründen zurückhalten. Im welchem Ausmaß Informationen übermittelt werden, hängt dabei zum einen davon ab, ob der Produzent glaubhaft im Voraus Preisobergrenzen zusichern kann, zum anderen von der Zahlungsbereitschaft der Konsumenten und deren Zusammensetzung:

- Wenn die Konsumenten zwar heterogene Präferenzen aufweisen, prinzipiell aber identische Wertschätzungen für ein ideal angepaßtes Produkt besitzen, ist das Marktergebnis effizient, sofern der Unternehmer bereits im Vorfeld der Informationsübermittlung seine Preise glaubhaft fixiert. Seine Kunden werden ihm dann ihre exakten Präferenzen übermitteln. Ist eine Preisbindung nicht möglich, verzichten die Kunden darauf, die komplette Standortinformation mitzuteilen, um einer monopolistischen Ausbeutung durch perfekte Preisdifferenzierung entgegenzuwirken. Dabei wird umso weniger Information offenbart, je höher die allgemeine Zahlungsbereitschaft der Konsumenten ist. Das Verhalten der Nachfrager hat zur Folge, daß nicht nur das Handelsvolumen, sondern auch die im Falle einer Transaktion erzielte Rente zurückgeht.

- Geht man stattdessen von verschiedenen Kundengruppen mit unterschiedlichen Wertschätzungen für das angebotene Gut aus, kommt ein weiterer strategischer Aspekt des Offenbarungsverhaltens hinzu: Für Kunden mit geringer Zahlungsbereitschaft besteht nun die Möglichkeit, dies durch Informationszurückhaltung zu signalisieren. Die Abgrenzung gelingt zumindest partiell, da für diese Konsumentengruppe die Kosten dieses Signals (also der entgangene Nutzen durch weniger gut an die eigenen Bedürfnisse angepaßte Produkte) niedriger sind als für Käufer mit hoher Wertschätzung für das Produkt. Dieser zusätzliche strategische Effekt verringert insgesamt die Bereitschaft zur Informationsoffenbarung – nur noch Kunden mit hoher Zahlungsbereitschaft geben zumindest partiell Auskunft über ihre Präferenzen – und führt zur Effizienzverschlechterung.

- Durch eine glaubhafte Preisfestsetzung im Vorfeld der Präferenzrevelation kann es einem Anbieter aber gelingen, die Ängste der Konsumenten vor perfekter Preisdifferenzierung zu zerstreuen. Der Anbieter bietet hierbei je nach Grad der Informationsoffenbarung verschiedene Verträge an, und es kommt zur Selbstselektion: Während Konsumenten mit hoher Wertschätzung ihre gesamte Lageinformation übermitteln und einen unverzerrten Vertrag erhalten, halten weniger zahlungskräftige Kunden ihre Informationen unter Verschluß und zahlen im Gegenzug für ein standardisiertes Produkt einen sehr viel niedrigeren Preis.

Tatsächlich handelt es sich hierbei um eine Vorgehensweise, wie sie beispielsweise vom Online-Verkäufer Dell praktiziert wird: Ein Grund für die erfolgreiche Personalisierungsstrategie dieses Unternehmens liegt sicherlich darin, daß sich Dell glaubhaft und nachvollziehbar an eine Preisliste für seine einzelnen Komponenten bindet. Schon vor der eigentlichen Angebotserstellung, die erst nach der Übermittlung der Kundeninformationen an den Produzenten erfolgen kann, ist daher ein potentieller

Kunde über den Preis des personalisierten Produktes informiert. Dell bietet neben personalisierten Produkten aber auch standardisierte Systeme an. Auf diese Weise wird es dem Computerhersteller möglich, zusätzlich Kunden mit einer geringeren Zahlungsbereitschaft zu bedienen. Diese Marktaufteilung entspricht im wesentlichen der im Modell prognostizierten Segmentierung.

Abschließend ist darauf hinzuweisen, daß die Resultate dieses Ansatzes unter Vernachlässigung jeglicher – in der Realität durchaus vorhandener – Personalisierungskosten erzielt wurden. Von einer Überschätzung des Potentials personalisierter Produktion ist aus dieser Sicht auszugehen. Andererseits würden die Konsumenten bei reduzierter Marktmacht im geringeren Umfang der Gefahr von Preisdiskriminierung ausgesetzt. Dies könnte ihrer Bereitschaft förderlich sein, genauere Auskünfte über ihre Bedürfnisse zu erteilen. Angesichts dieser offenen Fragestellungen scheint eine Weiterentwicklung des hier dargestellten Informationsrevelationsansatzes dringend geboten.

Kapitel 7

Schluß

In den vorangegangenen Kapiteln wurden die Auswirkungen des Einsatzes elektronischer Koordination auf die Effizienz von (Konsumgüter-)Märkten aus theoretischer Sicht analysiert. Hierbei wurde auf die unterschiedlichen Einsatzmöglichkeiten digitaler Informations- und Kommunikationstechnologien in Produktion, Vertrieb und Vermarktung von Waren und Dienstleistungen eingegangen. Es hat sich gezeigt, daß die Folgen der Verwendung dieser Technologien je nach Kontext unterschiedlicher Art sind:

- Eklatantes Marktversagen wurde bei der Nutzung elektronischer Kommunikationstechnologien für die Werbung festgestellt. Der Grund dafür liegt darin, daß die bei der Zustellung elektronischer Werbepost anfallenden Lesekosten der Empfänger vom Absender nicht berücksichtigt werden. Zugleich hat sich aber gezeigt, daß durch Intermediation von Werbebotschaften – d. h. die Plazierung von Anzeigen auf Werbeträgern – dieses Externalitätenproblem verringert wird und zugleich die Informationsfunktion von Werbung gewährleistet bleibt.

- Auch die Anreize von Unternehmen, in elektronische Koordinationstechnologien zu investieren, erweisen sich als generisch ineffizient. Dies gilt sowohl für die marginalen Investitionsanreize – untersucht wurden in diesem Zusammenhang Investitionen in (Transport-)Kostensenkung sowie in Produktdifferenzierung – als auch für den diskreten Anreiz, in elektronisch koordinierte Produktionstechnologien zu investieren.

- Effizienzsteigernd wirkt sich der Einsatz elektronischer Koordination zur Personalisierung von Produkten aus. Im hier untersuchten Monopolfall wird sowohl der Anbieter als auch der Konsument durch die Personalisierung (schwach) bessergestellt. Das strategische Verhalten der Marktakteure trägt allerdings dazu bei, daß ein Großteil der möglichen Effizienzgewinne nicht realisiert wird.

Festzuhalten ist, daß diese Resultate aus empirischer wie aus theoretischer Sicht unterschiedlich stark fundiert sind. So werden die im dritten Kapitel hergeleiteten Effizienzergebnisse bezüglich Werbung und Suche auf elektronischen Märkten durch empirische Befunde und anekdotische Evidenz – exemplarisch seien die schon erwähnten Studien von Brynjolfsson und Smith (2001) und Weinstein (2003) genannt – im wesentlichen bestätigt.

Die im vierten Kapitel erstellte Analyse marginaler Investitionsanreize stützt sich auf ein umfassend ausgebautes theoretisches Fundament.

Hingegen ist die Relevanz der Resultate des fünften Kapitels schwieriger zu beurteilen. Aus theoretischer Sicht von Interesse dürfte sein, ob die zentrale Erkenntnis dieses Kapitels, daß Unternehmen im Zuge einer Verwendung flexiblerer Technologien einen strategischen Nachteil erleiden, auch unter geänderten Marktbedingungen – etwa unter Marktunsicherheit – ihre Gültigkeit bewahrt. Erste – ambivalente – Erkenntnisse für den Dyopolfall finden sich in dem in dieser Arbeit schon mehrfach erwähnten Aufsatz von Klemperer und Meyer (1986). Der ebenfalls im fünften Kapitel hergeleitete Zusammenhang zwischen der Flexibilität einer Produktionstechnologie und der im Markt zu beobachtenden Gesamtaggressivität bietet sich zudem als Gegenstand für eine empirische Untersuchung an. In einer solchen Studie wäre zu überprüfen, ob sich ein Technologiewechsel im konjekturalen Verhaltensmuster der Unternehmen niederschlägt.

Der modelltheoretische Ansatz des sechsten Kapitels dürfte aus vertrags- und informationsökonomischer Sicht von Interesse sein. In diesem Ansatz werden nämlich die Folgen der – im Vergleich zur klassischen Preisdifferenzierung ersten bzw. zweiten Grades – veränderten zeitlichen Abfolge von (personalisierter) Angebotserstellung und Informationsoffenbarung der Konsumenten erörtert. Die Kundeninformation wird bei der Personalisierung schon während des Produktionsprozesses benötigt. Es ist aber nicht davon auszugehen, daß der Anbieter ex ante (symmetrisch) über seine Kunden informiert ist. Als Folge muß der Kunde abwägen, ob er Informationen über sich an den Produzenten weiterleitet – und damit ein besser personalisiertes Produkt erhält, aber auch Gefahr läuft, ein Opfer von Preisdiskriminierung zu werden. Das Ergebnis der Analyse, wonach Informationszurückhaltung eine individuell rationale (Signalisierungs-)Strategie des Konsumenten sein kann, widerspricht den Standardresultaten der Informationsrevelation (siehe Schweizer, 1999, S. 33ff.). Die in dieser Arbeit auf Basis eines Monopolansatzes ermittelten Resultate bieten freilich nur erste Antworten. Angesichts der wachsenden Bedeutung individualisierter Auftragsfertigung ergibt sich hier – auch aus Gründen der praktischen Relevanz – Bedarf für weitere Forschung.

Anhang A

Anmerkungen zu Kapitel 5

A.1 Beweis des Satzes 5.3

Satz 5.3 *Wenn ein Unternehmen zum Bertrand-Spieler mutiert, und dabei die Grenzkosten c_i seiner Produktion unverändert bleiben, wird er einen niedrigeren Preis verlangen als den, den er zuvor als Cournot-Spieler erhalten hat:* $p^N_{j,n}(c_i) > p^N_{k,n-1}(c_i)$

Beweis: Der Preis eines Bertrand-Spielers ist in diesem Fall mit dem eines Cournot-Spielers zu vergleichen, der auf einem Markt mit einem Preissetzer weniger, aber einem zusätzlichen Mengensetzer agiert. Sei $p^N_{j,n}(c_j)$ der Gleichgewichtspreis des wechselnden Cournot-Spielers auf einem Oligopol mit n Cournot-Spielern, $p^N_{k,n}(c_k)$ der der neuen Bertrand-Firma auf einem $(N, n-1)$-Oligopolmarkt. Zudem seien als $\bar{c}_m$ die durchschnittlichen Grenzkosten der verbleibenden Cournot-Spieler und als $\bar{c}_p$ die durchschnittlichen Grenzkosten der ursprünglichen Bertrand-Firmen bezeichnet. Unter der Annahme daß $c_j = c_k = c_i$, erhält man aus (5.20) und (5.22) nach einfachen Umformungen:

$$p^N_{j,n}(c_i) - p^N_{k,n-1}(c_i) = \frac{(b_0 + a_1 c_i + a_2 \bar{c}_m + a_3 \bar{c}_p) b^3}{(1 + b(N-n-1))(2 + b(2N-2n-1)) \cdot \psi \cdot \omega} \tag{A.1}$$

$$\begin{aligned} \text{wobei} \quad b_0 &= (1-b)(2+b(2N-2n-1))[2Nb(N-n-1) \\ &\quad + N(2+b) - 2nb + 3b - 2] \\ a_1 &= (1-b)b[2(N-1) + b(4N(N-n) - 3(N-1))] \\ &\quad + b^3(N-n)[2N(N-n) + N - 2n + 1] \end{aligned}$$

$$
\begin{aligned}
a_2 &= (6b-4)(n-1) \times \\
&\quad [1+b(2N-2n-1)+b^2((N-n)^2-(N-n))]
\end{aligned}
$$

$$
\begin{aligned}
a_3 &= (N-n) \times \\
&\quad \big[(1-b)[-4-b(2+8(N-n))-b^2(4(N-1)+4(N-n)^2)] \\
&\quad -b^3[2(N-n)(N+n)-N-1+2n]\big]
\end{aligned}
$$

Man beachte, daß für $N > n \in \mathbf{N}$ und $0 < b < 1$ der Nenner positiv ist. Es muß daher gezeigt werden, daß für alle möglichen Werte der Zähler positive Werte annimmt.

Man beachte zudem die notwendige Bedingung, daß der durchschnittliche Bertrand- und Cournot-Unternehmer positive Mengen absetzt, also $x^N_{m,n-1}(\bar{c}_m) \geq 0$ und $x^N_{p,n-1}(\bar{c}_p) \geq 0$. Durch Berechnung erhält man:

$$
x^N_{p,n-1}(\bar{c}_p) = \frac{(1+b(N-n-1))(b_1+a_{11}c_i+a_{12}\bar{c}_m-a_{13}\bar{c}_p)}{(1-b)(1+b(N-n))(2+b(2N-2n-1))\cdot\psi} \tag{A.2}
$$

$$
x^N_{m,n-1}(\bar{c}_m) = \frac{b_2+a_{21}c_i-a_{22}\bar{c}_m+a_{23}\bar{c}_p}{(1-b)\cdot\psi} \tag{A.3}
$$

wobei

$$
\begin{aligned}
a_{11} &= b(1-b)[2+b(4(N-n)+1)] \\
&\quad +b^3[3(N-n)+2(N-n)^2] \\
a_{12} &= b(n-1)\big[(1-b)[2+b(4(N-n)+1)] \\
&\quad +b^2[1+3(N-n)+2(N-n)^2]\big] \\
a_{13} &= (1-b)[4+8Nb-6nb+b^2(4N(N-n)+n-1)] \\
&\quad +b^3[2(N-n)^2n+3(N-n)n+n-1] \\
a_{21} &= b[1+b(N-n-1)] \\
a_{22} &= (1-b)[2+3b(N-n)]+b^2[(N-n)^2+(N-n)] \\
a_{23} &= b[(1-b)(N-n)+b(N-n)^2] \\
b_1 &= (1-b)[4+8b(N-n)+b^2(4(N-n)^2-1)] \\
b_2 &= (1-b)[2+b(2N-2n-1)]
\end{aligned}
$$

Man betrachte nun das Problem

$$\min_{c_i, c_p, c_m} p_{j,n}^N(c_i) \quad - \quad p_{k,n-1}^N(c_i) \tag{A.4}$$

$$\text{u. d. N.} \qquad x_{m,n-1}^N(\bar{c}_m) \geq 0$$

$$x_{p,n-1}^N(\bar{c}_p) \geq 0$$

Da die Nenner von $x_{m,n-1}^N(\bar{c}_m)$ und $x_{p,n-1}^N(\bar{c}_p)$ positiv sind, kann dieses Minimierungsproblem folgendermaßen in ein standardisiertes lineares Optimierungsproblem transformiert werden, das mit Hilfe des Simplex-Algorithmus zu lösen ist:

$$\max_{c_i, c_p, c_m} - b_0 - a_1 c_i - a_2 \bar{c}_m - a_3 \bar{c}_p \tag{A.5}$$

$$\text{u. d. N.} \qquad - a_{11} c_i + a_{12} \bar{c}_m - a_{13} \bar{c}_p + s_1 = b_1$$

$$- a_{21} c_i - a_{22} \bar{c}_m + a_{23} \bar{c}_p + s_2 = b_2$$

$$c_i, \bar{c}_m, \bar{c}_p \geq 0 \qquad s_1, s_2 \geq 0 \tag{A.6}$$

Als Ergebnis ergibt sich, daß beide Nebenbedingungen für $c_i = 0$ und identische Grenzkosten der Cournot- und Bertrand-Spieler binden:

$$\bar{c}_m = \bar{c}_p = \frac{(1-b)(2+b(2N-2n-1))}{2+2b(N-n-1)-b^2(N-n)} \tag{A.7}$$

Der Minimalwert der Zielfunktion ist Null. Folglich ist $p_{j,n}^N(c_i) - p_{k,n-1}^N(c_i)$ strikt nicht-negativ. □

A.2 Ausgewählte Marktergebnisse des reinen und gemischten Oligopols in tabellarischer Darstellung

$N-n$	x_j	p_j	g_j	x_k	p_k	g_k	Δg_k
0	0,225	0,325	0,051	–	–	–	–
1	0,217	0,317	0,047	0,283	0,283	0,080	0,030
2	0,208	0,308	0,043	0,275	0,275	0,076	0,029
3	0,2	0,3	0,04	0,267	0,267	0,071	0,028
4	0,192	0,292	0,037	0,258	0,258	0,067	0,027
5	–	–	–	0,25	0,25	0,063	0,026

Tabelle A.1: Marktergebnis im Mengenwettbewerb, $N = 5$, $b = 1/2$, $c_j = 0,1$, $c_k = 0$, Werte auf drei Nachkommastellen gerundet.

$N-n$	x_j	p_j	g_j	x_k	p_k	g_k	Δg_k
0	0,25	0,25	0,038	–	–	–	–
1	0,237	0,242	0,034	0,328	0,197	0,065	0,027
2	0,225	0,235	0,030	0,316	0,189	0,060	0,026
3	0,212	0,227	0,027	0,303	0,182	0,055	0,025
4	0,200	0,220	0,024	0,290	0,174	0,051	0,024
5	–	–	–	0,278	0,167	0,046	0,022

Tabelle A.2: Marktergebnis im Preiswettbewerb, $N = 5$, $b = 1/2$, $c_j = 0,1$, $c_k = 0$, Werte auf drei Nachkommastellen gerundet.

$N-n$	x_j	p_j	g_j	x_k	p_k	g_k	Δg_k
0	0,225	0,325	0,051	–	–	–	–
1	0,236	0,277	0,042	0,264	0,264	0,069	0,019
2	0,228	0,252	0,035	0,293	0,219	0,064	0,022
3	0,216	0,235	0,029	0,294	0,196	0,058	0,023
4	0,203	0,222	0,025	0,288	0,180	0,052	0,023
5	–	–	–	0,278	0,167	0,046	0,022

Tabelle A.3: Marktergebnis im gemischten Oligopol, $N = 5$, $b = 1/2$, $c_j = 0,1$, $c_k = 0$, Werte auf drei Nachkommastellen gerundet.

Anhang B

Anmerkungen zu Kapitel 6

Die folgenden Anmerkungen beziehen sich auf die Ermittlung der verschiedenen Nash-Gleichgewichte des Signalspiels, das im Abschnitt 6.3.3 analysiert wird.

B.1 Pooling-Gleichgewichte

Mit Hilfe eines Widerspruchbeweises wird zunächst gezeigt, daß eine Strategie $s_n^c = i_n$, in der kein Konsumententyp Standortinformationen preisgibt, kein Gleichgewicht darstellt. In Übereinstimmung mit der Wahrscheinlichkeitseinschätzung $\theta_n = 1/2$ eines solchen Gleichgewichts würde der Monopolist einen Preis $p_n = 3/8$ setzen. Für den Käufertypen h ergibt sich daher der Anreiz, von dieser Strategie abzuweichen: Während sein Erwartungsnutzen bei Wahl von i_n lediglich 25/128 beträgt, liegt er bei einer Entscheidung für die Strategie i_s je nach Wahrscheinlichkeitseinschätzung des Monopolisten zwischen 1/4 und 1/2.

Die Anforderungen des perfekten Bayesianischen Gleichgewichts werden daher nur von zwei Pooling-Gleichgewichten erfüllt: Gleichgewicht P1: $(s_c^p, s_f) = (i_s, \{p_s = 1/2, p_n = 1/2, p_a = 1\})$ wird durch die Einschätzungen $(\theta_s = 1/2, \theta_a > 1/2, \theta_n = 1)$ gestützt. Gleichgewicht P2: $(s_c^p, s_f) = (i_a, \{p_s = 1/2, p_n = 1/2, p_a = 1/2\})$ basiert auf den Wahrscheinlichkeitseinschätzungen $(\theta_a = 1/2, \theta_s > 1/2, \theta_n = 1)$. □

B.2 Trennungsgleichgewichte

Durch Widerspruch kann die Existenz von separierenden Gleichgewichten in reinen Strategien ausgeschlossen werden. In einem ersten Schritt ist zu zeigen, daß kein

Kundentyp seine gesamte Standortinformation preisgibt. Man betrachte dazu ein Trenngleichgewicht, das durch komplette Informationsrevelation des Kundentyps h gekennzeichnet ist und folglich $\theta_a = 1$: Auf dieser Einschätzung basierend, würde der Verkäufer einen Preis $p_a = 1$ festsetzen. Das kann keine Gleichgewichtsstrategie sein, da in diesem Falle der Erwartungsnutzen des Kundentyps h bei Null läge und folglich i_a durch i_n dominiert wird: Hierzu beachte man, daß unabhängig vom exakten Wert von θ_n immer $u_n^h(\theta_n) > 0$ ist. Ebensowenig existiert ein Trenngleichgewicht, in dem die Typ-l-Kunden ihre komplette Lageinformation übermitteln. Der Gleichgewichtspreis des Monopolisten läge dann bei $p_a = 1/2$, was die Kunden vom Typ h dazu veranlassen würde, Typ l zu imitieren und ebenfalls i_a zu wählen.

Man betrachte nun die beiden verbliebenen Kandidaten für ein Trenngleichgewicht. Zunächst sei das Strategienprofil $\{(s^h = i_n, s^l = i_s), (p_n = 1/2, p_s = 1/4, p_a = 1)\}$ und die zugehörigen Wahrscheinlichkeitseinschätzungen $\{\theta_n = 1, \theta_s = 0, \theta_a > 1/2\}$ angenommen; der Monopolist geht also von Typ-h-Kunden aus, sofern keine Information preisgegeben wird, während i_s Kundentyp l signalisiert. Durch $\theta_a > 1/2$ wird in Anlehnung an die Ergebnisse von oben i_a als Gleichgewichtsstrategie ausgeschlossen. Unter diesen Voraussetzungen wäre es für einen zahlungsbereiten Kunden allerdings besser, sich als Kundentyp l zu tarnen: Durch Aussendung des Signals i_s könnte er seinen Erwartungsnutzen von 1/8 auf 1/2 anheben, was im Widerspruch zur Gleichgewichtsannahme steht. Der umgekehrte Fall kann auf ähnliche Weise ausgeschlossen werden. Man betrachte hierfür die Strategienkombination $(\{s^l = i_n, s^h = i_s\}, \{p_n = 1/4, p_s = 1/2, p_a = 1\})$ und die zugehörige Wahrscheinlichkeitseinschätzungen $\{\theta_n = 0, \theta_s = 1, \theta_a > 1/2\}$. Wiederum besteht für Typ h der Anreiz, sich als Konsument mit niedriger Zahlungsbereitschaft zu tarnen, weil auf diese Weise seine Auszahlung von 1/4 auf 9/32 erhöht würde. Folglich existiert im Signalisierungsspiel kein Gleichgewicht in gemischten Strategien. □

B.3 Gemischte Strategien und das teilseparierende Gleichgewicht

Bevor hier das eindeutige teilseparierende Gleichgewicht bestimmt wird, sei zunächst darauf hingewiesen, daß für keinen Kundentyp die komplette Informationsrevelation Teil seiner Gleichgewichtsstrategie ist. Um dies zu zeigen, sind die beiden möglichen

Fälle $w_a^h > w_a^l$ und $w_a^h < w_a^l$ zu überprüfen. Der Fall $w_a^h = w_a^l > 0$ ist dagegen schon über die Diskussion der Pooling-Gleichgewichte abgedeckt.

Angenommen $w_a^h > w_a^l$: Im Gleichgewicht impliziert dies eine Wahrscheinlichkeitseinschätzung von $\theta_a > 1/2$ und damit einhergehend $p_a = 1$. Wie aus der Argumentation von oben hervorgeht, würde Typ h bei der Wahl von i_a einen Erwartungsnutzen von Null erzielen. Da diese Aktion u. a. von i_n dominiert wird, kann sie kein Bestandteil einer Gleichgewichtsstrategie sein.

Angenommen $w_a^h < w_a^l$: Dies bedeutet daß entweder $w_n^h > w_n^l$ (und daher $\theta_n > 1/2$) oder $w_s^h > w_s^l$ (und daher $\theta_s > 1/2$). Da jedoch $u_n^h < 1/2$ gdw. $\theta_n > 1/2$ und $u_s^h < 1/2$ gdw. $\theta_s > 1/2$, kann weder i_n noch i_s Bestandteil der Gleichgewichtsstrategie von Kundentyp h sein. Dies steht im Widerspruch zu den vorausgesetzten Wahrscheinlichkeitseinschätzungen.

Entsprechend der Definition des teilseparierenden Gleichgewichts kann daher davon ausgegangen werden, daß zumindest ein Kundentyp zwischen den beiden Strategien i_s und i_n randomisiert. Als notwendige Bedingung gilt daher $u_n^t = u_s^t$ für jeden Kundentyp, der eine gemischte Strategie wählt.

Für Kundentyp l gilt demnach

$$\left(\frac{w_n^h - w_n^l}{1 - w_n^l}\right)^2 = \frac{(w_n^l)^2}{2(w_n^h + w_n^l)^2} \qquad \text{gdw.} \qquad w_n^l \leq w_n^h \tag{B.1}$$

$$\left(\frac{w_n^h}{w_n^h + w_n^l}\right)^2 = \frac{w_n^l}{w_n^h + w_n^l} \qquad \text{gdw.} \qquad w_n^l > w_n^h, \tag{B.2}$$

und für Kundentyp h erhält man

$$\frac{1 + w_n^h - 2w_n^l}{1 - w_n^l} = \frac{(2w_n^h + 3w_n^l)^2}{8(w_n^l + w_n^h)^2} \qquad \text{gdw.} \qquad w_n^l \leq w_n^h \tag{B.3}$$

$$\frac{5w_n^h - w_n^l}{w_n^h + w_n^l} = \frac{(w_n^h)^2}{(w_n^l + w_n^h)^2} \qquad \text{gdw.} \qquad w_n^l > w_n^h \tag{B.4}$$

als notwendige Bedingung.

Zunächst soll angenommen werden, daß beide Kundengruppen randomisieren und $w_n^l \leq w_n^h$. Die (potentiellen) Gleichgewichtsstrategien ergeben sich dann aus der simultanen Auflösung des aus (B.1) und (B.3) bestehenden Gleichungssystems nach (w_n^l, w_n^h). Analog wird für Werte von $w_n^l > w_n^h$ das Gleichungssystem (B.2) und (B.4) nach (w_n^l, w_n^h) aufgelöst. Im letzteren Fall führt die Berechnung des Gleichgewichts zum Widerspruch, während sich bei der Lösung des erstgenannten Gleichungssystems negative Werte ergeben, die außerhalb des Definitionsbereiches liegen. Daraus folgt, daß im Gleichgewicht nur ein Kundentyp randomisiert.

Es sei nun der Fall betrachtet, in dem lediglich Kundentyp l eine gemischte Strategie spielt. Folglich ist entweder $w_n^h = 1$ falls $w_n^l \leq w_n^h$ oder $w_n^h = 0$ falls $w_n^l > w_n^h$. Die Gleichungen (B.1) und (B.2) vereinfachen sich dann zu

$$\left(\frac{1-w_n^l}{1-w_n^l}\right)^2 = \frac{(w_n^l)^2}{2(1+w_n^l)^2} \qquad \text{gdw.} \qquad w_n^l \leq w_n^h \tag{B.5}$$

$$\frac{0}{(w_n^l)^2} = 1 \qquad \text{gdw.} \qquad w_n^l > w_n^h, \tag{B.6}$$

was in beiden Fällen zum Widerspruch führt.

Man gehe nun davon aus, daß h randomisiert. Folglich ist entweder $w_n^l = 0$ falls $w_n^l \leq w_n^h$ oder $w_n^l = 1$ falls $w_n^l > w_n^h$. Unter diesen Annahmen vereinfachen sich die Gleichungen (B.3) und (B.4) zu

$$1 + w_n^h = 1/2 \qquad \text{gdw.} \qquad w_n^l \leq w_n^h \tag{B.7}$$

$$\frac{5w_n^h - 1}{w_n^h + 1} = \frac{(w_n^h)^2}{(1+w_n^h)^2} \qquad \text{gdw.} \qquad w_n^l > w_n^h. \tag{B.8}$$

Während sich bei (B.7) ein negativer Wert ergibt, erhält man die Gleichgewichtsstrategie $\{w_n^h = \frac{1}{2}\left(\sqrt{2}-1\right), w_n^l = 1\}$ durch Auflösen der Gleichung (B.8) nach w_n^h.
□

Literaturverzeichnis

Acquisti, Alessandro und Varian, Hal R. (2001): Conditioning Prices on Purchase History. Discussion paper, University of California, Berkeley.

Adams, William und Yellen, Janet (1976): Commodity Bundling and the Burden of Monopoly. *Quarterly Journal of Economics*, 90 (3): S. 475–498.

Akerlof, George (1970): The Market for Lemons: Qualitative Uncertainty and the Market Mechanism. *Quarterly Journal of Economics*, 84 (3): S. 488–500.

Amann, Erwin (2003): Non-linear pricing in oligopoly. Disskussionspapier, Universität Essen.

Armstrong, Mark und Vickers, John (2001): Competitive price discrimination. *Rand Journal of Economics*, 32 (4): S. 579–605.

Baker, George und Hubbard, Thomas (2003): Make Versus Buy in Trucking: Asset Ownership, Job Design and Information. *American Economic Review*, 93 (3): S. 551–572.

Bakos, Yannis (1997): Reducing Buyer Search Costs: Implication for Electronic Marketplaces. *Management Science*, 43 (12): S. 1676–1692.

Bakos, Yannis (1998): The Emerging Role of Electronic Marketplaces on the Internet. *Communications of the ACM*, 41 (8): S. 35–42.

Bakos, Yannis (2001): The Emerging Landscape for Retail E-Commerce. *Journal of Economic Perspectives*, 15 (1): S. 69–80.

Bandulet, Martin und Morasch, Karl (2001): Anreize zur Investition in elektronische Koordination: Digitale vs. nicht-digitale Produkte. In: Werner Steck Hans Ulrich Buhl, Nina Kreyer (Hg.), *e-Finance: Innovative Problemlösungen für*

Informationssysteme in der Finanzwirtschaft, S. 109–128. Berlin und Heidelberg: Springer.

Bandulet, Martin und Morasch, Karl (2002): Electronic Coordination in Oligopolistic Markets: Impact on Transport Costs and Product Differentiation. Diskussionsbeiträge des Instituts für Volkswirtschaftslehre 4, Universität der Bundeswehr München.

Bandulet, Martin und Morasch, Karl (2003a): Incentives to Invest in Transport Cost Reduction – Conceptual Issues and an Application to Electronic Commerce. *Topics in Economic Analysis and Policy*, 3 (1). Article 18.

Bandulet, Martin und Morasch, Karl (2003b): Would You Like to be a Prosumer? Information Revelation, Personalization and Price Discrimination in Electronic Markets. Volkswirtschaftliche Diskussionsreihe 242, Universität Augsburg.

Barros, Pedro, Kind, Hans Jarle und Sørgard, Lars (2002): Media competition when the audience dislikes advertising: A theory of vertical alliances on the Internet. Working paper. http://www.nhh.no/sam/cv/kind-hans.html.

Belleflamme, Paul (2001): Oligopolistic competition, IT-use for product differentiation and the productivity paradox. *International Journal of Industrial Organization*, 19 (1): S. 227–248.

Berger, Allen und DeYoung, Robert (2002): Technological progress and the geographic expansion of the banking industry. Finance and economics discussion series 31, Washington, DC: Div. of Research & Statistics and Monetary Affairs, Federal Reserve Board.

Bester, Helmut (2000): *Theorie der Industrieökonomik*. Berlin und Heidelberg: Springer.

Bester, Helmut und Petrakis, Emmanuel (1993): The incentives for cost reduction in a differentiated industry. *International Journal of Industrial Organization*, 11 (4): S. 519–534.

Bonanno, Giacomo und Haworth, Barry (1998): Intensity of competition and the choice between product and process innovation. *International Journal of Industrial Organization*, 16 (4): S. 495–510.

Bowley, Arthur L. (1924): *The Mathematical Groundwork of the Economics*. Oxford: Oxford University Press.

Brander, James A. und Krugman, Paul (1983): A "reciprocal dumping" model of international trade. *Journal of International Economics*, 15 (3): S. 313–321.

Brander, James A. und Spencer, Barbara J. (1983): Strategic commitment with R&D: the symmetric case. *Bell Journal of Economics*, 14 (1): S. 225–235.

Bräunlein, Manfred (1985): *150 Jahre Eisenbahn in Nürnberg*. Egglham und München: Bafe-Fachbuch-Verlag.

Brown, Jeffrey und Goolsbee, Austan (2001): Does the Internet Make Markets More Competitive? Evidence From the Life Insurance Industry. *Journal of Political Economy*, 110 (3): S. 481–507.

Brynjolfsson, Erik (1994): Information Assets, Technology, and Organization. *Management Science*, 40 (12): S. 1645–1662.

Brynjolfsson, Erik und Hitt, Lorin (2000): Beyond Computation: Information Technology, Organizational Transformation and Business Performance. *Journal of Economic Perspectives*, 14 (4): S. 23–48.

Brynjolfsson, Erik und Smith, Michael D. (2000): Frictionless Commerce? A Comparison of Internet and Conventional Retailers. *Management Science*, 46 (4): S. 563–585.

Brynjolfsson, Erik und Smith, Michael D. (2001): Consumer Decision-making at an Internet Shopbot. *The Journal of Industrial Economics*, 49 (4): S. 541–558.

Bulow, Jeremy, Geanakoplos, John und Klemperer, Paul (1985): Multimarket Oligopoly: Strategic Substitutes and Complements. *Journal of Political Economy*, 93 (3): S. 488–511.

Butters, Gerard R. (1977): Equilibrium Distributions of Sales and Advertising Prices. *Review of Economic Studies*, 44 (3): S. 465–491.

Carlson, John und McAffee, Preston (1983): Discrete Equilibrium Price Dispersion. *Journal of Political Economy*, 94 (3): S. 480–493.

Cho, In-Koo und Kreps, David M. (**1987**): Signalling Games and Stabel Equilibria. *Quarterly Journal of Economics*, 102 (1): S. 179–221.

Choi, Soon-Yong, Stahl, Dale O. und Whinston, Andrew B. (**1997**): *The Economics of Electronic Commerce*. Indianapolis: MTP Macmillan Technical Publishing.

Church, Jeffrey R. und Ware, Roger (**2000**): *Industrial Organization*. Boston.

Coase, Ronald H. (**1937**): The Nature of the Firm. *Economica*, 4 (13).

Coase, Ronald H. (**1960**): The Problem of Social Cost. *Journal of Law and Economics*, 3 (1): S. 1–44.

Cornes, Richard und Hartley, Roger (**2001**): Joint Production Games and Share Functions. Discussion paper, Department of Economics, Keele University.

Cournot, Augustin (**1924**): *Untersuchungen über die mathematischen Grundlagen der Theorie des Reichtums*. Jena: Verlag von Gustav Fischer.

Cranor, Lorrie und LaMacchia, Brian (**1998**): Spam! *Communications of the ACM*, 41 (8): S. 74–83.

D'Aspremont, Claude und Jacquemin, Alexis (**1988**): Cooperative and Non-cooperative R&D in Duopoly with Spillovers. *American Economic Review*, 78 (5): S. 1133–1137.

Diamond, Peter (**1971**): A Model of Price Adjustment. *Journal of Economic Theory*, 3 (2): S. 156–168.

Diamond, Peter (**1989**): Search Theory. In: John Eatwell, Murray Migate und Peter Newman (Hg.), *Allocation, Information and Markets*, S. 271–310. London: The Macmillan Press Ltd.

Dixit, Avinash (**1979**): A model of duopoly suggesting a theory of entry barriers. *Bell Journal of Economics*, 10 (1): S. 20–32.

Dixit, Avinash und Norman, Victor (**1978**): Advertising and welfare. *Bell Journal of Economics*, 9 (1): S. 1–18.

Dixit, Avinash und Stiglitz, Joseph E. (1977): Monopolistic Competition and Optimal Product Diversity. *American Economic Review*, 67 (3): S. 297–308.

Dykema, Evie Black (2000): *Online Retail's Ripple Effect*. Cambridge, MA: Forrester Research Report, Forrester Research Inc. Zitiert nach Bakos (2001), S. 69.

Dzienziol, Jochen, Eberhardt, Michael, Renz, Anette und Schackmann, Jürgen (2002): Multi-Channel Pricing for Financial Services. In: R. H. Sprague (Hg.), *Proceedings of the Thirty-Fifth Annual Hawaii International Conference on System Sciences (HICSS-35)*, S. 31–48. Los Alamitos, Hawaii: IEEE Computer Society Press.

Economics and Statistics Administration (2002): *E-Stats*. www.census.gov/estats: U.S. Census Bureau.

Economist (2002): The road to hell is – unpaved; Trucking in Cameroon. *The Economist*, 365 (8304): S. 75. Erschienen am 19. Dezember 2002.

EITO (2002): *European Information Technology Observatory 2002*. Frankfurt am Main: European Information Technology Observatory (EITO) – European Economic Interest Grouping (EEIG).

EITO (2003): *European Information Technology Observatory 2003*. Frankfurt am Main: European Information Technology Observatory (EITO) – European Economic Interest Grouping (EEIG).

Ellison, Glenn und Fisher–Ellison, Sara (2001): Search, Obfuscation, and Price Elasticities on the Internet. Discussion paper, MIT.

Eucken, Walter (1990): *Grundsätze der Wirtschaftspolitik*. Tübingen: Mohr, 6. Auflage.

FAZ (2000): Von schweren Folgen einer leichten Wirtschaft. Ein Gespräch mit dem amerikanischen Wirtschaftsprofessor Paul Krugman über die „New Economy". den Welthandel und das Zeitalter der Finanzkrisen. *Frankfurter Allgemeine Zeitung*, 2000 (163): S. 49. Erschienen am 17. Juli.

FAZ (2003a): Bezahlinhalte gewinnen im Internet nur langsam an Bedeutung. *Frankfurter Allgemeine Zeitung*, 2003 (10): S. 18. Erschienen am 13. Januar.

FAZ (2003b): Erstmals mehr Spam als normale E-Mails. *Frankfurter Allgemeine Zeitung*, 2003 (301): S. 17. Erschienen am 29. Dezember.

Ferreira, Rodolphe Dos Santos und Thisse, Jacques-François (1996): Horizontal and vertical differentiation: The Launhardt model. *International Journal of Industrial Organization*, 14 (4): S. 485–506.

Friedman, James (1983): *Oligopoly Theory*. Cambridge, New York und Melbourne: Cambridge University Press.

Fritsch, Michael und Stephan, Andreas (2004): The Distribution and Heterogeneity of Technical Efficiency within Industries – An Empirical Assessment. Freiberger Arbeitspapiere 12, Technische Universität Bergakademie Freiberg, Fakultät für Wirtschaftswissenschaften.

Gravelle, Hugh und Rees, Ray (1992): *Microeconomics*. London und New York: Longman, 2. Auflage.

Grossman, Sanford J. und Hart, Oliver D. (1986): The Costs and Benefits of Ownership: A Theory of Vertical and Lateral Integration. *Journal of Political Economy*, 94 (4): S. 691–791.

Güth, Werner (1995): A Simple Justification of Quantity Competition and the Cournot-Oligopoly Solution. *Ifo-Studien*, 41 (2): S. 245–257.

Haid, Alfred (1984): *Informationsökonomik und Güterpreise*. Göttingen: Vandenhoeck und Ruprecht.

Hart, Oliver (1995): *Firms, Contracts, and Financial Structure*. Oxford: Oxford University Press.

Hayek, Friedrich August (1945): The Use of Knowledge in Society. *American Economic Review*, 35 (4): S. 519–530.

Hayek, Friedrich August (1968): *Der Wettbewerb als Entdeckungsverfahren*. Kiel: Institut für Weltwirtschaft.

Henkel, Joachim (2000): „Follow the free“ – who, why and how much longer? Technischer Bericht, Ludwig-Maximilians-Universität München.

Holler, Manfred und Illing, Gerhard (1991): *Einführung in die Spieltheorie*. Berlin und Heidelberg: Springer, 1. Auflage.

Hopf, Michael (1983): *Informationen für Märkte und Märkte für Informationen*. Frankfurt am Main: Barudio und Hess.

Imai, Ken-Ichi (1992): The Japanese Pattern of Innovation and its Evolution. In: Nathan Rosenberg, Ralph Landau und David Mowery (Hg.), *Technology and the Wealth of Nations*, Kapitel 9, S. 225–246. Stanford: Stanford University Press.

Jensen, Michael C. und Meckling, William H. (1976): Theory of the Firms: Managerial Behavior, Agency Costs and Ownership Structure. *Journal of Financial Economics*, 3 (4): S. 305.

Kaldor, Nicholas (1950): The Economic Aspects of Advertising. *Review of Economic Studies*, 18 (1): S. 1–27.

Kimmel, Sheldon (1992): Effects of Cost Changes on Oligopolists' Profits. *The Journal of Industrial Economics*, 40 (4): S. 441–449.

Klemperer, Paul und Meyer, Margaret A. (1986): Price competition vs. quantity competition: the role of uncertainty. *Rand Journal of Economics*, 17 (4): S. 618–638.

Klemperer, Paul und Meyer, Margaret A. (1989): Supply Function Equilibria in Oligopoly under Uncertainty. *Econometrica*, 57 (6): S. 1243–1277.

Klodt, Henning (2001): Und sie fliegen doch: Wettbewerbsstrategien für die Neue Ökonomie. In: Juergen Donges und Johann Eckhoff (Hg.), *E-Commerce und Wirtschaftspolitik*, Kapitel III, S. 31–48. Stuttgart: Lucius und Lucius.

Kohn, Meir und Shavell, Steven (1974): The Theory of Search. *Journal of Economic Theory*, 9 (2): S. 93–123.

Kreps, David M. und Scheinkman, Jose A. (1983): Quantity pre–commitment and Bertrand competition yield Cournot outcomes. *Bell Journal of Economics*, 14 (2): S. 326–337.

Kroeber-Riel, Werner und Weinberg, Peter (1999): *Konsumentenverhalten.* München: Vahlen.

Kulenkampff, Gabriele (2000): *Zur Effizienz von Informationsmärkten, Schriften zur Rundfunkökonomie, Band 5*. Berlin: Vistas Verlag GmbH.

Kyas, Othmar (1994): *Internet: Zugang, utilities, Nutzung*. Bergheim: Datacom-Verlag.

Lancaster, Kelvin (1979): *Variety, Equity, and Efficiency*. New York and Guildford, Surrey: Columbia University Press.

Lang, Günter (2004): Der deutsche Werbemarkt: Konjunkturkrise oder Strukturbruch? *Medienwirtschaft, Zeitschrift für Medienmanagement und Kommunikationsökonomie*, 1 (2): S. 53–60.

Lapalme, Guy, Rousseau, Jean Marc, Chapleau, Suzanne, Cormier, Michel, Cossette, Pierre und Roy, Serge (1992): Geo: A Geographic Information System for Transport Applications. *Communications of the ACM*, 35 (1): S. 80.

Launhardt, Wilhelm (1963): *Mathematische Begründung der Volkswirtschaftslehre*. Aalen: Scientia Verlag. Neudruck der Ausgabe Leipzig 1885.

Lazear, Edward P. (1995): Bait and Switch. *Journal of Political Economy*, 103 (4): S. 813–830.

Lin, Ping und Saggi, Kamal (2002): Product differentiation, process R&D, and the nature of market competition. *European Economic Review*, 46 (1): S. 201–211.

Lueg, Christopher (2003): „Sie haben schon wieder Post“: Spam als Forschungsgebiet der Wirtschaftsinformatik. In: Wolfgang Uhr, Werner Esswein und Eric Schoop (Hg.), *Wirtschaftsinformatik 2003: Medien - Märkte - Mobilität, Band II*, Band 2, S. 41–59. Heidelberg: Physica-Verlag.

Malone, Thomas (1987): Modeling Coordination in Organizations and Markets. *Management Science*, 33 (10): S. 1317–1332.

Malone, Thomas, Yates, Joanne und Benjamin, Robert (1987): Electronic Markets and Electronic Hierarchies. *Communications of the ACM*, 30 (6): S. 484–497.

Mankiw, N. Gregory und Whinston, Michael D. (1986): Free entry and social inefficiency. *Rand Journal of Economics*, 17 (1): S. 48–58.

Mas-Colell, Andreu, Whinston, Michael D. und Grenn, Jerry R. (1995): *Microeconomic Theory*. Ney York and Oxford: Oxford University Press.

Meck, Astrid (2001): Shopbots, Powershopping, Powersales: New Intermediary Services in E-Commerce – An Overview. Volkswirtschaftliche Diskussionsreihe 203, Universität Augsburg.

Milgrom, Paul und Roberts, John (1990): The Economics of Modern Manufacturing: Technology, Strategy, and Organization. *American Economic Review*, 80 (3): S. 511–528.

Mishan, Ezra J. (1971): The Postwar Literature on Externalities: An Interpretive Essay. *Journal of Economic Literature*, 9 (1): S. 1–28.

Morasch, Karl (1994): *Strategische Allianzen: Anreize – Gestaltung – Wirkungen*. Heidelberg: Physica-Verlag.

Morasch, Karl (1999): Koordinationsprobleme, Kommunikationskosten und Organisationsdesign. *WiSt – Wirtschaftswissenschaftliches Studium*, 28 (1): S. 9–16.

Morasch, Karl und Welzel, Peter (2000): Emergence of Electronic Markets: Implications of Declining Transport Costs on Firm Profits and Consumer Surplus. Volkswirtschaftliche Diskussionsreihe 196, Universität Augsburg.

Müller, Günther und Schoder, Detlef (1999): Electronic Commerce – Hürden, Entwicklungspotential, Konsequenzen: Ergebnisse aus der Electronic Commerce Enquête. Arbeitsbericht 137, Universität Freiburg, Institut für Informatik und Gesellschaft/Telematik.

Nelson, Phillip (1974): Advertising as Information. *Journal of Political Economy*, 82 (2): S. 729–754.

NZZ (2001): Des Trugbild des E-Commerce – Eine aufschlussreiche Studie der Unctad. *Neue Zürcher Zeitung*, 2001 (273): S. 25. Erschienen am 23. November.

OECD (2000): *The Economic and Social Impact of Electronic Commerce*. Paris: OECD.

Okuno-Fujiwara, Masahiro und Suzumura, Kotaro (1993): Symmetric Cournot oligopoly and economic welfare: a synthesis. *Economic Theory*, 3 (1): S. 43–59.

Patalong, Frank (2002): Größte Internet-Attacke aller Zeiten: War das was? *Spiegel Online*.

Petersen, Mitchell und Rajan, Raghuram (2000): Does Distance Still Matter? The Information Revolution in Small Business Lending. Working Paper 7685, National Bureau of Economic Research. http://ideas.repec.org/p/nbr/nberwo/7685.html.

Picot, Arnold, Reichwald, Ralf und Wigand, Rolf (1998): *Die Grenzenlose Unternehmung*. Wiesbaden: Gabler.

Pigou, A. C. (1962): *The Economics of Welfare*. London: MacMillan and Company, 4. Auflage.

Reinganum, Jennifer (1979): A Simple Model of Equilibrium Price Dispersion. *Journal of Political Economy*, 87 (4): S. 851–858.

Rosenkranz, Stephanie (2003): Simultaneous choice of process and product innovation when consumers have a preference for product variety. *Journal of Economic Behavior and Organization*, 50 (2): S. 183–201.

Rostow, Walt (1960): *The Stages of Economic Growth: A Non-Communist Manifesto*. London und New York: Cambridge University Press.

Rothschild, Michael (1973): Models of Market Organization with Imperfect Information: A Survey. *Journal of Political Economy*, 81 (6): S. 1283–1308.

Rothschild, Michael (1974): Searching for the Lowest Price when the Distribution is Unknown. *Journal of Political Economy*, 82 (4): S. 689–711.

Salop, Steven C. (1979): Monopolistic competition with outside goods. *Bell Journal of Economics*, 10 (1): S. 141–156.

Schackmann, Jürgen (2003): *Individualisierung und Personalisierung: Eine ökonomische Betrachtung unter besonderer Berücksichtigung der Informationstechnologie und des Electronic Commerce*. Hamburg: Verlag Dr. Kovač.

Schmalensee, Richard (1976): Is More Competition Necessarily Good? *I. O. Review*, 4 (2): S. 120–121.

Schmalensee, Richard (1986): Advertising and Market Structure. In: Joseph Stiglitz und Frank Matheweson (Hg.), *New Developments in the Analysis of Market Structure*, Kapitel 7, S. 373–396. Houndmills et al.: The Macmillan Press Ltd.

Schweizer, Urs (1999): *Vertragstheorie*. Tübingen: Mohr Siebeck.

Selten, Reinhard (1970): *Preispolitik der Mehrproduktenunternehmung in der statischen Theorie*. Berlin und Heidelberg: Springer-Verlag.

Shapiro, Carl (1989): Theories of Oligopoly Behavior. In: Richard Schmalensee und Robert Willig (Hg.), *Handbook of Industrial Organization, Volume I*, S. 329–414. Amsterdam u. a.: North-Holland.

Shapiro, Carl und Varian, Hal (1999): *Online zum Erfolg*. München: Wirtschaftsverlag Langen Müller/Herbig.

Shy, Oz (2000): *Industrial Organization: theory and applications*. Cambridge, Massachusetts; London, England: MIT Press, 5. Auflage.

Shy, Oz (2001): *The Economics of Network Industries*. Cambridge, UK: Cambridge University Press.

Simon, Markus und Crameri, Mario (1998): Online Banking als Bestandteil einer Multichannel-Strategie. *HMD – Theorie und Praxis der Wirtschaftsinformatik*, 35 (Heft 200): S. 68–81.

Singh, Nirvikar und Vives, Xavier (1984): Price and quantity competition in a differentiated duopoly. *Rand Journal of Economics*, 15 (4): S. 546–554.

Spence, Michael (1976): Product Selection, Fixed Costs and Monopolistic Competition. *Review of Economic Studies*, 43 (2): S. 217–235.

Stigler, George (1961): The Economics of Information. *Journal of Political Economy*, 69 (3): S. 213–225.

Stiroh, Kevin J. (2002): Information Technology and the U. S. Productivity Revival: What Do the Industry Data Say? *American Economic Review*, 92 (5): S. 1559–1576.

Szidarovszky, Ferenc und Molnar, Sandor (1992): Bertrand, Cournot and Mixed Oligopolies. *Keio Economic Studies*, 29 (1): S. 1–9.

Teske, Peer (2002): Preis und Leistung/Internetbanking: Outsourcing als wesentlicher Erfolgsfaktor. *Frankfurter Allgemeine Zeitung*, 2002 (83): S. B4. Erschienen am 10. April.

Toffler, Alvin (1980): *The Third Wave*. New York: William Morrow and Company, Inc.

Ulph, David und Vulkan, Nir (2000): Electronic Commerce and Competitive First-Degree Price Discrimination. Economics Department Discussion Papers 00/484, University of Bristol.

Ulph, David und Vulkan, Nir (2001): E-Commerce, Mass Customization and Price Discrimination. Discussion paper 489, University of Bristol, Department of Economics.

Unctad (2001): *E-Commerce and Development Report 2001*. Genf: United Nations Conference on Trade and Development, Vereinte Nationen.

Varian, Hal R. (2003): Economics of Information Technology. Discussion paper, University of California, Berkeley.

Vives, Xavier (1985): On the Efficiency of Bertrand and Cournot Equilibria with Product Differentiation. *Journal of Economic Theory*, 36 (1): S. 166–175.

Vives, Xavier (1999): *Oligopoly Pricing: Old Ideas and New Tools*. Cambridge, Massachusetts et al.: MIT Press.

von Stackelberg, Heinrich (1951): *Grundlagen der theoretischen Volkswirtschaftslehre*. Tübingen: J. C. B. Mohr (Paul Siebeck), 2. Auflage.

von Thünen, Johann Heinrich (1966): *Der isolierte Staat in Beziehung auf Landwirtschaft und Ökonomie*. Darmstadt: Wissenschaftliche Buchgesellschaft, reprografischer Nachdruck der 3. Auflage.

Weinstein, Lauren (2003): Spam Wars. *Communications of the ACM*, 46 (8): S. 136.

Welzel, Peter (1994): Das Theorem vom Zweitbesten. *WiSt – Wirtschaftswissenschaftliches Studium*, 23 (7): S. 353–356.

Welzel, Peter (1998): Software-Piraterie – Anmerkungen aus ökonomischer Sicht. *Wirtschaftsinformatik*, 40 (Heft 2): S. 170–172.

White, Mark (1996): Mixed oligopoly, privatization and subsidization. *Economics Letters*, 53 (2): S. 189–195.

Will, Andreas (1999): *Individuelle Finanzdienstleistungen auf Netzmärkten: Ökonomische Analyse und Angebotsgestaltung*. Augsburg: Habilitationsschrift der Universität Augsburg.

Williamson, Oliver (1979): Transaction-Cost Economics: The Governance of Contractual Relations. *Journal of Law and Economics*, 22 (2): S. 233–261.

Williamson, Oliver (1981): The Economics of Organization: The Transaction Cost Approach. *American Journal of Sociology*, 87 (3): S. 548–577.

Wolfstetter, Elmar (1999): *Topics in microeconomics : industrial organization, auctions, and incentives*. Cambridge, England: Cambridge University Press.

Wright, Donald J. (1994): Television Advertising Regulation and Program Quality. *Economic Record*, 70 (211): S. 361–367.

Zentralverband der deutschen Werbewirtschaft (ZAW) (Hg.) **(2000)**: *Werbung in Deutschland 2000*. Berlin: Verlag Edition ZAW.

Zentralverband der deutschen Werbewirtschaft (ZAW) (Hg.) **(2004)**: *Werbung in Deutschland 2004*. Berlin: Verlag Edition ZAW.

Kai-Michael Schaper

Der Integrierte Handel

Eine konzeptionelle Beziehungsgestaltung zwischen Hersteller, Handel und Letztnachfrager

Frankfurt am Main, Berlin, Bern, Bruxelles, New York, Oxford, Wien, 2006.
XXIV, 387 S., zahlr. Tab. und Graf.
Strategisches Marketingmanagement. Herausgegeben von Roland Mattmüller.
Bd. 4
ISBN 3-631-54196-1 · br. € 68.50*

Die Marktkette im Lebensmitteleinzelhandel in ihrer vorherrschenden Ausprägung, bestehend aus Hersteller, Handel und Letztnachfrager, produziert negative Transaktionskosteneffekte für die Beteiligten. Gesellschaftliche und technologische Entwicklungen sowie die spezifischen Machtinteressen, insbesondere die informatorische Gatekeeper-Rolle des Handels, unterstützen diese Ineffizienzen. Eine Überwindung dieser verfolgt der Ansatz des Integrierten Handels, der mit Hilfe der deduktiv-nomologischen Vorgehensweise abgeleitet wird. Dieser Ansatz definiert sich als eine prozessuale, integrative Beziehungsgestaltung auf Basis moderner Informationstechnologien, welche nach einer erfolgreichen Implementierung mit einer nachhaltigen Win-Win-Win-Situation für die Transaktionspartner einhergeht.

Aus dem Inhalt: Allgemeine Trends innerhalb der Hersteller, Handel, Letztnachfrager-Beziehung · Die Wertschöpfungskette, Netzwerktheorie, Neue Institutionenökonomik, Konsumententheoretische Ansätze und der Integrativ-Prozessuale Marketingansatz als paradigmatische Bezugspunkte · Transaktionsphasenspezifischer Informationsfluss und Integration der Transaktionspartner entlang einer Informationsversorgungskette · Moderne Informationstechnologien als Treiber eines Informationsaustausches · Der Ansatz des Integrierten Handels · Erfolgsfaktoren und Implikationen einer zielgerichteten Umsetzung des Ansatzes

Kolibri 360 GmbH
Ferdinand-Jühlke-Straße 7
99095 Erfurt, Deutschland
produktsicherheit@kolibri360.de

Druck:
CPI Druckdienstleistungen GmbH
im Auftrag der
Kolibri 360 GmbH
Ferdinand-Jühlke-Str. 7
99095 Erfurt